U0653110

ISO 9001：2015 质量管理体系
在学校管理中的应用

曹勇安　曹然彬　著

西安电子科技大学出版社

内 容 简 介

　　本书在研究学习全面质量管理理论和应用型本科高校教育教学管理实践的基础上，基于 ISO 9001：2015 质量管理体系探索构建学校质量管理体系。本书分为上篇和下篇，共 6 章。上篇介绍学校质量管理基础理论，包括学校质量管理中的基本概念、ISO 9001：2015 质量管理体系概述、学校质量管理体系的建立与实施，主要阐述学校如何应用 ISO 9001 系列标准的管理思想，建立教育服务质量管理和质量保证体系；下篇介绍学校质量管理标准范例，包括学校质量手册范例、学校程序文件范例、学校操作文件范例。全书从齐齐哈尔工程学院管理实践出发，具体说明如何将 ISO 9001 系列标准的管理思想应用于学校的管理实践中。

　　本书可供高等学校的教师、管理者以及各个行业质量管理的研究者参阅。

图书在版编目（CIP）数据

　　ISO 9001：2015 质量管理体系在学校管理中的应用 / 曹勇安，曹然彬著. -- 西安：西安电子科技大学出版社, 2024. 11. -- ISBN 978-7-5606-7461-2

　　Ⅰ. G47

　　中国国家版本馆 CIP 数据核字第 20244CB263 号

策　　　划	刘小莉
责任编辑	郭　静
出版发行	西安电子科技大学出版社（西安市太白南路 2 号）
电　　话	（029）88202421　88201467　　　邮　编　710071
网　　址	www.xduph.com　　　　　　电子邮箱　xdupfxb001@163.com
经　　销	新华书店
印刷单位	咸阳华盛印务有限责任公司
版　　次	2024 年 11 月第 1 版　2024 年 11 月第 1 次印刷
开　　本	787 毫米×1092 毫米　1/16　印 张　16.5
字　　数	392 千字
定　　价	49.00 元

ISBN 978-7-5606-7461-2

XDUP 7762001-1

党的二十大报告指出，我们要办好人民满意的教育，全面贯彻党的教育方针，落实立德树人根本任务，培养德智体美劳全面发展的社会主义建设者和接班人。学校如何通过提升自身整体服务质量，为中国经济社会发展总体质量优化升级提供综合素质良好的劳动者，是每一位教育工作者必须考虑的问题。教育是人类特有的知识传递方式和交往方式，是人类自身的再生产和再创造过程。学校质量管理中的"质量"反映学校教育教学中一组固有特性满足学生和其他受益者要求的程度，其中过程的质量是关键。管理是资源有效配置的一种创造性活动。管理的普遍性使学校质量管理具有管理的普遍意义；学校是育人的场所，决定了高校管理的特殊性，即管理要依据教育规律在学校"落地"。基于ISO 9001：2015质量管理体系标准构建高校质量管理体系，是落实立德树人根本任务，强化学生中心、产出导向、持续改进质保理念的有力保证。

齐齐哈尔工程学院始建于1991年，经历了齐齐哈尔第一机床厂职工机电学院、黑龙江东亚大学(自考助学)、齐齐哈尔职业学院等发展阶段。2011年，经教育部批准升格为普通本科高校，定名为齐齐哈尔工程学院，成为齐齐哈尔市第一所市属大学。办学30多年来，学校始终坚持"抓管理上质量、以质量创声誉、靠特色图发展"的办学方针，致力于内部质量保证体系的建设。1999年，学校将ISO 9000质量管理理念与教育教学工作实际相结合，出版了《ISO 9000在学校管理中的应用》，创建了黑龙江东亚大学教育服务质量管理和质量保证体系。为不断适应内、外部环境的变化，学校应用ISO 21001：2018教育组织管理体系的最新思想和全面质量管理理论，结合多年来的质量保证体系建设经验，在《ISO 9000在学校管理中的应用》的基础上修订编写了《ISO 9001：2015在学校管理中的应用》。

基于ISO管理体系建立高校内部质量管理体系，可实现三个"有利于"：

一是有利于加强学校教育教学质量管理。学校通过ISO 9001：2015质量管理体系的实施，形成以系统思想为指导的管理体系，建立起"事事有人管、人人责任明"的质量管理和保证体系，使学生从入学到毕业的全过程都处于受控状态，强化学校的内部管理，以教育教学服务质量促进人才培养质量的提升，从而扩大学校知名度和美誉度。

二是有利于满足社会对教育服务的质量需求，取得社会的信任。学校建立和健全质量管理体系时，从教育服务和社会需求出发，经过对市场的调研分析，明确学校的责任和义务，设计和制定出教育服务的提供标准，这样就从组织管理上保证了学校有明确的教育服务方针和目标，保证了学校教育教学服务能满足市场需求，让社会满意。

三是有利于形成"五自"质量文化。通过构建全员、全要素、全过程的质量保障体系，在全体教职工中将质量要求"内化于心、外化于行"，由此形成了学生中心、产出导向、持续改进三大质量保障理念，形成自觉、自省、自律、自查、自纠的质量文化。

本书的出版旨在与同行们相互交流，推进学校管理科学化。其中的内容仅是齐齐哈尔工程学院办学实践中的管理经验和方法的总结归纳，属一孔之见、一家之言，还存在着许多不足之处，望读者不吝赐教。

本书编写组
2024 年 2 月

目　录

上 篇
学校质量管理基础理论

第1章

学校质量管理中的基本概念

1.1 质 量

> **质量：** 客体的一组固有特性满足要求的程度。
>
> 注1：术语"质量"可使用形容词来修饰，如：差、好或优秀。
>
> 注2："固有"(其对应的是"赋予")存在于客体中。
>
> **客体：** 可感知或可想象到的任何事物。
>
> 示例：产品、服务、过程、人员、组织、体系、资源。
>
> 注：客体可能是物质的(如一台发动机、一张纸、一颗钻石)、非物质的(如转换率、一个项目计划)或想象的(如组织未来的状态)。
>
> **特性：** 可区分的特征。
>
> 注1：特性可以是固有的或赋予的。
>
> 注2：特性可以是定性的或定量的。
>
> 注3：有各种类别，如：
>
> (1) 物理的(如机械的、电的、化学的或生物学的特性)；
>
> (2) 感官的(如嗅觉、触觉、味觉、视觉、听觉)；
>
> (3) 行为的(如礼貌、诚实、正直)；
>
> (4) 时间的(如准时性、可靠性、可用性、连续性)；
>
> (5) 人因工效的(如生理特性或有关人身安全的特性)；
>
> (6) 功能的(如飞机的最高速度)。
>
> **要求：** 明示的、通常隐含的或必须履行的需求或期望。
>
> 注1："通常隐含"是指组织和相关方的惯例或一般做法，所考虑的需求或期望是不言而喻的。
>
> 注2：规定要求是经明示的要求，如在文件化信息中阐明的内容。

1. 质量的含义

在学校质量管理中，质量可被定义为：学校教育教学的一组固有特性满足学生和其他受益者要求的程度。质量的主体可以是体系、过程或教育教学服务，其过程质量决定了教育教学服务的质量和学校质量管理体系的质量，所以过程质量是关键。

2. 要求

要求可以是明示的、通常隐含的或必须履行的需求或期望。教育服务要满足的要求包括明示的要求(如招生简章)、隐含的要求(如校园环境、基础设施、仪器设备等)和必须履行的要求(如国家对人才培养的要求)。

3. 学校教育质量特性的表现

学校教育质量特性的表现如下：

功能性：食宿条件、实验实训条件、实践教学条件、创业就业基地等。

知识性：在态度、知识、技能等方面的课程建设与实施。

可接受性：灵活的教学方式，使学生听得懂、做得来。

效果性：产出导向的教学设计。

适应性：对社会需求、市场需求、用人单位需求、学生需求的适应能力。

安全性：设备设施、食宿等方面的安全保证。

舒适性：环境给人的感受等。

文明性：教职工的表现、人文精神的体现等。

1.2 质 量 方 针

方针：由组织最高管理者正式发布的组织的行动宗旨和方向。

质量方针：关于质量的方针。

注：通常，质量方针应与组织的总方针一致，应与组织的愿景和使命一致，并为制定质量目标提供框架。

学校的质量方针是由学校的最高管理者正式发布的学校在质量方面的行动宗旨和方向。

学校各层级必须按照质量方针中表达的原则开展各项工作，按照对教育质量的承诺满足学生和其他受益者的需求与期望，表明学校在教育质量方面的态度。教职工必须了解方针，把方针当作"北斗七星"，明确行动方向，并通过日常工作来实现方针的要求。

1.3 质 量 目 标

目标：要实现的结果。

注1：目标可以是战略的、战术的或操作层面的。

注2：目标可以涉及不同的领域，并可应用于不同的层次。

注3：可以采用其他的方式表述目标，例如：采用预期的结果、活动的目的或运行准则作为质量目标。

> 注4：在质量管理体系环境中，组织制定的质量目标与质量方针应保持一致，以实现特定的结果。
>
> **质量目标**：关于质量的目标。
> 注1：质量目标通常依据组织的质量方针制定。
> 注2：通常，要对组织的相关职能、层级和过程分别制定质量目标。

目标的制定为管理者提供了协调集体行动的方向，有助于引导教职工形成统一的行动。组织向教职工提供明确的行动目标后，才能调动其潜在能力，使其尽力而为，创造最好的成绩。

学校须先有目标，再有过程管理，所谓"目的决定方式"。学校需要将使命、愿景和任务转化为目标，目标应具有具体性、针对性、可衡量性、相关性、时效性。学校目标管理可分为以下三个阶段：

1. 目标的设定

(1) 学校最高管理层建立方针和目标。最高管理层必须根据学校的使命和长远战略，客观评估内外部环境带来的机会和挑战，对学校的优势和劣势有清醒的认识，对学校应该实现的目标和能够完成的目标有一定研判。

在目标清晰的前提下，重新审视组织机构和职责分工。目标管理要求每一个分目标都有确定的责任主体。因此，确定目标之后，需要重新审查现有组织机构，根据新的目标和过程管理的需求对其进行调整，明确目标责任和协调关系。

(2) 确立各级目标。首先要明确学校的规划和目标，然后商定下级的分目标。分目标要具体量化、便于考核；分清轻重缓急，以免顾此失彼；既要有挑战性，又要有实现的可能性。各个教职工和部门间的分目标要协调统一，支持学校目标的实现。

上级和下级应就实现各项目标所需的条件以及实现目标后的绩效评估事宜达成共识。

2. 实现目标过程的管理

目标管理重视结果，强调自觉、自省、自律、自查和自纠。但这并不等于领导者可以放手不管，相反，由于形成了目标体系，一旦其中一环失误，就会牵动全局。因此，在目标实施过程中领导者的管理是不可缺少的，需要进行定期的监督、检查、评价、处理。

3. 检查与评价所取得的成果

达到预定目标的检查期限后，首先进行自我评估；然后是上下级一起考核目标完成情况；同时讨论下一阶段目标，开始新的循环。如果目标没有完成，应分析原因，总结经验教训，不断改进过程。

1.4 质量管理

> **管理**：指挥和控制组织的协调活动。
> 注：管理可包括制定方针和目标，以及实现这些目标的活动。

> **质量管理**：关于质量的管理。
>
> 注：质量管理可包括制定质量方针和质量目标，以及通过质量策划、质量保证、质量控制和质量改进实现这些质量目标的活动。

学校质量管理是在教育教学质量方面指挥和控制学校的协调活动，即确定方针、目标和职责，并在学校质量管理体系中通过质量策划、质量控制、质量保证和质量改进，实施全部教育教学管理职能的所有活动。

质量管理是学校各级管理者的职责，是学校教育管理的中心环节和重要组成部分。质量管理包括对影响质量的资源以及其他与质量有关的系统活动进行控制，质量管理的目的包括实现质量保证和质量改进，建立学校质量管理体系，确定并落实学校各类人员的质量职责权限，开展质量控制活动，等等。

1.5　质　量　策　划

> **质量策划**：质量管理的一部分，致力于制定质量目标并规定必要的运行过程和相关资源以实现质量目标。
>
> 注：编制质量计划可以是质量策划的一部分。

所谓"策划"就是在做某件事情之前，为了能把这件事情做好，而预先所做的准备工作。可以说，所有工作都需要策划，所以就有许多种策划活动。这里所讲的"质量策划"是在质量方面的策划，"质量策划"就是学校为了做好某件事，而预先确定质量目标，并为实现这个目标而预先所做的一系列准备工作，比如，确定必要的过程、规定相关的职责、提供充分的资源等。学校办学的市场调研、培养目标和毕业要求的确定、课程定位和设计、教学计划编制等，都是学校教育质量策划的内容。

1.6　质　量　保　证

> **质量保证**：质量管理的一部分，致力于满足质量要求，得到信任。

学校质量保证是为了得到足够的信任，表明学校能够满足教育教学质量要求。学校质量保证活动指在学校质量管理体系内实施并按照需要证实的、有计划的全部系统活动。

教学管理活动需取得信任的方面包括学校管理者，学生、家长、用人单位，教育行政部门，等等。教育质量保证是一个有计划的系统活动，其通过控制全部影响教育质量的因素，对各项活动进行连续评价或审核，积累并提供需要的证据。

1.7 质 量 控 制

> **质量控制**：质量管理的一部分，致力于满足质量要求。

质量控制是为满足质量要求而开展的一系列活动。这些活动一般包括以下三要素：

——规定要求，即：要满足要求，必须首先有要求。

——让所有人员遵守规定的要求，这是满足要求所必需的。

——设法达到要求的目的。

质量管理体系对过程的控制主要通过开展以下三项活动，体系审核也主要指审核这三项活动(即检查学校的过程是否受控)：

——学校对这个过程是否有要求(包括教育行政部门的要求、学生或其他受益者的要求、学校自身的要求等)？

——与过程有关的人员是否能始终严格遵守这些要求？

——效果如何(如实现质量目标的达成度)？

如果审核的结果是：学校对过程有适宜和充分的要求；与过程有关的人员能始终严格遵守这些要求；最后达到了或正在达到要求所要实现的目标，此时就可以认定，该过程是"受控"的。

1.8 质 量 改 进

> **质量改进**：质量管理的一部分，致力于增强满足质量要求的能力。
> 注：质量要求可以是有关任何方面的，如有效性、效率或可追溯性。

质量改进与改进的管理原则是一致的,其意义是增强可满足质量要求能力的循环活动。可以从以下方面理解质量改进：

——改进是一个持续过程，一个循环活动。

——改进需要在"增强"上下功夫。

——改进不需要在质量管理体系的所有方面同时发生，也不需要在教育教学服务中所有的质量特性中进行。

——改进的过程可以是渐进的、日常的，也可以是战略突破性的。

——改进的组织形式是多种多样的，可以自上而下，也可以自下而上。可以是群众性的，也可以是专业性的、团队式的。

——改进具有回报率。

质量改进与质量控制不同，但又紧密相关，质量控制是质量改进的前提，质量改进是质量控制的方向。

　　学校的管理改革、教学改革、设备的更新、设施的改善等，都是学校的质量改进。学校应采取多方面的方法鼓励各层级人员应用基本工具和方法实现工作质量的改进，并对有贡献的人进行赞赏和奖励。不断提高办学效益、办学能力、学生和其他受益者的满意度。

1.9　质量管理体系

> **体系**：相互关联或相互作用的一组要素。
> **管理体系**：组织建立的方针和目标以及实现这些目标的过程中相互关联或相互作用的一组要素。
> 　　注 1：一个管理体系可以针对单一的领域或几个领域，如：质量管理、财务管理或环境管理。
> 　　注 2：管理体系要素规定了组织的结构、岗位责任、策划、运行、方针、惯例、规则、理念、目标，以及实现这些目标的过程。
> **质量管理体系**：管理体系中关于质量的部分。
> 　　这里的"要素"是指构成体系或系统的基本单元。在 ISO 9001：2015 标准中，要素可以理解为过程。可见，一组相互关联或相互作用的过程，便组成体系。

　　学校质量管理体系是指学校建立方针和目标以及实现这些目标的过程中相互关联或相互作用的一组要素。这组要素包括与领导作用、策划、支持、运行、绩效评价、改进有关的内容，覆盖了对学生和受益者需求确定、毕业要求确定、课程设计与开发、教育教学服务提供、毕业生跟踪调查等全过程进行的策划、实施、监督和改进活动中的各种要求。

　　通俗来讲，质量管理体系就是为实现方针和目标所规定的一组相关的、对过程进行控制的要求。换一句更简单的话来说，就是防止过程失控的一组相关要求。

　　学校质量管理体系是指在教育质量方面指挥和控制学校的管理体系，即实施学校教育质量管理所需要的组织结构、过程、程序和资源。

　　组织结构：学校的组织体制、运行机制、职责权限和相互关系。

　　过程：将输入转化为输出的一组教育教学活动，所有的活动都是通过过程来完成的，保证过程质量是实现质量要求的基础。

　　程序：为完成教育教学活动所规定的途径，并最终形成文件(书面程序文件包括某项教育活动的目的和范围，做什么、谁来做、何时、何地、如何做，依据的工作文件以及如何进行控制和记录)。

　　资源：包括最高管理者，管理队伍、教师队伍、设备设施，各项工作规程、档案及工作环境，等等。

　　由此可知，建立质量管理体系需要完成以下工作：

　　——制定方针与目标；

——为实现所制定的方针与目标，系统地确定相关的过程、活动和资源；

——对所建立的质量管理体系实施全员、全过程、全方位的管理。

综上所述，体系、管理体系与质量管理体系是处在三个不同层次上的彼此相互关联的三个不同的概念。

1.10　全面质量管理

全面质量管理的概念框架包括质量方针、质量管理、质量体系等内容，其核心理念可以概括为"三全一多"。

1. 全过程的质量管理

质量管理的执行要贯穿学校活动的全过程，即学校教育质量的产生、形成和实现过程，如人才培养需求调研，培养方案制订以及对课程建设、理论与实践教学环节、第二课堂、招生就业、创新创业教育等全过程的管理。要把学校质量管理的重点从传统的质量检查(考试)转移到对质量形成全过程中的各个环节的质量控制上来，强调预防为主。只有确保人才培养过程各环节的质量，才能确保最终的学校教育质量。

2. 全员参与的质量管理

全面质量管理坚持以人为本，把人放在学校管理的首位，高度重视人力资源的开发和利用，并通过对人的行为的管理与激励，促使全员参与质量管理。学校的每位教职工(包括教师、学生、管理人员以及所有为教育教学服务的人员)的工作质量与学校的教育教学质量息息相关。全员都要参与质量管理，做到"教育质量，人人有责"。

3. 全方位的质量管理

质量管理不是一个部门的事，而是学校内所有部门的事，各部门之间相互影响、相互联系。各部门、各岗位有不同的职能，但都应围绕着"教育教学质量"这一中心，发挥各自不同的质量职能。因此，不能把教育教学质量的问题归结为某一部门的问题，也不能孤立地对某一部门、某一环节、某一要素进行管理，而要从全校、全方位、全系统的高度看问题。

4. 多方法的质量管理

影响教育质量的因素越来越复杂：既有物质的因素，又有人为的因素；既有技术的因素，又有管理的因素；既有学校内部的因素，又有学校外部的因素。要把这一系列的因素系统地控制起来，全面管好，就必须根据不同的情况，区别不同的影响因素，广泛、灵活地运用多种多样的现代化管理方法和技术手段来解决质量问题。关于管理方法，可以借鉴 ISO 系列标准等先进管理理论；关于管理手段，可以利用先进的信息技术手段建立教务管理系统、学生管理系统、实践教学系统、图书资源系统等，据此服务于学校质量管理。

1.11 质量文化

一、质量文化的概念

进入 21 世纪后，质量文化越来越受到各界的关注，许多质量专家都从不同角度解读质量文化。国家标准化委员会在 2015 年发布的 GB/T 32230—2015《企业质量文化建设指南》中，对"企业质量文化"作出如下定义：企业和全体成员所认同的关于质量的理念与价值观、习惯与行为模式、基本原则与制度以及其物质表现的总和。将这个定义代入学校质量管理，即学校质量文化是学校和全体教职工所认同的关于质量的理念与价值观、习惯与行为模式、基本原则与制度以及其物质表现的总和。

这个定义表明，学校质量文化是学校在长期的办学活动中逐渐形成的，它包括一系列质量行为准则，相应的质量态度、习惯和行为模式，以及有关质量的制度、标准、程序、规范等，也包括学校的服务质量和各项工作质量等物质表现，是它们的总和。

学校质量文化是一种行为方式、管理模式和运行机制，也是一种发展理念、精神文化和团队意识。学校质量文化建设不是外部强加的，而是学校自主追求的；学校质量文化建设是一项系统的质量工程，从经验走向管理、从评估走向保障、从制度走向文化，学校应重视质量文化建设的研究，需要"内外结合，上下联动"，并最终落到内部、沉到底部，内化为每个人的共同价值追求，外化为自觉行为。

二、质量文化的表现形态

学校质量文化由精神文化、制度文化、行为文化和物质文化四个相互关联的表现形态构成，如图 1.1 所示。

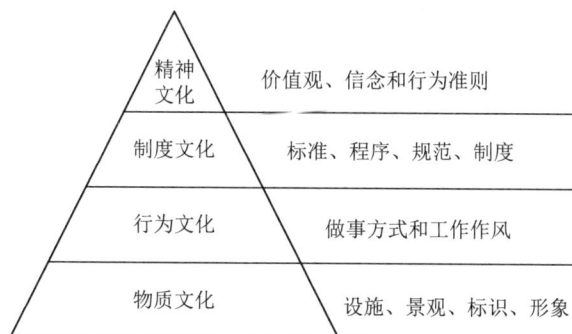

图 1.1 学校质量文化的表现形态

1. 精神文化

精神文化位于质量文化金字塔的顶端，是质量文化的核心内容和最高境界，也最能体现质量文化建设的成果，包括学校的价值观、办学理念、创优意识和以学生为中心的意识等，是质量文化的精髓，是质量文化中最稳定、最具影响力的一层。

2. 制度文化

制度文化是质量文化的固化部分，包括学校质量管理方面的各种规章制度、质量标准和质量法规等。学校通过各种规章制度来约束教职工和组织行为。规章制度既是学校价值观念、办学思想、伦理道德的反映，也是管理的科学化和民主化程度的反映。制度文化层是学校质量价值观的外在体现和落实手段之一，是学校实现质量目标的必要保证。

3. 行为文化

行为文化既受制度层的引导，又受物质层的制约，是规章制度在执行力方面的重要体现。学校行为文化集中反映了学校的校风、学校人才培养目标、教职工文化素质、精神面貌等文化特征，它直接影响着学校育人活动的成效。

4. 物质文化

物质文化是指由一系列物质文化因素所组成的、人们可以直接感受到的一种以物质形态为对象的表层学校质量文化，如校园景观、学校标识等。物质层既是质量文化的显现部分，也是质量文化的外在体现。

三、质量文化的功能

1. 导向功能

好的质量文化能够把教职工个人的价值观和目标引导到学校的价值观和总体目标上来，在学校营造一种"上下同欲"的立场，形成浓厚的质量氛围，引导全体教职工在质量文化的熏陶和感召下，自觉地为实现质量目标、提升学校竞争力作出努力。

2. 凝聚功能

质量文化可以使教职工充分认同学校的价值观、方针、目标、行为规范，在思想认识一致的基础上，增强凝聚力。

3. 约束功能

质量文化体现了学校全体人员共同的信念和价值取向，体现了对于价值观和规章制度的认同感。因此，质量文化对于学校整体和每个成员都具有约束和规范作用。

4. 激励功能

质量文化的核心是价值观。一旦将价值观转化为教职工的精神，就可以激发其强烈的质量意识和工作责任感，激励教职工在日常工作中表现出对质量改进的积极性、主动性和创造性。

5. 辐射功能

学校与社会的关系不单是教育服务，还表现为丰富的文化联系。学校的质量文化既受社会环境影响，又反作用于社会环境，像我们常说的："今天的校园文化，就是明天的社会风气。"

第2章

ISO 9001：2015 质量管理体系概述

2.1 ISO 与 ISO 标准

一、关于 ISO

ISO 是国际标准化组织(International Organization for Standards)的简称，成立于 1946 年，总部设在瑞士的日内瓦。

ISO 是一个全球性的非政府组织，一个世界范围的标准化专门机构，包括 167 个会员国成员，由各会员国的国家标准化机构和主要公司参与标准的制定和评审等活动。其宗旨是在世界范围内促进标准化及其相关活动的发展，以便于商品和服务的国际交换，在智力、科学、技术和经济领域开展合作。

中国是 ISO 的重要参与方，也是 ISO 所制定的标准的最大应用国，中国于 1978 年加入 ISO，在 2008 年 10 月正式成为 ISO 的常任理事国。

二、关于 ISO 9000 族标准

ISO 9000 族标准不是一个标准，而是一族标准的统称。自 2000 版 ISO 9000 族取消了 ISO 9002 和 ISO 9003，修订后的 ISO 9001 和 ISO 9004 有很大变化。2015 版 ISO 9000 族包括三个核心标准，分别是 ISO 9000、ISO 9001、ISO 9004。卜面分别简要介绍这三个标准。

1. ISO 9000

ISO 9000 全称为"ISO 9000：2015 质量管理体系——基础和术语"，其中，2015 指该标准的当前最新版本号。ISO 9000 提供了质量管理体系的基本概念、原则和术语，这是一个支持性的标准，主要用于帮助理解和应用 ISO 9001、ISO 9004 标准。其主要作用是使 ISO 9001 标准的所有用户都能够对质量管理体系有着共同的理解，从而能够正确地使用并有效地实现质量管理体系标准的价值。

2. ISO 9001

ISO 9001 是 ISO 9000 族中的一个，也是其中最重要的标准。其全称是"ISO 9001：2015 质量管理体系——要求"，其中，2015 指该标准的最新版本号。ISO 9001 提供了实施质量

管理体系的所有要求,是 ISO 9000 族中唯一的认证标准,也就是说,任何单位按照 ISO 9001 建立了质量管理体系之后,可以申请认证并得到颁发的 ISO 9001 的证书。

3. ISO 9004

ISO 9004 全称是"ISO 9004:2018 质量管理——组织的质量——实现持续成功的指南",其中,2018 该指标准的最新版本号。ISO 9001 着重于"产品和服务"的质量,让人们对组织所提供的"产品和服务"水平产生信心;而 ISO 9004 着重于"组织"本身实现持续成功的能力,为组织在复杂、苛刻和不断变化的环境中取得持续成功提供指导。ISO 9004 不是一个以认证为目的的标准,主要用于组织的自我评估,但是在组织自愿要求的情况下,也可以申请进行第三方认证。ISO 9004 提出了"组织的质量"这样一个全新的概念,供一些质量管理基础和能力较好且着重于追求持续成功、卓越绩效的组织,在更高的层次、更广泛的层面开展质量管理。

三、关于 ISO 9001

ISO 9001 是一个质量管理体系的国际标准,其全称是"ISO 9001:2015 质量管理体系——要求",其中,2015 是指该标准的最新版本号。

ISO 9001 是 ISO 所发布的 17 000 多个国际标准中的一个,由 TC/176 负责制定,其中,TC/176 指 ISO 的质量管理体系技术委员会。ISO 组织有 200 多个技术委员会,分别负责不同类型国际标准的制定。

ISO 会定期对 ISO 9001 国际标准进行修订,以保持其先进性和适用性。通常,ISO 每隔 5~7 年就会重新回顾和评估当前版本的标准,并决定是否修订和如何修订该标准。其目的是增强标准应用的有效性,包括吸收一些新的、实践有效的质量管理理论、方法。ISO 9001 已历经 4 次修订,目前的最新标准是第 5 版,由于该版本是 2015 年正式发布的,所以也称为 ISO 9001:2015 版。

四、ISO 9001 的适用性

ISO 9001 是全面质量管理(TQM)中的一种,是目前世界上最成熟、应用最广泛、最受好评、实践效果最好的国际标准。截至 2023 年初,我国累计颁发的有效认证证书总数达到 334.2 万张,覆盖了 93.5 万家获证组织。

ISO 9001 制定的初衷就是要其适用于任何一个组织。不论这个组织是一家银行或一个政府部门,还是一家制造工厂、一个贸易公司或一家旅行社;不论这个组织是提供有形的产品,还是提供无形的服务;不论这个组织是公立的,还是私营的;也不论这个组织的规模大小,都可以应用 ISO 9001 进行质量管理。组织可以自行决定是否在整个组织内整体应用 ISO 9001,比如整个学校;还是在组织的一部分单独应用 ISO 9001,比如学校的继续教育、学校的后勤服务。

很多人以为 ISO 9001 只是一个适用于制造行业的质量管理标准,这是一个非常大的误解。其原因主要是 ISO 9001 最早开始并广泛应用在制造行业,应用的效果非常好。也许正是因为 ISO 9001 在制造行业的广泛应用,并取得了显著成功,让人以为 ISO 9001 就是一个单纯适用于制造行业的质量管理体系标准。

其实，ISO 9001 在设计上适用于各种不同的行业，在实践中证明，该标准在其他行业也能够得到很好的应用。在教育组织实现全面质量管理、提高教育教学质量、促进质量管理工具的应用方面，ISO 9001 也能够取得良好的成效。

五、关于 ISO 21001

ISO 21001 全称是"ISO 21001：2018 教育组织管理体系的要求及应用指南"，由 ISO 国际标准化组织项目委员会 PC/288 编制。此标准是独立的管理体系标准，符合 ISO 9001 标准。它关注教育组织的管理体系以及这个体系对学习者和其相关方的影响。ISO 21001 为能够满足学习者和其他受益者要求的教育产品和服务的组织提供了一个通用管理工具。

2.2　质量管理原则

在 GB/T 19000—2016/ISO 9000：2015 中阐述了七项质量管理原则，这七项质量管理原则是对质量管理实践经验的高度概括和总结，是质量管理最基本、最适用的一般性规律，是进行质量管理的基本理念，是质量管理体系标准的基础。质量管理原则包括：以顾客为关注焦点、领导作用、全员积极参与、过程方法、改进、循证决策、关系管理。

一、以顾客为关注焦点

1. 概述
质量管理体系的首要关注点是满足学生和其他受益者的要求，并超越他们的期望。学校应让学生积极地参与自己的学习，同时要考虑社会需求、学校的愿景和使命以及课程目标和成果。

2. 基本原理
当一所学校能够满足每一个学生的需求时，就会取得持续的成功。同时又能保证获得家长和政府等其他受益者的持续信任。成功的学校致力于确保每个学生能发挥出最大的潜能。

学校开展的每一项活动都为学生和其他受益者提供了创造更多价值的机会。

理解学生和其他受益者当前和未来的需求，有助于学校的持续成功。

3. 主要益处
主要益处可能有：
——提升学生和其他受益者的价值；
——提高响应相关方需求的能力；
——提高学生和其他受益者的满意度；
——提高学校的声誉；
——提高学生的积极性和参与度；

——改进能力的获取和发展；

——为具有不同需求和不同背景的学生提供更广泛的受教育机会；

——增强学生的个人发展、主动性和创造力。

4. 可开展的活动

可开展的活动包括：

——理解学生和其他受益者当前和未来的需求和期望；

——将学校的目标与学生和其他受益者的需求和期望联系起来；

——在整个学校内部沟通学生和其他受益者的需求和期望；

——为满足学生和其他受益者的需求和期望，对课程和服务进行规划、设计、开发、制作、交付和支持；

——测评和监视学生和其他受益者的满意度，并采取适当措施；

——主动管理学校与学生和其他受益者的关系，以实现持续成功；

——将教育服务分解为模块化服务，让学生能够选择自己的道路；

——提供多种不同形式的课程，如全日制、非全日制和电子学习；

——制定强调主动学习的学校课程制度；

——培训教职工进行以学生为中心的教学。

5. 本原则在 ISO 9001 要求中的体现

本原则在 ISO 9001 要求中的体现有：

——理解相关方的需求和期望；

——关注学生和其他受益者；

——方针；

——学校目标及其实现的策划；

——课程和服务的要求；

——学生或外部供方的财产；

——交付后活动；

——相关方满意；

——分析和评价；

——管理评审；

——不符合和纠正措施；

——持续改进。

二、领导作用

1. 概述

各层级领导建立统一的宗旨、方向，并创造条件让全员积极参与以实现学校目标。让所有学生和其他受益者参与学校使命、愿景和目标的创建、编写和实施。

2. 基本原理

建立统一的目标和方向，让全员积极参与，使学校能够调整其战略、方针、过程和资源，以实现其目标。让学生和其他受益者参与领导，确保持续关注他们的需求，避免学校所涉及的人员与学校所服务的人员之间的需求脱节。

3. 主要益处

主要益处可能有：

——提高学校目标实现的有效性和效率；

——使学校的各项活动过程更加协调；

——改善学校各层级人员和职能部门之间的沟通；

——学校聘用人员的要求与所服务人员的要求之间的一致性；

——开发和提高学校及其人员的能力，以获得期望的结果。

4. 可开展的活动

可开展的活动包括：

——在整个学校内，就其使命、愿景、战略、方针和过程进行沟通；

——在学校的所有层级创建并保持共同的价值观，以及公平和道德的行为模式；

——培育诚信和正直的文化；

——鼓励在整个学校范围内履行对质量的承诺；

——确保各级领导者成为学校中的积极榜样；

——为教职工提供履行职责所需的资源、培训和权限；

——激发、鼓励和表彰教职工的贡献；

——确保领导者具备管理变革的能力。

5. 本原则在 ISO 9001 要求中的体现

本原则在 ISO 9001 要求中的体现有：

——领导作用和承诺；

——方针；

——学校的岗位、职责和权限；

——学校目标及其实现的策划；

——资源；

——能力；

——意识；

——管理评审。

三、全员积极参与

1. 概述

整个学校内能胜任、经授权并积极参与的各级人员，是提高学校创造力和提供价值能力的必要条件。

2. 基本原理

为有效地管理一所学校，重要的是要尊重并让所有人都参与进来。承认、赋予权力和提高能力有助于人们参与进来以实现学校的目标。

3. 主要益处

主要益处可能有：
——学校内人员对目标有更深入的理解，以及更强烈的实现目标的动力；
——在改进活动中，提高人员的参与程度；
——促进个人发展，提高人员的主动性和创造力；
——提高人员的满意度；
——增强整个学校内的相互信任和协作；
——促进整个学校对共同价值观和文化的关注。

4. 可开展的活动

可开展的活动包括：
——与教职工沟通，以增强他们对个人贡献的重要性的认识；
——促进整个学校内部的协作；
——提倡公开讨论，分享知识和经验；
——让教职工确定影响执行力的制约因素，并且无后顾之忧地主动参与活动；
——赞赏和表彰教职工的贡献、学识和进步；
——分配资源，让教职工学习、提高和不断更新知识；
——针对个人目标进行绩效的自我评价；
——进行调查以评估人员的满意度，沟通结果并采取适当的措施。

5. 本原则在 ISO 9001 要求中的体现

本原则在 ISO 9001 要求中的体现有：
——学校的岗位、职责和权限；
——人员；
——能力；
——意识；
——沟通；
——内部审核；
——管理评审。

四、过程方法

1. 概述

将活动看作相互关联、功能连贯的过程所组成的体系来理解和管理时，可更加有效和高效地得到一致、可预知的结果。

2. 基本原理

质量管理体系由相互关联的过程组成。理解体系是如何产生结果的，能够使学校尽可能地完善其体系并优化其绩效。

3. 主要益处

主要益处可能有：

——提高关注和改进关键过程的结果的能力；

——通过搭建协调一致的过程所构成的体系，得到一致、可预知的结果；

——通过对过程的有效管理、资源的高效利用及跨职能壁垒的削减，尽可能提升过程方法的绩效；

——使学校能够获得相关方关于学校管理在一致性、有效性和效率方面的信任；

——使学校能够证明其符合法律和法规要求。

4. 可开展的活动

可开展的活动包括：

——确定体系的目标和实现这些目标所需的过程；

——为管理过程确定职责、权限和义务；

——了解学校的能力，预先确定资源约束条件；

——确定过程间相互依赖的关系，分析个别过程的变更对整个体系的影响；

——将过程及其相互关系看作一个体系进行管理，以有效和高效地实现学校的目标；

——确保获得必要的信息，以运行和改进过程，并监视、分析和评价整个体系的绩效；

——管理可能影响过程输出和质量管理体系整体结果的风险。

5. 本原则在 ISO 9001 要求中的体现

本原则在 ISO 9001 要求中的体现为：

——质量管理体系及其过程；

——策划；

——支持；

——运行；

——绩效评价；

——改进。

五、改进

1. 概述

成功的学校会持续关注改进。

2. 基本原理

保持或改进学校当前的绩效水平，对其内、外部条件的变化作出反应，并创造新的机会，这些都是非常必要的。

3. 主要益处

主要益处可能有：

——提高过程绩效、学校能力和学生满意度；

——调查和确定产生问题的根本原因，增强对后续的预防和纠正措施的关注；

——提高对内、外部风险和机遇的预测和反应能力；

——增强对渐进性和突破性改进的考虑；

——更好地利用学习来改进；

——增强创新的动力。

4. 可开展的活动

可开展的活动包括：
 ——促进在学校的所有层级建立改进目标；
 ——对各层级人员进行教育和培训，使其懂得如何应用基本工具和方法实现改进目标；
 ——确保教职工有能力成功地促进和完成项目改进；
 ——开发和展开活动过程，以在整个学校内实施改进项目；
 ——跟踪、评审和审核改进项目的策划、实施、完成和结果；
 ——将新的或变更的课程、服务和过程的改进与开发结合在一起予以考虑；
 ——赞赏和表彰改进。

5. 本原则在 ISO 9001 要求中的体现

本原则在 ISO 9001 要求中的体现有：
 ——方针；
 ——学校目标及其实现的策划；
 ——分析与评价；
 ——内部审核；
 ——管理评审；
 ——不合格和纠正措施；
 ——持续改进。

六、循证决策

1. 概述

基于对数据和信息的分析和评价的决策，更有可能产生预期的结果。

2. 基本原理

决策是一个复杂的过程，它总是涉及一些不确定性。它经常涉及多种类型和来源的输入及其理解，而这些理解可能是主观的。重要的是要理解因果关系和潜在的非预期后果。对事实、证据和数据的分析有助于提高决策的客观性和可信度。尤其是，决定教授哪些事实对学生和社会具有持久的影响。

3. 主要益处

主要益处可能有：
 ——改进决策过程；
 ——改进对过程绩效和实现目标的能力的评估；
 ——改进运行的有效性和效率；
 ——提高评审、挑战和改变观点和决策的能力；
 ——提高证明以往决策有效性的能力。

4. 可开展的活动

可开展的活动包括：

——确定、测量和监视关键指标，以证明学校的绩效；

——确保相关人员能够获得所需的全部数据；

——确保数据和信息足够准确、可靠和安全；

——使用适宜的方法对数据和信息进行分析和评价；

——确保人员有能力分析和评价所需的数据；

——权衡经验和直觉，基于证据进行决策并采取措施。

5. 本原则在 ISO 9001 要求中的体现

本原则在 ISO 9001 要求中的体现有：

——沟通；

——课程和服务的放行；

——相关方满意度；

——分析与评价；

——内部审核；

——管理评审。

七、关系管理

1. 概述

为了持续成功，学校需要管理其与相关方(如供方)的关系。

2. 基本原理

相关方影响学校的绩效。学校管理与所有相关方的关系，以尽可能有效地发挥其在学校绩效方面的作用时，持续成功更有可能实现。对供方及合作伙伴网络的关系管理是尤为重要的。

3. 主要益处

主要益处可能有：

——通过对每一个与相关方有关的机会和限制条件的响应，提高学校及其相关方的绩效；

——对目标和价值观，与相关方有共同的理解；

——通过共享资源和人员能力，以及管理与质量有关的风险，提升为相关方创造价值的能力；

——具有管理良好、可稳定提供课程和服务的供应链。

4. 可开展的活动

可开展的活动包括：

——确定相关方及其与学校的关系；

——确定和排序需要管理的相关方的关系；

——建立并平衡短期利益与长期考虑的关系；

——与相关方共同收集和分享信息、专业知识和资源；

——在适当的时候，统计绩效并向相关方报告，以增加改进的主动性；

——与供方、合作伙伴及其他相关方合作开展开发活动和改进活动；

——鼓励和表彰供方及合作伙伴的改进措施和成就。

5. 本原则在 ISO 9001 要求中的体现

本原则在 ISO 9001 要求中的体现有：

——理解相关方的需求和期望；

——资源；

——策划和控制；

——对外部提供的过程、产品和服务的控制；

——提供给外部供方的信息；

——课程和服务的放行；

——分析与评价。

2.3 ISO 管理体系模式

　　ISO 管理体系模式是由国际标准化组织，以简明的管理体系标准的要求，向全世界推荐的管理体系模式。这些要求包括高阶架构、相同的核心文本和具有核心定义的通用术语，旨在使实施多个 ISO 管理体系标准的用户受益。ISO 管理体系标准具有通用性和指导性，是世界各国运用的最为广泛的管理体系模式。

　　学校在建立管理体系时可采用 ISO 9001：2015 版《质量管理体系 要求》或 ISO 21001：2018 版《教育组织管理体系 要求及应用指南》。

　　ISO 9001：2015 版《质量管理体系 要求》，采用过程方法，应用 PDCA(Plan 计划、Do 执行、Check 检查、Act 处理)循环，基于风险的思维建立了质量管理体系的要求。过程方法和 PDCA 循环能使组织明确目标，对过程进行有效的策划和管理，提供适宜的资源，监视和测量过程，识别改进机会并采取行动以确保实现目标。基于风险的方法提示组织应预先确定可能导致其过程和质量管理体系偏离策划结果的各种因素，采取预防措施，最大限度地降低不利影响，并利用出现的机遇。

　　ISO 21001：2018 版《教育组织管理体系 要求及应用指南》，为能够满足学习者和其他受益者要求的教育产品和服务的组织提供了一个通用管理工具，是独立的管理体系标准，符合 ISO 9001 标准。它关注教育组织的管理体系以及这个体系对学习者和其相关方的影响。

一、过程的概念

1. 过程的定义

> **过程：**利用输入实现预期结果的相互关联或相互作用的一组活动。
> 注 1：将过程的"预期结果"称为输出，还是称为产品或服务，随相关语境而定。

注 2：一个过程的输入通常是其他过程的输出，而一个过程的输出又通常是其他过程的输入。

注 3：两个或两个以上相互关联和相互作用的连续过程也可作为一个过程。

注 4：组织通常对过程进行策划，并使其在受控条件下运行，以增加价值。

2. 常用的三类过程

一个组织内，无论其过程的多寡或复杂程度如何，都可以归为三类过程，即顾客导向过程(核心过程或运行过程)、支持过程和管理过程。它们的定义如下：

1) 顾客导向过程(核心过程或运行过程)(Customer oriented process，缩写为 COP)

顾客导向过程是指面向顾客的直接产生价值增值的过程，或与顾客产生满意关系的过程。这类过程的输入来自顾客，其输出是为满足顾客的需求和期望，为顾客提供价值。如，产品和服务的设计和开发过程、合同/订单处理过程、生产和服务提供过程、产品交付过程、顾客反馈处理过程等。

2) 支持过程(Support process，缩写为 SP)

支持过程是指支持顾客导向过程和管理过程运行的过程。如，人力资源管理过程、设施设备管理过程、信息系统管理过程、工作环境管理过程、采购管理过程、仓储管理过程、检验和试验过程、文件控制过程等。

3) 管理过程(Management process，缩写为 MP)

管理过程一般是指组织进行战略规划和经营计划、风险管理、绩效评价和改进的过程。如财务预算管理过程、绩效管理过程、内部审核过程、管理评审过程、纠正措施管理过程、持续改进过程等。

顾客导向过程、管理过程和支持过程的相互关系如图 2.1 所示。顾客导向过程是组织的核心过程，组织的整体工作是围绕顾客导向过程展开的，支持过程用于支持顾客导向过程和管理过程的运行，而管理过程则用于对顾客导向过程和支持过程进行监测、分析、评价和改进。

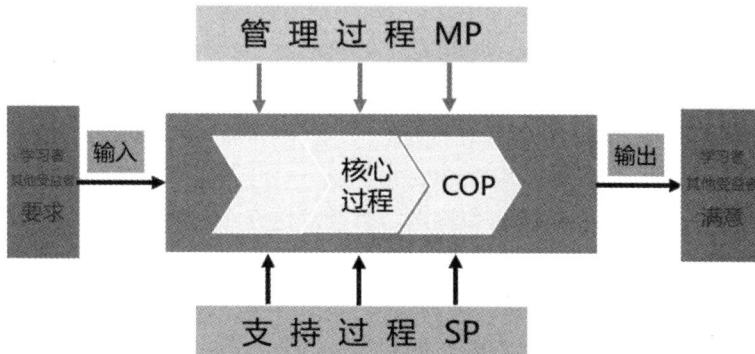

图 2.1　三类过程的相互关系图示

3. ISO 管理体系过程模型

1) ISO 9001：2015 标准过程模型

图 2.2 展示了 ISO 9001：2015 标准的单一过程要素相互作用的过程模型。

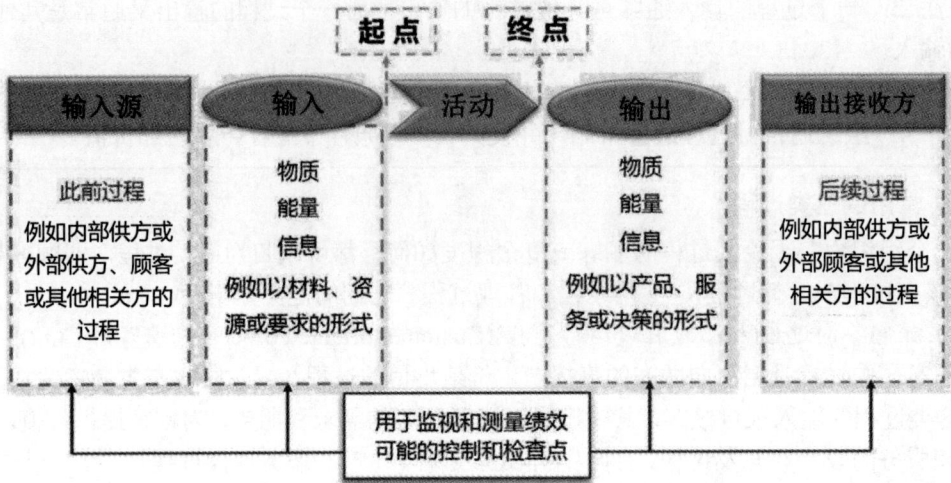

图 2.2　单一过程要素相互作用的过程模型(ISO 9001：2015 标准)

2) ISO 21001：2018 标准过程模型

图 2.3 展示了 ISO 21001：2018 标准的单一过程要素相互作用的过程模型(用于评价教育有效性过程)。

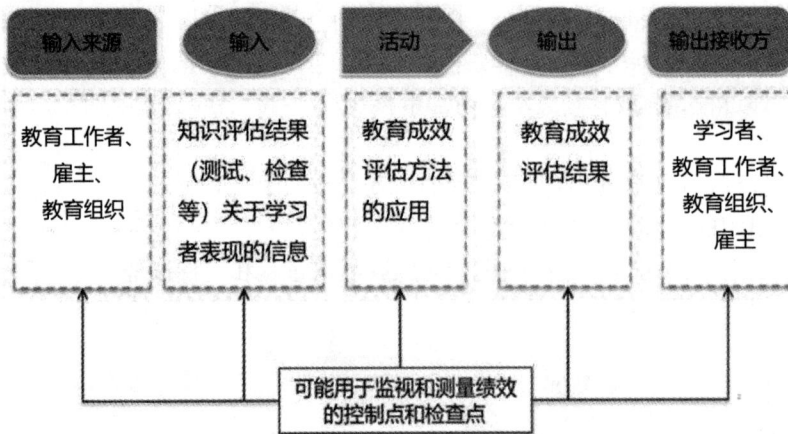

图 2.3　单一过程要素相互作用的过程模型示例(ISO 9001：2018 标准)

3) 过程模型的说明

旧的过程模型只关注输入、活动和输出，以及对这三个过程环节的监控。新的过程模型则进一步向过程的两端延伸，从而强化和确保过程的效率和有效性。包括：

在输入方面，需要进一步考虑输入的来源。它可能是一个过程或几个过程，也可能是一个对象或者几个相关方。基于输入的结果和过程的有效性，组织也需要考虑对输入来源的监控。

在输出方面，需要进一步考虑输出的接受者。它可能是一个过程或几个过程，也可能是一个对象或者几个相关方。为了确保输出的结果和过程的有效性，组织也需要考虑对输出的接收者的监控。

二、PDCA 循环的说明

质量管理体系中，按照组织的质量方针和战略方向，对各过程及其相互作用进行系统的管理，从而实现预期结果。目前在过程管理中，多采用 PDCA 循环对体系和过程进行整体管理。

1. ISO 9001：2015 基于 PDCA 循环的管理体系模式

ISO 9001：2015 基于 PDCA 循环的管理体系模式如图 2.4 所示。

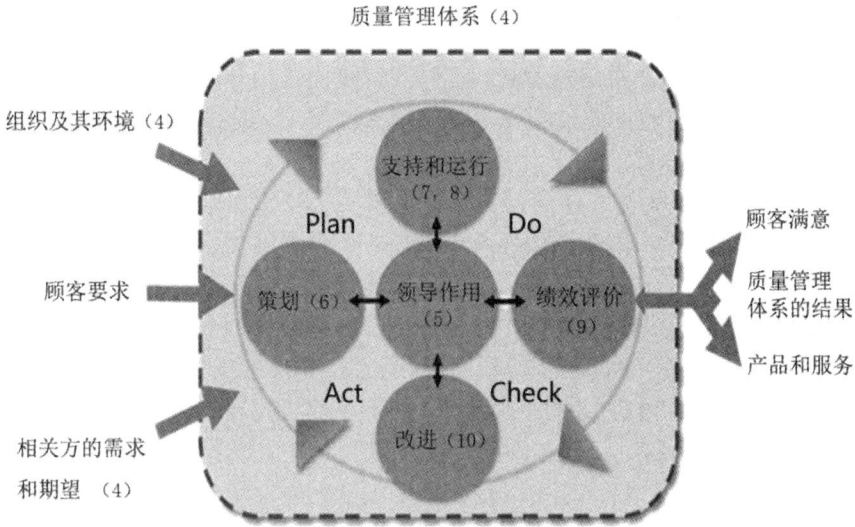

图 2.4　基于 PDCA 循环的管理体系模式(ISO 9001：2015)

2. ISO 21001：2018 基于 PDCA 循环的管理体系模式

ISO 21001：2018 标准的结构在 PDCA 循环中的展示如图 2.5 所示。

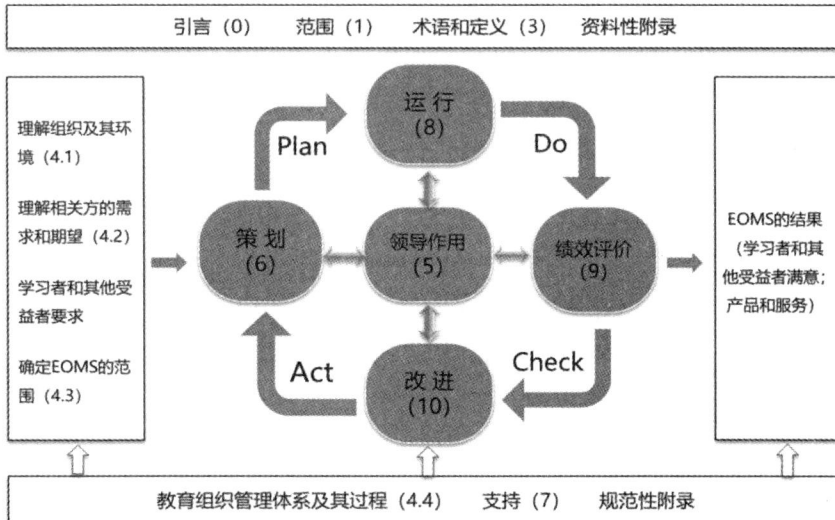

注：括号中的数字表示《ISO 21001：2018 教育组织——教育组织管理体系——要求及使用指南》(简称为 EMOS)的相应章节。

图 2.5　ISO 21001：2018 标准的结构在 PDCA 循环中的展示

PDCA 循环可以简要描述如下：

计划(Plan)：根据相关方要求和办学方针，建立目标及其过程，确定实现预期结果所需的资源，并识别和应对风险和机遇；

执行(Do)：执行所做的策划；

检查(Check)：根据方针、目标、要求和所策划的活动，对过程以及形成的课程和服务进行监视和测量(适用时)，并报告结果；

处理(Act)：必要时采取措施以提高绩效。

在 PDCA 循环中，对于没有解决的问题，应交给下一个 PDCA 循环去解决。以上四个过程不是运行一次就结束，而是周而复始地进行，阶梯式上升。PDCA 循环是全面质量管理所应遵循的科学程序。全面质量管理活动的全部过程，就是按照 PDCA 循环，周而复始地运转。PDCA 循环图(图 2.4)的意义说明如下：

(a) 该模式图简单展示了 ISO 管理体系标准第 4～10 章所提出的过程联系，说明它们可以依照 PDCA 进行组合。大圆圈边界及中间的 5 个小圆圈"领导作用""策划""支持和运行""绩效评价""改进"分别代表标准中的第 5、6、7 和 8、9、10 章。说明组织的管理体系由领导、策划、支持、运行、绩效评价、改进六大过程组成。

(b) 大圆圈左边的三个单向箭头，说明组织在建立质量管理体系、确定输入要求时，首先要考虑顾客要求，同时也要考虑组织及其环境以及相关方的需求和期望。

(c) 大圆圈的右边是质量管理体系的输出，说明通过质量管理体系的运行，将实现质量管理体系策划的结果、产品和服务，达到顾客满意。质量管理体系与质量管理体系的输出之间有一个双向箭头，表明它们之间存在双向信息流。意在增强顾客满意，只有增强顾客满意，才能提升顾客的忠诚度，从而实现组织的持续发展。顾客满意没有最好，只有更好，这应该是组织持续的、不断的追求。

(d) 中心的小圆圈"领导作用"与四周的小圆圈之间是双向箭头，表明它们之间存在双向信息流，也表明过程的运行离不开领导的参与和支持。

(e) 上下左右 4 个小圆圈之间的 4 个箭头表明了这些过程的内在逻辑顺序，形成了封闭的 PDCA 循环，表明这些过程会不断循环下去。每循环一次，质量管理水平都会上一个台阶。

(f) 小圆圈"改进"处于大圆圈的边界上，大圆圈旁的箭头表明质量管理体系的改进是一个循环过程，没有止境。大环套小环，小环保大环，推动大循环。

基于 ISO 9001、ISO 21001 管理体系建立起来的 ISO 管理模式，就是计划、执行、检查、处理四个环节的动态循环，即按照"PDCA"动态循环进行有效管理。动态循环管理模式中，四个过程相互作用、相互支持。该管理模式适合于每一项管理过程的持续改进。

对教育教学(或其他相关活动)等过程使用"PDCA"动态循环管理模式，其管理效率和能力将呈螺旋式上升趋势，不断提高人才培养质量，实现人才培养目标，使学校教育教学满足学生、其他受益者、相关方不断增长的需求和期望，追求并实现其满意度的提升。

三、基于风险的思维

1. 风险的定义

ISO 9001 在 2015 版首次提出"基于风险的思维"的概念，这是一个非常重要的管理思维的创新。为了理解这一概念，首先，看一下 ISO 9000：2015 对于风险的定义。

> **风险**：不确定性的影响。
> 注 1：影响是指偏离预期，可以是正面的或负面的。
> 注 2：不确定性是一种对某个事件，事件的局部结果、可能性或知识方面的信息缺乏理解的情形。
> 注 3：通常风险是通过有关可能事件和其后果，或两者的组合来描述其特性的。
> 注 4：通常，风险是以某个事件的后果(包括情况的变化)及其发生的可能性的组合来表述的。
> 注 5："风险"一词有时仅在有负面后果的可能性发生时使用。

从以上定义可以看出，风险有两个重要特征，即潜在事件及其后果。如果我们不知道会发生什么事情、什么时候发生、发生之后会有什么后果、后果有多严重，也就存在着不确定性，这就是风险。

那么，基于风险的思维就是要消除这种不确定性。我们在编制某一个文件或者执行某一个操作的时候，都需要先想一想：在这个过程中，可能会有什么情况(即潜在事件)发生？发生之后会有什么样的后果？后果会有多严重？当我们想清楚这些事情的时候，我们就有可能去规避风险。

这样一个基于风险的思维应该成为每一个人的习惯，所以在标准中明确要求管理者在组织内"促进使用过程方法和基于风险的思维"。

2. 风险管理过程

如图 2.6 所示，表述了 ISO 31000 标准的风险管理的过程。风险管理过程是组织管理的有机组成部分，嵌入组织文化和实践当中，贯穿组织的经营过程。风险管理过程包括确定情境、风险评估、风险处置以及之后的监督和评审，其中风险评估又包括风险识别、风险分析和风险评价三个步骤。沟通和协商应贯穿风险管理过程的各项活动中。下面重点介绍前 5 个过程。

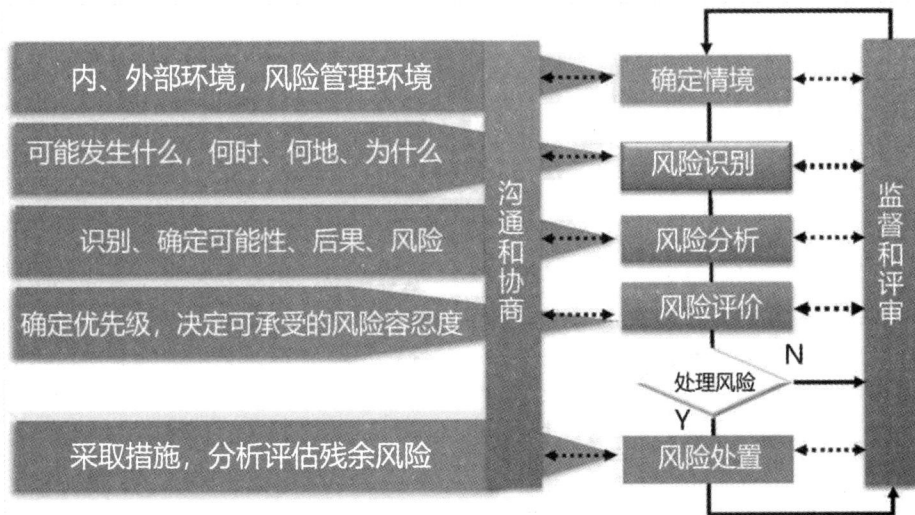

图 2.6　ISO 31000 标准的风险管理框架图

1) 确定情境

外部环境，包括：行业风险、市场风险、项目风险、政策风险和股市风险。如：美国提高关税。

内部环境，包括：经营风险、资产风险、财务风险和行为风险。如：员工离职率高。

管理环境，包括：营运风险、授权风险、信息处理风险、技术风险、诚信风险、金融信誉和流动性风险。

决策风险，包括：经营性决策风险、财务性决策风险、战略性决策风险。

应对风险和机遇必须想在前(钱)，未雨绸缪，防患于未然。

2) 风险识别

什么事情？可能出现什么问题？

学校应识别风险源、影响区域、事件(包括环境变化)以及致因和潜在后果。学校应使用适合其目标、能力及所面临风险的风险识别工具和技术。具有适当知识的人员应参与到风险识别中。

3) 风险分析

风险是什么？又如何带来各种后果？

风险分析为风险评价和确定风险是否需要处理以及最适合的风险处理策略和方法，提供了前提。

风险分析包括考虑风险的致因和来源、所带来的正面和负面的后果，以及这些后果发生的可能性。影响后果的因素和后果的可能性应被识别。可以通过确定后果和其可能性以及其他风险特性，来进行风险分析。一个事件可以有多种结果，并可以影响多重目标。现存的控制措施及其效果和效率也应被考虑在内。

分析后果和后果的可能性的表述方式，以及它们的组合是确定风险程度的方式。风险分析可以是定性的、半定量的或定量的，也可以是组合的方式。学校可以借助风险矩阵，在图表上绘制危害以进行量化，从而计算风险。

4) 风险评价

我们要做什么？做吧！

风险评价的目的是根据有关风险的处理实施优先作出决策。风险评价是将风险分析的结果与学校已制定的风险评价准则进行比较，确定学校现存风险(或不可接受风险)严重程度和风险等级。

5) 风险处置

这样行吗？可以做得更好吗？

风险处置包括选择和实施一种或几种修正风险的方案，实施方案后，实现风险控制。风险处置包括一个循环过程：评价风险处置；确定残留风险程度是否可容许；如果不可容许，进行新一轮的风险处置；评价该处置的有效性。风险处置方案可选择规避风险、为寻求机会而承担或增加风险、消除风险源、改变风险的可能性和后果、分担风险、保留风险(通过充分的信息作出明智决策)。

四、过程方法的应用

ISO 9001：2015 倡导学校在建立、实施质量管理体系以及提高其有效性时采用过程方法，目的是通过满足顾客要求以增强顾客满意。

ISO 9001：2015《质量管理体系 要求》中 0.3.1 总则：过程方法包括按照学校的方针和战略方向，对各过程及其相互作用进行系统的规定和管理，从而实现预期结果。可通过采用 PDCA 循环以及始终基于风险的思维对过程和整个体系进行管理，旨在有效利用机遇并防止发生不良结果。

1. 过程方法

任何活动都可以看成由输入转化为输出的过程，质量管理体系中的各项活动也是由过程和过程网络(相互关联的过程)组成的。为了有效地运行质量管理体系，应系统地识别这些过程和过程网络，并通过 PDCA 循环以及基于风险的思维，对这些过程和过程网络进行整体管理，这就是过程方法。

"过程方法"就是我们通常讲的"流程管理"。在质量管理体系标准中将"process"表示为"过程"，而不是"流程"，"流程"只是我们口头或习惯上的说法。过程方法是工作落地的方法，其精髓如表 2-1 所示。

表 2.1　过程方法的精髓表

情　况	思　路	做　法
复杂问题	简单化	分类
瓶颈问题	节奏化	分级
经验问题	显性化	分步

2. 过程方法的应用

过程方法实质上指用系统的方法去实施管理。"系统"是指对学校中为实现目标所需的全部的相互关联或相互作用的过程进行综合考虑，过程的集合构成系统，系统内的各个过程不是简单地排列的，过程的顺序、关联及构成方式决定了系统的结构。

质量管理体系的构成要素是"过程"，过程方法的重点也是"过程"。一个过程可以构成一个系统，一组相互关联的过程的有机组合也构成一个系统，因此"系统"和"过程"是相对的。

对构成系统的过程予以识别、确定和管理，可以帮助学校提高目标实现的有效性及效率。理解过程方法，需要把握并识别学校管理所应用的过程，基本思路如下：

1) 识别过程

系统地识别学校所有过程，并确定这些过程的顺序和相互作用。

2) 确定过程

确定过程的输入、输出、资源和活动。明确过程的职责、权限和过程之间的接口，明确过程的实施、监测方法。

3) 管理过程

控制过程所涉及的人(专业团队)、机(教学条件)、料(教学资源)、法(教学标准)、环(专业文化)、测(监控方法)这六个基本要素，按规定要求实施。

4) 监测过程

按确定的要求和方法，对过程进行监视和测量。

5) 改进过程

对过程的结果进行数据分析，寻找改进机会并采取措施，持续改进过程。

3. 利用"乌龟图"对过程进行分析

乌龟图是一种用来分析过程的工具。从过程的六个关键方面进行分析，包括输入、输出、如何去做、用何方式、由谁来做、衡量指标。六个关键方面的主体分别放在单独的部位中，组合的图形像乌龟。主体部位是乌龟的背壳，六个关键方面的部位分别是乌龟的头部、尾巴、四只脚，这是一种形象直观的表现方式。过程分析的乌龟图如图 2.7 所示，乌龟图的内容结构如图 2.8 所示。

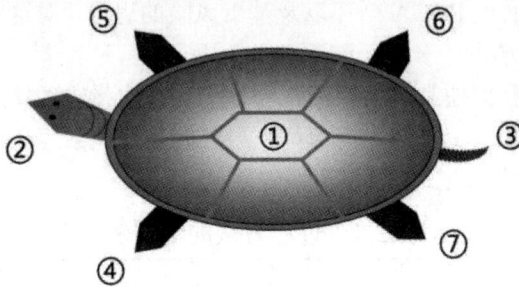

图 2.7　过程分析的乌龟图

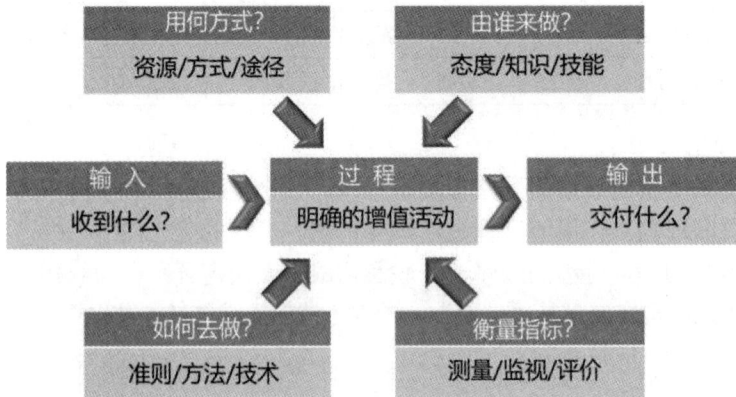

图 2.8　乌龟图的内容结构

1) 乌龟图的创建

部位①：是乌龟的背壳，主要填写过程名称、过程主体、过程特征等，譬如，分析标准时把标准条款直接放在此方框。创建时应先了解现有过程(如管理流程、程序文件、操作文件、检查标准等)是否与已经存在的过程类似，如有相关类似过程，则考虑是否重新分析；如没有则重新开始，进行过程识别，先后找出 COP(顾客导向过程)、SP(支持过程)/子过程、MP(管理过程)，将识别的过程名称填入此框。

部位②：是乌龟的头部，"输入"从"收到什么(即要求是什么)？"方面进行考虑。在此框中填写过程的输入信息。包括内(外)部顾客、相关方、法律法规的要求，以前类似的成功、失败的经验教训，以及技术、工艺、检验方面的信息。应考虑输入是从哪里来、有多少、与其他过程的关系，特别是与其他过程的输出关系。表现形式可以是文件化信息、图像、语音等。

部位③：是乌龟的尾巴，"输出"从"交付什么？"方面进行考虑。在此框中填写过程输出的信息，涉及服务、软件、硬件等方面，包括产品、文件、记录、报告等。输出应满足输入要求，充分体现过程结果，即输出是过程运行结果的证据表现，考虑可追溯性。

部位④：是乌龟的左前脚，"如何去做？"从"准则/方法/技术"方面进行考虑。操作方法简单的，在此框中进行描述；复杂的应创建相应支持此过程的文件化信息，并在框中引用文件名称及文件编号。一般管理体系文件之间有一定的关联，仔细查找支持此过程的相关文件化信息，有则直接引用，省去重复劳动，避免多个文件重复规定。

部位⑤：是乌龟的右前脚，"用何方式？"从"资源/方式/途径"方面进行考虑。涉及过程实现所需的相关资源，在此框中填写本过程使用的资源(包括监视和测量设备)、方式、计算机系统、过程中所使用的软件、过程运行环境等。

部位⑥：是乌龟的右后脚，"由谁来做？"从"态度/知识/技能"方面进行考虑。在此框中填写岗位职责要求与职责分配，特别考虑学校执行人员的教育、培训、经验等。

部位⑦：是乌龟的左后脚，"衡量指标？"从"测量/监视/评价"方面进行考虑。在此框中填写过程最终运行结果的目标、指标，包括期望的目标、指标。尽量考虑目标、指标的量化、可测量，最好能形成数学计算方式，比如完成率、毕业率、满意度得分等。

2) 乌龟图分析举例

学校质量管理体系推行小组先识别出 COP 过程，按学校组织与学生或相关人员发生业务的时间先后顺序排列。常见的 COP 过程：COP1 服务的要求→COP2 服务的设计与开发→COP3 服务提供的控制→COP4 交付后活动……

根据识别出的 COP 过程，找出 SP 过程；根据识别出的 COP 过程，找出 MP 过程。对整体顺序、逻辑关系进行调整，并列出"过程清单"，如表 2.2 所示。

表 2.2　学校管理体系过程一览表

顾客导向过程 COP		支持过程 SP		管理过程 MP	
过程编号	过程名称	过程编号	过程名称	过程编号	过程名称
COP1	内、外部环境理解和分析管理程序	SP1	文件管理程序	MP1	风险和机遇管理程序
COP2	招生管理程序	SP2	人力资源管理程序	MP2	年度绩效目标管理程序
COP3	教学基本建设管理程序	SP3	教学资源管理程序	MP3	绩效分析与评价管理程序
COP4	教学运行管理程序	SP4	知识能力提升管理程序	MP4	内部审核管理程序
COP5	教学过程监控管理程序	SP5	沟通管理程序	MP5	管理评审程序
COP6	学生教育与服务管理程序	SP6	采购管理程序	MP6	持续改进控制程序
COP7	教学效果监测程序	SP7	供应商管理程序		
		SP8	校园安全管理程序		
		SP9	不合格管理程序		
		SP10	科研管理程序		

用乌龟图过程分析法对 COP7 教学效果监测程序(过程)进行分析(见图 2.9)，其相互关系为：COP4 教学运行管理程序、COP5 教学过程监控管理程序是本过程的输入来源，SP9 不合格管理程序、MP6 持续改进控制程序为 COP7 的输出接收方。

过程编号：COP7	过程名称：教学效果监测过程	负责部门：教务处

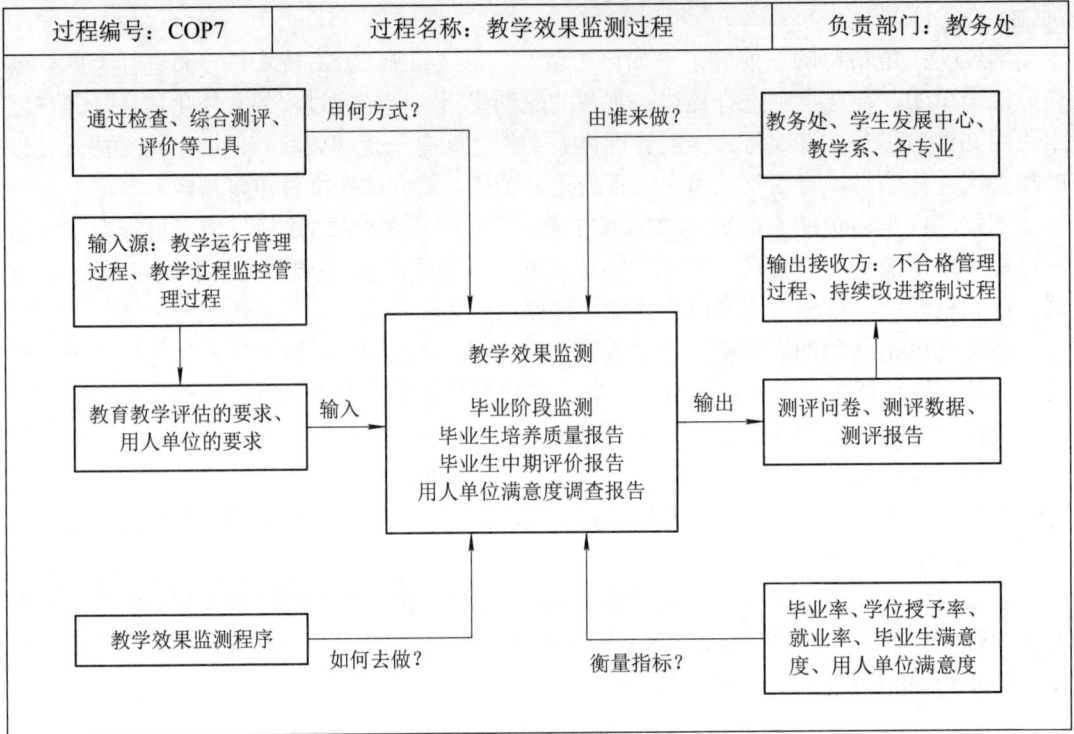

图 2.9　过程分析图

第 3 章

学校质量管理体系的建立与实施

ISO 9001：2015 要求组织维护和保持文件化信息，以支持过程运行，并确保其过程按策划进行。

学校在建立文件化管理体系时，以 ISO 10013：2021(质量管理体系文件化信息指南)标准作为制定和保持所有文件化信息的指导文件。

所谓文件化管理，就是将质量管理体系以文件化的形式表达出来，形成一套科学规范的体系文件。以此文件作为质量管理体系运作的准则和对其运行状况进行审核的依据。

文件化信息是学校需要控制并保持的信息及其载体。文件化信息可用于沟通，提供客观证据或用于共享知识。文件化信息可以保存学校的知识与经验，并通过支持课程和服务的改进来创造价值。

3.1 建立文件化质量管理体系的意义和作用

要求文件化质量管理体系具有全局性、简洁性、有效性的特点。即使未开展文件化管理工作的学校，也有一些规章制度、操作规程等，这些文件用于促进学校教育教学质量的提升。但是，这些文件一般都很不健全，表现为一些工作没有文件规定；有些文件相互不配套，甚至相互矛盾；文件管理混乱，如已作废文件未收回，某文件修订而相关文件未能相应修改；等等。有些学校虽然存在一些文件，但还没有建立一个文件化的质量管理体系。实现质量管理体系文件化，就要从系统的观点出发，建立文件体系，保证各类文件的层次性及相互协调性。同时，对于文件本身，要求实行严格的管控与更迭流程，保证学校各项工作所使用的文件都是现行有效的文件。

一、文件化的意义

1. 文件化才能实现规范化

如果一所学校规章制度不科学、不健全，标准体系不完善，那么，这个学校的管理一定是混乱的。因此，学校管理的规范化一般要从建章立制入手，规定各项工作的标准规范、程序步骤，使学校管理逐渐步入正轨。正规、规范的管理必须借助各种文件，完善的文件化质量管理体系是高水平管理的基本条件。

2. 文件化才能实现制度化

学校成熟的标志是制度能力，不是个人能力。经验形成文件，管理走向成熟。学校管理趋向于制度化、责任化、扁平化。一些学校存在下列问题：管理层级趋多，管理分工趋细，各部门、各员工之间的工作相互依赖、相互制约增强，要求的配合协作程度越来越高，这些均加大了管理的复杂程度。如何把学校管理得井然有序，让各部门及人员均按部就班、有条不紊地工作，这需要依托一系列的质量管理体系文件，借此来约束和指导工作实践。

文件体系的建立过程就是学校管理的"立法"过程。通过质量管理体系文件，明确学校的方针、目标、职责、接口方式、协调措施以及具体的操作步骤；通过文件化的质量管理体系，确保学校各项管理制度有效实施，教育教学工作按预定轨道运行。

3. 文件化才能实现持续改进

学校管理工作的基本程序是 PDCA 循环，该循环使教育教学质量不断提高。文件化首先就是体系化，对各项管理工作的目的、范围、工作程序、控制办法、协调措施等预先加以规定；然后按规定步骤实施，并对实施过程和结果进行控制、分析，提出持续改进措施并落实，不断提升学校质量管理体系的文件化程度，使学校各项工作能够持续性和连贯性运转。

二、文件化的作用

1. 设计作用

编写质量体系文件时，首先要对学校现有的质量管理状况、质量文件等进行一次全面的总结和归纳，然后对照 ISO 9001：2015 标准的要求，对学校质量管理系统进行重新构思、规划和设计；对质量职能进行划分、展开、分配和落实；对各项工作的标准、程序作出规定；对各个过程、环节进行分析、补充和完善。所以，体系文件编制过程，即学校质量体系的设计过程。

2. 协调作用

在质量管理工作中，由于教育教学服务质量是学校各方面工作质量的综合反映，特别强调各部门间的接口和协调，许多质量问题是由各部门职责不清、相互推诿扯皮造成的。通过编写质量体系文件，如质量职能分配及程序文件等，可以对下列问题：一项质量管理工作由谁负责，谁配合；质量信息如何传递，要经过什么手续；等等，都以文件形式明确规定，从而避免扯皮现象，使各部门配合默契，协调顺畅。

3. 固化作用

学校的许多质量问题属于"常见病""多发病"。即当问题严重时，领导下力气抓，各方面引起重视，就大有好转。经过一段时间后，各方面管理稍一松懈，问题又重复出现。对于这种情况，要严格按标准执行，质量状况好转后，要总结经验，将成功的做法和经验纳入学校工作标准或其他文件中，加以固化，避免旧病复发。

4．"契约"作用

质量管理体系文件化之后，管理者要求操作者做什么、怎么做、达到什么标准，都有了明确的规定。这样，操作者也就知道了怎么做才能符合标准，把工作做好。这就避免了因未领会领导的意图而产生的种种误解，在管理者和操作者之间，通过各类文件，像"契约"一样规定了双方的责、权、利等工作关系，使管理者和被管理者之间的工作关系明确化、简单化。

5．证明作用

学校的质量管理体系的运行状况，要通过客观证据来证明。无论是学生和其他受益者，还是评估机构，均要求提供体系本身及运行状况的"证明"。只有建立了文件化的质量管理体系，才能有凭有据，获得学生和其他受益者的信任，以及评估机构的认可。若缺乏完善的质量管理体系文件(作为评价的依据，体系运转状况的"痕迹"和"烙印")，则无论是学生、其他受益者，还是第三方认证机构，均无法确认学校体系运行状况，因而学校也就无法获得信任。

6．宣教作用

各类质量管理体系文件也是进行教职工培训教育的好材料。对新入职教师或要调换岗位的老教师进行岗位培训时，这些体系文件均可以作为工作的指导或参考文本。体系文件应切合学校实际。

7．尺子作用

质量管理体系文件是学校各项质量管理工作的准则，同时也是检查、考核教职工工作质量好坏的依据。因此，质量管理体系文件是学校认定质量效益奖，发放育人质量奖和教学质量奖的前提条件。

3.2　质量管理体系文件的编写

一、体系文件的结构

1．文件的定义

> **文件**：信息及其载体。
>
> 示例：记录、规范、程序文件、图样、报告、标准。
>
> 注 1：载体可以是纸张，磁性的、电子的、光学的计算机盘片，照片或标准样品，或它们的组合。
>
> 注 2：一组文件，如若干个规范和记录。
>
> **信息**：有意义的数据。
>
> **文件化信息**：组织需要控制和保持的信息及其载体。
>
> 注 1：文件化信息可以以任何格式和载体存在，并可来自任何来源。

注 2：文件化信息可涉及：

管理体系，包括相关过程；

为组织运行产生的信息(一组文件)；

结果实现的证据记录。

学校在策划或保留体系的文件化信息时，须考虑学校的内、外部环境，包括法律法规框架、相关方的需求和期望、风险和机遇以及学校的战略方向。文件化信息可能与学校的全部活动或所选择的部分活动有关。重要的是，文件化信息的内容还应符合学校应满足的教育行业标准的要求。

学校的质量管理体系文件是按照国家法律法规、高等学校管理标准及 ISO 9001：2015 标准建立的学校质量管理制度文件的总和。质量管理体系文件是描述质量管理体系的一整套文件，是进行质量管理的依据。

2. 体系文件的层次结构

2015 版 ISO 9001 用"文件化信息"代替了文件化、质量手册、形成文件的程序和记录之类的术语。使用"文件化信息"一词来指代需要由组织控制的信息，并使用"文件"来指代信息。虽然新标准没有规定特定的文件的层次结构，在这里，建议学校的质量管理体系文件包括质量手册、程序文件、操作文件、记录文件四个类别层级(见图 3.1)。四类(层)文件结合起来，构成了整个文件体系。

1) 质量手册

2015 版 ISO 9001 虽然不要求质量手册，但质量手册仍然是有用的，手册也被称为"质量手册""管理手册"或任何其他合适的名称。

质量手册是学校质量管理体系最高层次的文件，是纲领性文件。其中规定了学校的质量方针、质量目标，明确了学校的组织机构设置、部门职责、权限和相互关系，规定了体系运行所需的程序文件，界定了人力、物力等资源管理的内容和要求，描述了学校对主要运行过程进行控制的基本原则。

2) 程序文件

程序文件是学校质量管理体系的第二层文件，是针对各个职能部门建立的。程序文件是质量手册的支持性文件，程序文件本身又得到操作文件的支持，起到承上启下的作用。同时，各部门间的纵横联系和接口，主要也在程序文件中予以规定。所以，程序文件又具有横向协调的作用，该作用通过引用各项管理程序或者直接描述各部门与质量相关的运行过程的控制方法来实现，程序文件是各项过程的管理性文件。程序文件规定了所需的操作指导和记录表单。

3) 操作文件

操作文件明确规定了完成各项工作的方法和技术细节，包含了与教育教学服务有关的标准要求、行业标准及相关方提供的技术文件等。

4) 记录文件

记录文件是过程活动输出的结果，是全校各项质量活动的结果形成记录，是第四层文件。它既是质量管理体系运行状况的证明，也为工作追溯及改进提供依据。

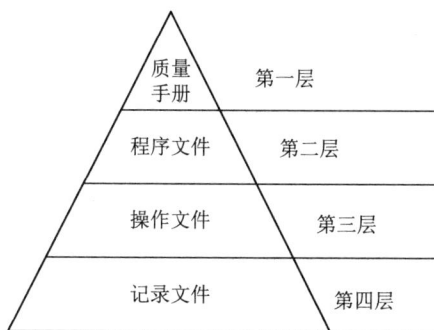

图 3.1　质量管理体系文件结构图

二、质量手册的编写

1. 质量手册的定义

> **质量手册**：组织的质量管理体系的规范。
>
> 注：为了适应某个组织的规模和复杂程度，不同的质量手册在详略程度和编排格式方面可以不同。

质量手册是学校质量管理体系文件的一部分，它是学校贯彻执行 ISO 9001 标准的使用说明书，是将 ISO 9001 标准的要求所对应的条款逐项展开并对其在学校内具体如何执行加以说明的一种文件。

2. 质量手册的编写原则

编写质量手册是一项严肃认真的工作，编好质量手册，要遵从以下原则：

(a) 学校主要领导要直接参与；

(b) 以《ISO 9001：2015 质量管理体系 要求》及《ISO 10013：2021 质量管理体系文件化信息指南》为基本依据；

(c) 编写质量手册要符合学校内部章程，使质量手册具有法规性；

(d) 质量手册应与学校其他标准、规章制度等协调；

(e) 编写质量手册一定要注重内容的有效性、实用性。

3. 质量手册的编写步骤

1）成立质量手册编写领导小组

编写质量手册涉及组织机构、职责权限的划分及调整，以及教育教学各环节、活动内容的控制办法，是一项复杂的系统工程。要使这项工作有计划、有步骤、按期、按质、按量地完成，就必须加强组织领导。尤其对于学校管理者来说，这是不可推卸的责任。管理者不参与手册编写，也违背了标准的规定。但也不是要求管理者事必躬亲，可以成立质量手册编写领导小组，其成员由各主管领导组成，其主要任务是：

——确定编写人员名单、学习和培训内容；

——确定质量手册的编写要求和基本原则；

——安排质量手册编写计划及进度；

——审定质量手册总体方案及纲目；

——向编写过程提供必要的经费及资源；

——最终审定手册，提交最高管理者批准。

2) 分工编写，统一汇总

将采用的 ISO 9001：2015 标准条款展开，分解成一项项具体的活动和工作，确定各项活动和工作的负责部门和配合部门，这项工作称为职能分工，最后形成职能分工表。一般来说，职能分工表中的责任部门就是该项活动相关文件的编写部门。按确定的体系及时间进度要求，各部门编写本部门承担的文件内容。对于综合性的条款要求，一般由质量管理部门(专职编写人员)编写。

在分工编写过程中，专职编写人员应给予指导，并按期收集各编写人员的初稿后，进行统稿。统稿时发现的问题，应与编写者协调解决，有时可能要经过反复修改。

3) 先行试点，再正式运行

把完成的质量手册初稿交由质量手册编写领导小组(简称领导小组)讨论审批，针对领导小组提出的意见进行修改，无异议后，由管理者签发试运行指令，试行质量手册。为慎重起见，也可先在小范围内试点，跟踪试运行结果，总结经验教训，进行相应修改，将完成的正式稿送交领导小组讨论审批，无异议后，由学校最高管理者签发正式运行指令，再全面试行。

至此，质量手册的编写工作全部完成。但这项工作不是一劳永逸的，还要根据学校内、外部环境的变化情况，定期进行修改、完善，使质量手册能始终适应学校办学发展的需要。

4. 质量手册格式

1) 质量手册表头

	XX 学校	编号：QIE-QM-xxxx
		版次：B/0
	质量手册	生效日期：xxxx.xx.xx
		第 x 页 共 x 页

2) 质量手册内容

9001 课程体系质量手册目录如下。

目　次
0　前言
0.1　学校概况
0.2　手册发布令
0.3　方针
0.3.1　方针的诠释
0.3.2　方针的发布
0.4　组织机构及部门职责
0.4.1　组织机构
0.4.2　部门职责
0.4.3　管理体系的职责分配

10   改进
    10.1   不合格和纠正措施
    10.2   持续改进
    10.3   改进的机会
附录
    附录 1：学校行政组织机构图
    附录 2：学校管理体系的职责分配表
    附录 3：学校管理体系过程一览表

三、程序文件的编写

1. 程序文件的概念

程序：为进行某项活动或过程所规定的途径和方法。
注：程序可以形成文件，也可以不形成文件。

学校为了高效地获得所期望的过程输出，应对过程实行控制。在对过程控制进行策划时，应考虑实施该活动或过程的规定途径和方法，即实施该活动或过程的程序。这种程序可以是口头的，也可以是书面的，即程序可以形成文件，也可以不形成文件。当程序形成文件时，通常称为"书面程序"或"形成文件的程序"。含有程序的文件可以称为"程序文件"。

程序文件中通常应阐明实施活动或过程的具体方法和途径，可以包括活动的目的和范围、做什么、谁来做、何时、何地、如何做、使用什么资源、如何对活动进行控制和记录等。

为实施质量管理体系所涉及的各职能部门的活动或过程，而将这个程序书面化就得到程序文件。实际上，程序文件是质量手册的具体化、操作化，是对质量手册规定的进一步展开、细化和落实。

2. 程序文件的特点

由于程序文件是对质量管理体系的某项管理活动实施内容、方法和顺序要求的规定，因此，程序文件所描述的规定应该能够构成一个逻辑上独立的管理活动，这种逻辑上的独立或涉及质量管理体系的一个条款的一部分，或涉及多个相关的条款。

每一个形成文件的程序都应包括质量管理体系的一个逻辑上独立的部分，即由谁、何时、何地做什么，为什么这么做，如何做。程序文件阐明了涉及管理活动的部门和人员的职责、权限及相互关系，并说明实施活动的方式、采用的文件及控制方式。

程序文件的编写要考虑质量管理体系的整体性、系统性，即要把各项管理活动充分展开，使所有的程序文件充分体现质量手册的规定和要求，同时也要注意处理好各个程序文件之间的关系，使它们既作为一个单独的逻辑上独立的部分，同时各程序文件相互又构成一个有机的整体，充分落实和实施质量管理体系所要求的各项管理活动。程序文件编写还要处理好管理活动发生过程中各部门之间的联系，规定好各部门之间的接口问题，真正使程序文件中规定的各项活动能够协调进行。

程序文件的编写应力求简明，用词要准确，避免赘述。要清楚地规定整个管理活动在实施过程中的每一个步骤和环节，相关部门的责任及其义务。即使没有从事过此项工作的人也能通过程序文件清楚地了解此项管理活动的内容和过程，并能很快地理解并按其流程去做。

程序文件不涉及纯技术性的细节问题。程序文件是管理活动的具体实施方法和步骤，在实施某项管理活动时所涉及的一些技术细节和工作细节，一般情况下由操作文件来确定。

一所学校需要编制多少个程序文件应从本学校的实际出发，以质量管理体系要求为基础，经过认真分析后确定。

3. 程序文件格式

1) *程序文件表头*

(校徽)	学校名称	编号：QIE-QP-xx-xxx
	程序文件	版次：B/0
	XXX 管理程序	生效日期：xxxx.xx.xx
		第 x 页 共 xx 页

2) *程序文件内容*

1 目的

(Why)主要说明学校为什么开展这项活动，要达到什么目的。

2 范围

(Where)开展此项活动的工作范围，涉及哪些方面，有哪些注意和禁止事项。

3 定义

本程序文件中如有赋予特定含义的术语和定义，应加以说明。

4 职责

(Who)明确由哪些人来实施此项程序，他们的职责和权限，以及相互关系。要特别明确谁主要负责，谁辅助配合。

5 工作程序

(What、When、How)主要说明工作的顺序。每个工作程序应包括完成该活动的工作内容、方法和要求，它是程序文件的核心部分。编写工作程序必须一步一步地列出开展此项活动的规定细节，必要时给出参考文件，并要保持合理的编写顺序，注明需要注意的例外或特殊情况。

6 支持性文件

使用或引用与本活动密切相关的文件编号及文件名称，有多少就引用多少。

7 相关记录

明确规定本活动所产生的报告和记录，以及应该采用的表单和记录格式。

8 工作流程

如有必要可以附上流程图，按由上到下或由左到右的顺序画出工作流程，用箭头指示程序的先后顺序和相互关系，按顺序将工作程序的内容和要求用文字填写到相应的方框里。文字要尽量简洁明确，方框可大可小以适应文字多少为准。

四、操作文件的编写

1. 操作文件的概念

操作文件是程序文件的进一步延伸和具体化，用于细化具体的操作过程和操作要求。操作文件通常是一些专业性文件，用于指导教职工的具体操作步骤、内容和方法。它主要指工作细则(规程)和规范等。操作文件涉及学校的各部门的各项工作，大多应用在操作复杂或对质量影响比较大的工作环节。

2. 操作文件的编写原则

1) 适宜性原则

在学校里，并不是每一项工作、每一个工作岗位都需要操作文件，操作文件一般是在较复杂、技术要求高、容易出现问题的工作环节上使用。一般情况下，以如果没有操作文件就不能保证教育教学服务质量为原则来确定是否使用操作文件。

2) 指导性原则

操作文件应详细且准确地描述工作或操作，对指导工作起重要作用。举例来说，实验指导书中应规定实验目的、实验前的准备工作、需确认的事项、实验的步骤、实验中应注意的事项等方面，使从事该项实验的人对实验有清楚而准确的了解。

3) 可操作性原则

操作文件的目的就是给操作者足够的指导,以便帮助他们高质量地完成所规定的工作,所以操作文件应具有很强的可操作性。应能使从事该项工作的人员，即使是一名新手，经过短时间的培训和学习，也能够利用操作文件准确无误地按照其要求把工作做好。可操作性是编写操作文件的一个非常重要的原则。

3. 操作文件的编写步骤

(1) 编写准备。主要是收集现有的规章制度、运行文件资料，查阅有关技术资料，提出通用的操作文件格式样本。

(2) 列出操作文件目录。召集学校各部门人员共同探讨，结合实际工作中的操作惯例，分析各项工作要求，初步确定操作文件目录。

(3) 落实编写计划和责任人。

(4) 编写。编写操作文件时，可参考类似的样本，但应注意，职责与工作内容的编写必须协调统一。

(5) 批准。试用后，对照程序文件将操作文件修改完善，然后将其提交给有权限的人员批准以交付使用。

4. 操作文件编写注意事项

(1) 语言准确、简练。编写操作文件时，用语要精练，用词要准确，语义要清晰，无须使用任何华丽的词句，只要将意思表述清楚即可。

(2) 总结经验教训。操作文件不仅要把工作中成功的经验叙述清楚，写出："应该怎么做"，而且要把教训总结出来，如在实验指导书中往往还要写出："不应该怎么样"。要写好工作中的注意事项，以避免操作者出错。

五、记录的编写

1. 记录的定义

> **记录：** 阐明所取得的结果或提供所完成活动的证据的文件。
>
> 注1：记录可用于正式的可追溯性活动，并为验证、预防措施和纠正措施提供证据。
>
> 注2：通常，记录不需要控制版本。
>
> 记录实际上是一种文件，只是这种文件不能随意修改，因为它是对当时客观事物的描述，是一种证据性的文件。
>
> 记录的设计应与程序文件、操作文件的编写同步进行，以使记录与程序文件、操作文件协调一致，接口清楚。

2. 记录的编写步骤

记录的编写步骤如下：

(1) 制定记录总体要求的文件。根据质量手册、程序文件以及可追溯性要求，对质量管理体系所需要的记录进行统筹，并对记录的编目、样式及记录要求等作出统一的规定。

(2) 记录设计。在编写程序文件、操作文件的同时，制定相应的记录表单。

(3) 校审和批准。汇总所有记录表单后，组织有关部门进行校审，重点从质量管理体系的整体性出发，审查各表单之间的内在联系和协调性、样式的统一性和内容的完整性，校审并作出相应修改后的表单应得到批准。

(4) 汇编手册。将所有表单统一编号、汇编成册发布执行。必要时，对某些较复杂的记录表单要规定填写事项的说明。

3. 记录的处理要求

记录的处理要求如下：

(1) 应建立并保持有关记录的标识、收集、编目、查阅、归档、存储、保管和处理的形成文件的程序。

(2) 记录应清晰。记录可以呈现任何媒体形式，如硬拷贝或电子媒体。记录的保管方式应便于存取和检查，保管设施应置于适宜的环境中，以防止文件损坏、变质或丢失。

(3) 应规定记录的保存期。

(4) 应规定过期或作废记录的处理办法。

3.3　质量管理体系建立的流程

建立质量管理体系是学校的一项战略决策，学校的各级管理者应在质量管理体系的建立与实施方面统一思想认识，高度重视质量管理体系的相关标准要求，积极地推动体系建立工作，确保投入足够的资源，高效、规范地运行学校内相关过程，更好地满足学生和其他受益者的要求。

学校质量管理体系的建立，一般包括以下流程。

1. 组织编写人员培训

建立质量管理体系，需要管理者、教职工具备相应的质量管理体系知识，制订编写计划，在此基础上，收集有关资料，根据实际情况和标准要求进行体系文件的编写，其中往往会涉及多轮次的讨论和修改，直至体系文件得到批准和发布。因此，培训工作是基础。一般而言，体系的建立会涉及全员培训、管理层培训、内审员的培训等。

2. 分析环境与相关方

管理人员对学校所处的内、外部环境以及相关方的需求和期望进行分析，以确定所需应对的风险和可利用的机遇。

3. 制定方针和目标

最高管理者根据内、外部环境，相关方、学校的战略方向制定学校的质量方针。

质量目标是学校在质量方面所追求的目标，在方针的指引下，应制定出拟实现的质量目标，制定时须注意目标和指标的区别。

4. 确定质量管理体系所需过程

目标的实现，需要依靠过程。在这个阶段，学校应对现有的工作流程进行梳理，确定现有的工作流程是持续提供满足学生和其他受益者、适用法律法规要求的教育教学服务所需的过程，而这些过程是质量管理体系的主要载体，管理也将围绕这些过程展开。

5. 设计组织机构和岗位职责

质量管理体系的协调运行是依托组织机构来实现的，其运行涉及学校几乎所有部门及其各项活动，因此需要明确组织的结构、岗位、职责与权限。

6. 质量管理体系文件的编写顺序

虽然 ISO 9001：2015 标准并没有直接提出关于编写质量手册、程序文件等方面文件的要求，但是一般而言，大部分质量管理体系的运行规则都是通过编写一系列文件来规定的。因此，编写体系文件是质量管理体系建立工作中的重要一环。编写顺序可以有以下几种方式：

(1) 自上而下地进行，即按质量手册—程序文件—操作文件—记录文件的顺序编写。

(2) 自下而上地进行。

(3) 采取中间突破的方法，即先编写程序文件。

3.4 质量管理体系的运行和改进

伴随着体系文件的发布，质量管理体系的推进工作会进入运行和改进阶段。该阶段的具体流程如下：

1. 质量管理体系的试运行

在质量管理体系文件发布后，要经过一段时间的试运行，用以验证这些质量管理体系文件的适用性和有效性。这期间要注意收集有关体系文件应用方面的反馈，进一步对体系文件进行优化与调整。

2. 内部审核

在体系运行一段时间后，要评价体系运行的情况，比如相关要求是否得到遵循，是否需要进行改进，典型的评价方式就是进行质量管理体系的内部审核。

3. 管理评审

管理评审是指最高管理者适时地评价学校质量管理体系的充分性、适用性和有效性，判断该体系是否与学校的战略方向保持一致，这是驱动质量管理体系整体改进的机制之一。

随着首次管理评审的实施，学校质量管理体系建立工作初步完成，随后，应不断根据内、外部环境，相关方及其需求和期望的变化对体系文件进行不断优化与调整。

下　篇
学校质量管理标准范例

第4章

学校质量手册范例

本手册在编制过程中参照标准条款的顺序，描述了学校质量管理体系的总体规范，展示了质量管理体系的总体框架，是学校建立和实施管理体系的纲领性文件。

本章以齐齐哈尔工程学院质量管理为例，给出了质量手册的示例。

《质量手册》是学校质量管理体系文件的一部分，它是学校贯彻执行 ISO 9001 标准的使用说明书，是将 ISO 9001 标准的要求所对应的条款逐项展开、对其在学校内具体是如何执行加以说明的一种文件。

0　前言
0.1　学校概况

略。

0.2　手册发布令

本手册是依据 GB/T 19001—2016/ISO 9001：2015 标准的要求及相关法律法规，结合学校实际情况完成编制的。

本手册规定了学校的方针，明确了管理体系的组织机构、职责权限和管理体系过程的控制要求，现颁布实施。

本手册是学校管理体系的纲领性文件，是指导学校建立管理体系，开展质量活动的准则和指南。各单位和全体教职工必须遵守，保证学校管理体系持续有效运行。

本手册由全面质量管理办公室组织编写。为确保管理体系的建立、有效运行和持续改进，特任命 xxx 同志为学校管理者代表，履行管理者代表职责。

现批准《质量手册》(B/0 版)自 xx 年 xx 月 xx 日起在全校实施。

0.3　方针

艰苦创校、课程立校、文化治校、精神兴校、信仰传校。

0.3.1　方针的诠释

艰苦创校：不忘办学初心，牢记创业征程，坚定不移地探索创业型大学建设之路，坚定不移地走"政校企合作，产学研融合"发展之路。将创新创业教育贯穿于人才培养全过程，培养应用型、职业型的创业者。

课程立校：建百年老校的核心和关键在于课程建设，优化课程结构，完备课程标准，狠抓课程管理，持续改进质量。

文化治校：将学校办学理念变为各项工作的规范，并在实践的过程中从他律走向自律，从而形成习惯，进而上升为组织文化，提升学校治理能力。

精神兴校：将"以学生为中心"的理念转化为工作上的活力，立足岗位，追求卓越，实施以绩效为中心的工作考评制度。

信仰传校：通过制度将"以学生为中心"的理念规范为每个教职工自觉的工作准则；认

同学校文化，坚持原则"不放水"，坚守积极向上的信仰。

0.3.2　方针的发布

学校"方针"应符合学校办学理念，突出对办学质量和办学效益的追求，经最高管理者签署后正式公布。该方针通过多种形式向全校教职工传达并被落实于工作中，以达成质量管理的目的。每年于管理评审会议中对学校"方针"进行评审。

0.4　组织机构及部门职责

为激发基层办学活力，提升管理效率和办学质量，学校实施校、系、专业的"三级办学、系为主体、做实专业"的质量保障活动。全面质量管理办公室编制《关于完善教育教学质量保障体系的实施意见》，职能部门主要发挥综合、协调、检查、督办的作用，教学系是教育教学管理及质量保障的主体。

0.4.1　组织机构

学校行政管理组织机构图见齐齐哈尔工程学院行政组织机构图，见附录1。

0.4.2　部门职责
0.4.2.1　学校办公室

学校办公室是学校行政综合管理部门和对外交流事务管理部门，承担行政文秘、档案管理、意见沟通管理、综合管理等多项职能。与党委办公室合署。学校办公室辖档案室、监察室(与纪检监察室合署)。

0.4.2.2　人事处

人事处是人事管理部门，承担师资引进、录用、聘任，人事管理、调配、培养、职务晋升、考核、工资、社保、奖惩，以及干部教育等多项职能。

0.4.2.3　教务处

教务处是学科专业建设、教学运行及教学事务管理部门，承担教学计划、运行、调控、检查、建设、改革，实验室建设、管理，实践教学管理，教学研究，教学改革项目管理，教学质量评价与监控，教学成果评审、奖励，教学秩序维护，学籍管理、产教融合等多项职能。辖教务科、教研科、考务科、实践科、学籍科。

0.4.2.4　学生工作处

学生工作处(学工处)是学生日常思想政治教育、学生事务管理部门，承担学生日常思政教育、行为规范管理、帮困助学、学生奖惩、辅导员培训、学生社团及学生会指导、征兵等多项职能。学工处与校团委、武装部合署。

0.4.2.5　科研处

科研处是科学研究、学校发展规划管理部门，承担科研计划、研究项目管理、学校发展规划的编制，学术提升，院校研究，学报编辑出版等多项职能。与院校研究室合署。

0.4.2.6　招生办

招生办是学校招生录取管理部门，承担全日制本专科招生计划、方案的制订与实施，招生考试、录取，招生宣传与咨询等多项职能。

0.4.2.7　财务处

财务处是学校财务、会计、审计管理部门，承担经费管理、会计核算、财务审计、收费、税务、预算、决算、风险管控等多项职能。与财审处合署。

0.4.2.8　资产处

资产处是学校资产、采购、招标管理部门，承担校舍房产、仪器设备家具管理，物资的采购、管理、报废，库房管理，项目招标等多项职能。与招标办合署。

0.4.2.9　全面质量管理办公室

全面质量管理办公室是学校办学质量、督导事务管理部门，承担管理体系建设，咨询建议，教学督导等多项职能。与督导办公室合署。

0.4.2.10　教师发展中心

教师发展中心是提升教师教育教学能力的综合性服务性部门，承担先进教学理念引领、教师教学专业能力提升、教学创新与改革能力提升、对接课程输出及对外培训等职能。

0.4.2.11　总务处

总务处是后勤服务、基本建设管理部门，承担供餐、修缮、工程建设、经营等多项职能。总务处辖后勤处、基建办。

0.4.2.12　保卫处

保卫处是负责学校安全隐患防范、安全管理、安全教育的职能部门，承担建立健全校园安全防范体系，落实安全管理法规，完善学校安全管理制度，对校内各部门安全管理工作进行指导、检查、协调和服务。

0.4.2.13　图文信息中心

图文信息中心是学校校园网、信息化、图书资源管理部门，承担校园网建设与服务、信息化建设与服务，教学、办公技术支持与服务、图书文献资源体系建设与服务等多项职能，是具有管理与服务双重职责的教辅部门。与图文信息中心合署。

0.4.2.14　学生发展中心

学生发展中心是负责教育教学和就业管理，集教学、管理职能为一体的部门。承担心理健康教育、职业生涯教育、创新创业教育、就业管理等职能。辖就业管理办公室(与校友会办公室合署)、大学生心理健康教育中心。

0.4.2.15　教学系

教学系(即教学部门)是学校人才培养的办学单位，是教学、科研、社会服务的主体，承担基层党建、师资队伍建设工作，科研、学风建设工作，学生管理工作，学科、专业、课程建设工作，产业经营管理工作，招生、就业和对外培训等工作。

0.4.2.16　继续教育部

继续教育部是学校非全日制学历教育及非学历教育管理部门，同时也是培训业务实施机构。承担非全日制学历教育管理、实施，非学历教育、培训项目业务拓展、招生、监管审批，职业技能考证，非全日制学历教育及非学历教育教学管理等多项职能。

0.4.3　管理体系的职责分配

各部门在管理体系中负责的主要职责见《管理体系的职责分配表》，见附录 2。

0.5　手册的管理
0.5.1　编写与核发机构

本手册由全面质量管理办公室组织编写，由最高管理者批准下发。

0.5.2　发放范围

本手册的发放范围由全面质量管理办公室提出，经管理者代表批准后发放。手册分为受控和非受控两种。受控的手册有受控标识，将其标注分发号并发放给与学校管理体系运行相关的部门。非受控手册发放给需要了解学校管理的外部相关方及机构，不标注文件分发号。

0.5.3　修改规定

手册需要修改时，由提出修改的人员写出书面修改申请，报管理者代表审批，经正式修改的手册，由全面质量管理办公室组织相关人员进行评审，评审后由原审批人审批，并由全面质量管理办公室根据发放范围将修改后的手册发放给相关部门，同时收回作废的手册。手册的原稿由全面质量管理办公室保管。

0.5.4　版本号

手册封面有手册版本号(A/0 版、B/0 版、C/0 版……)，手册生效日期的标识，以及章节修改状态。手册修改可通过修改状态进行控制，各章节的修改将在修改记录中注明，修改后版本号中的阿拉伯数字将更改。当手册章节修改超过半数后，将对整个手册进行换版修改，经换版修改后的手册版本号将提升，即英文字母会递进，阿拉伯数字将从"0"重新开始。

1　范围

学校质量管理体系的建立：
a) 通过教学、课程开发或研究支持获得促进学校发展的能力；
b) 通过有效应用学校质量管理体系提高学生、其他受益者和教职工的满意度，包括实施改进体系和确保符合学生及其他受益者的要求的过程；

　　c) 学校质量管理体系的范围：应用型高等教育、成人高等教育、职业培训服务。

目前党建、党务、工会相关工作未纳入质量管理体系。

2　规范性引用文件

　　本手册的编制引用了以下文件，其内容构成本手册的要求内容。当引用文件得到修订时，学校将及时修改本手册。

　　《GB/T 19001—2016/ISO 9001：2015 质量管理体系 要求》

　　《ISO 21001：2018 教育组织管理体系 要求及应用指南》

　　《普通高等学校本科教育教学审核评估实施方案(2021—2025 年)》

　　《工程教育认证通用标准解读及使用指南(2022 版)》

3　术语和定义

　　本手册采用引用文件中规定的术语和定义。

　　根据学校实际情况，赋予特定含义的术语和定义，见文件《学校文化和办学理念》《应用型课程建设指南》。

4　组织环境
4.1　理解组织及其环境

　　全面质量管理办公室编制《内外部环境理解和分析管理程序》，并组织学校各部门根据学校的实际情况，对与学校发展目标、战略方向以及管理体系运行预期结果密切相关的内、外部环境(影响因素)进行收集和初步分析，形成《学校办学环境分析报告》。内部因素包括：学校的办学理念、价值观、文化、知识、绩效等；外部因素包括：政策法规、竞争对手、社会环境、经济环境和自然环境等方面的情况。定期对确定的内、外部影响因素的相关信息进行监视和评审，以确保其充分性和适宜性。

4.2　理解相关方的需求和期望

　　学校发展中的相关方包括：学生、家长、用人单位、教职工、供应商、政府及学校所在社区。

　　学校在办学过程中，通过以下方式确定相关方的需求与期望：

　　a) 开展市场调研和业务洽谈，提供教学服务、培训与技术服务、毕业生跟踪等，与相关方进行沟通，了解其需求和期望；

　　b) 根据采购要求选择和评价供应商，与供应商达成合作关系；

c) 通过学校内建立的多种沟通渠道了解教职工的需求和期望，以劳动合同、规章制度固化学校与教职工的权利和义务；

d) 以法定程序与政府、企业、学会协会及有关机构在相关平台开展相关教育服务。

在体系建立和调整时，由全面质量管理办公室编写《利益相关方管理程序》，确定利益相关方，逐一明确利益相关方的需求和期望，形成《利益相关方需求清单》，并在体系策划时确认并尽可能满足那些对管理体系有重要影响的需求和期望。

4.3　管理体系的范围

在充分考虑手册 4.1 组织环境内外部因素和 4.2 相关方的需求和期望，以及课程和服务的需要的前提下，确定学校管理体系的范围，包括下列内容：

a) 体系的边界主要为学校所有的物理场所，不仅包括校区，还包括校外实践基地等；

b) 体系管理的事项包括办学环境分析所识别的所有内部和外部环境所涉及的事项；

c) 人才培养各阶段所涉及的管理过程和职能部门；

d) 学校可以控制和施加影响的相关方面。

上述范围内的学校的所有活动、教育教学全过程都应纳入管理体系中。

4.4　管理体系的建立及管理过程
4.4.1　管理体系的建立

学校依据 GB/T 19001—2016/ISO 9001：2015 标准的要求，建立学校管理体系，并予以实施和保持，同时持续改进其有效性。

学校根据上述要求确定管理体系所需的过程及其在学校内的应用，并且做到：

a) 确定过程所需的输入和期望的输出；

b) 确定过程的顺序和相互作用；

c) 确定过程实施所需的准则和方法(包括监视、测量和相关绩效评价)，以确保过程的有效运行和控制；

d) 确定和提供过程实施所需的资源；

e) 规定与过程运行有关的职责和权限；

f) 按手册 6.1 条款的要求，确定产生非预期的输出或过程失效对人才培养过程带来的风险，给出应对措施；

g) 对过程进行监测和评价，定期进行体系评审，必要时实施变更，以确保过程实现学校期望的结果；

h) 采取改进措施，确保持续改进过程和管理体系；

i) 学校的外包过程如食堂餐饮服务、商超供应、聘用的外单位人员等，采用手册 8.4 条款的要求进行控制。

4.4.2　文件化信息

在必要的范围和程度上，应：

a) 保持文件化信息的生成，据此支持过程运行；

b) 保留文件化信息以确保其过程按策划进行。

5　领导作用
5.1　领导作用和承诺
5.1.1　总则

为全面提高学校的教育教学质量，满足相关方的需求和期望，实现学校各项工作的持续改进，增强学校的综合竞争能力，依据质量管理体系要求(GB/T 19001—2016/ISO 9001：2015)，结合学校具体情况编制《质量手册》。

本手册阐述了学校方针和管理目标，明确了各部门的职责，对学校管理体系作了描述，符合国家有关法律法规、政策和学校实际，适用于教育教学服务的全过程，是指导学校管理体系的纲领性文件，是建立和完善现代大学制度、全面推进规范化管理活动的基本准则。

本手册自发布之日起正式生效实施。学校各部门和全体教职工应严格遵照执行，保证手册中文件的准确性、有效性和合法性。

管理体系的程序文件及其他支持性文件与本手册同时发布，具有同等效力。

5.1.1.1　最高管理者职责

学校最高管理者承诺在管理过程中实施以下活动：

a) 对管理体系的有效性负责；

b) 确保制定的学校方针，与学校环境相适应，与战略方向保持一致，确保方针在学校内得到理解和实施；

c) 在相关职能、层次、过程上建立学校管理目标，定期对目标的完成情况进行分析、总结以及改进，确保将管理体系要求纳入学校的运行过程以实现预期目标；

d) 建立学校培训系统，定期制订培训计划，增强全体教职工的质量意识，提高其业务水平，确保各项运行符合体系要求；

e) 建立合理的学校组织机构，确保教育教学资源能够被获得，确保各部门运行及各管理流程清晰高效；

f) 建立有效的沟通渠道，吸纳、指导利益相关方参与学校管理，增强体系持续改进和创新；

g) 通过明确程序选任管理人员，并支持其在岗位上发挥领导作用。

5.1.1.2　体系运行的保证

为确保管理体系建立、实施及有效运行，由最高管理者聘任管理者代表，其职责：

a) 按照 GB/T 19001—2016/ISO 9001：2015 标准的要求，建立、实施并保持管理体系，确保人才培养过程得到有效策划、运行、监测和改进；

b) 组织编制管理体系文件；

c) 向学校最高管理者报告管理体系运行情况、业绩，提出持续改进的建议；

d) 确保在学校范围内提高风险管理意识，满足相关方要求；

e) 组织管理体系的内部审核。

5.1.2　以学生和其他受益者为关注焦点

最高管理者应：

a) 确定、理解并持续地满足学生和其他受益者的需求和期望，监测他们的满意度；

b) 对可能影响教育教学质量、学生和其他受益者满意的风险进行识别和应对；

c) 坚持以稳定提供满足学生和相关法律法规要求的人才培养为工作重心。

5.1.3　特殊需求教育的补充要求

特殊需求的学生是指通过常规教学和评价无法满足教育需求的人。学工处建立沟通渠道，以便有关各方能够获得活动所需的信息(例如，考虑行为、沟通、智力、身体、天赋等方面异于常人的学生或其他接受特殊教育的学生的需求等例外情况)。

最高管理层在工作上应确保：

——特殊学生获取相关资源，培训到位，支持无障碍的学习环境的构建；

——为有特殊需求的学生提供便利，以促进其与其他学生一样公平地获得教育设施和环境。

5.2　方针
5.2.1　制定方针

学校最高管理者负责制定方针，方针应满足以下要求(但不限于)：

a) 与学校的宗旨相适应，并支持学校的使命和愿景；

b) 符合学校人才培养、科研、社会服务等活动的特点；

c) 满足利益相关方要求并持续改进；

d) 为制定目标提供框架与指导；

e) 考虑有关教育、科学和技术的发展。

5.2.2 沟通方针

学校采取以下措施来贯彻沟通方针：

a) 方针形成书面文件，并加以制度化；

b) 在学校各层面进行沟通、理解并予以贯彻执行。方针文件存放于学校内网，供所有教职工随时查阅；

c) 必要时，可向学校的相关方提供。

学校的方针见本手册 0.3。

5.3 学校的岗位、职责和权限
5.3.1 人事处的职权

人事处应明确规定各部门岗位的职责、权限和相互关系，形成学校《行政组织机构图》和职责管理文件。

5.3.2 岗位职责和权限

学校各部门各岗位的职责和权限描述参见《部门工作手册》《岗位说明书》。《部门工作手册》《岗位说明书》由各部门依照给定模板编制，经各部门领导审批后交人事处审核、管理者代表批准，存放于学校 OA 办公系统，所有教职工按其权限可以随时查阅相关文件。全面质量管理办公室负责受控以及备案已被审批的《部门工作手册》《岗位说明书》，人事处以及归属部门各保留一份。

《部门工作手册》包含部门概述、工作目标、工作职责、支持性文件等内容信息。具体包含的信息，由人事处依据部门设置的需要进行控制。

《岗位说明书》包含该岗位的基本信息、工作概述、具体工作职责、工作协调关系、管理权限、任职资格、工作条件、考核标准等内容信息。具体包含的信息，由编制部门依据岗位设置的需要进行控制。

5.3.3 职权规定文件

学校各部门的质量职责参见《管理体系中各部门职责分配表》。各部门的相互关系参见《行政组织机构图》。

6 策划
6.1 应对风险和机遇的措施

6.1.1 全面质量管理办公室编制《风险和机遇管理程序》，明确风险和机遇事件的识别方法、途径，明确风险和机遇事件的评估方式，制定主要风险和机遇事件的应对措施，并评价这些措施的有效性。

6.1.2　各部门根据本部门的活动、运行过程，考虑环境因素和相关方的需求，分析识别其风险和机遇。

6.1.3　全面质量管理办公室按类别对各部门上报的风险和机遇进行整理，并报管理者代表审核。

6.1.4　全面质量管理办公室组织各部门相关人员，考虑下述方面，对涉及风险和机遇的事件进行评估，确定学校主要涉及风险和机遇的事件：
    a) 会违反法律法规或其他要求的事件；
    b) 会导致相关方的合理投诉或高度关注的事件；
    c) 会造成学校管理体系严重缺失的事件。

6.1.5　对主要风险和机遇，应建立相应程序文件或准则进行控制。

6.1.6　当发生以下情况时，须对主要风险和机遇进行重新识别并评估。
    a) 社会需求及生源发生变化；
    b) 校舍或设施的新、修、改、扩建；
    c) 新的教学方法、新的教学项目的投入；
    d) 设置新专业及新专业方向(含校企合作)；
    e) 法律法规及其他要求的变化；
    f) 相关方提出的合理要求。

6.2　学校目标及其实现的策划

管理者代表每年组织对学校目标的实施进行策划,即根据学校方针在学校的相关职能、层次、过程上确定目标，确保目标实施所需的资源和过程得到识别和实施。

6.2.1　制定目标应考虑的因素

学校制定目标时，应考虑：
    a) 办学定位和人才培养应适应社会需求；
    b) 学生的核心素养得到全面提高；
    c) 教学资源满足人才培养需要；
    d) 质量保障体系有效实施并持续改进，无重大教育服务事故；

e) 教职工和学生对学校的满意度、用人单位对毕业生的满意度、学校主管部门对办学的满意度得到保障。

管理者代表应确保在学校内部相关职能和层次上建立目标。目标应充分体现方针的精神，并考虑师资队伍、教学资源、培养过程、学生发展及相关法律法规的要求。必要时，在各相应部门的层次上展开或分解目标，次级目标/指标作为对学校总体目标的支持，应与总体目标保持一致，目标应具体，指标具有可测量性。全面质量管理办公室编制的《年度绩效目标管理程序》用于指导目标的分解、实施过程。

6.2.2　目标的实现

学校应针对每项目标制订实现方案，内容包括：职责、行动步骤、时间表、投入的资源。方案的制订应由全面质量管理办公室组织人员进行，经管理者代表批准后实施。

6.2.2.1　目标实现方案的制订依据

制订目标实现方案时，应考虑：
a) 学校的目标；
b) 利益相关方要求、法律法规及其他要求；
c) 学校的管理现状(包括教学存在问题、经济承受能力等)。

6.2.2.2　目标实现方案的内容

目标实现方案的内容包括：
a) 实现目标的详细步骤；
b) 各实施步骤的主要职能部门的负责人；
c) 方案的整体完成时间；
d) 方案实施的费用分析及指标情况；
e) 执行过程的评审。

6.3　变更的策划

各职能部门在编写体系文件时，应考虑变更的可能影响。在需要变更时，建立适当的变更方案，进行计划性和系统性的变更操作，确保以下内容受控：
a) 变更的目的以及变更所带来的现实的和潜在的影响；
b) 实施某个变更时管理体系其他部分的实施不受影响，确保其完整性；
c) 变更所需资源的有效提供；
d) 职责和权限的说明，或者重新规定；

学校组织机构的设立、撤销、变更经最高管理者提议，由全面质量管理办公室组织论证，论证结果交校务工作委员会议定。

7　支持

7.1　资源

7.1.1　总则

学校最高管理层负责以适当方式确定并提供必需的资源(包括教学经费、教学设施、信息化系统、社会资源、图书资源、人力资源、基础设施、教学环境等)，并对其进行有效的管理，以保证学校管理体系的建立和保持。学校对各类资源进行有效管理，在保证正常运行的情况下尽可能节约资源及能源，使资源及能源的利用率最大化。

学校对经费预决算、常规财务业务进行管理，保证为各单位提供财务服务。

学校确定并提供建立、实施、保持和持续改进管理体系所需的资源，主要包括以下方面：

a) 通过举办改进学习方法、促进取得学习成果的活动，提高学生的参与度和满意度；

b) 通过提高教职工能力以促进学习的活动，提高教职工的参与度和满意度；

c) 通过举办有助于学习、有社会效益的活动，使受益者感到满意。

学校在配备资源时，应考虑：

a) 获取内部资源的能力和获取内部资源面临的制约因素；

b) 从外部获取资源的需要与可能性。

7.1.2　人员

为招聘满足学校各岗位需求的人才，人事处编制《人力资源管理程序》，规定各岗位人员能力要求，确定培训和管理过程。明确各岗位所需的人力资源，通过适宜的平台进行及时和有效的招聘面试，并规定在一定时间内对新教职工实施评价，判断其是否满足岗位的要求。确保人力资源的合理配置，满足学校发展需要。

保存招聘或选拔过程以及招聘结果的文件化信息。

7.1.3　设施

教务处编制《教学资源管理程序》，对必要的基础设施进行控制，以确保教学活动有效进行。

7.1.3.1　设施要素

设施包括以下要素：

a) 教学场所及相关设施、后勤服务场所及相关设施；

b) 教学过程中的设备设施，如实验、实训、实习、实践设备设施(包括硬件和软件)，以及体育器材、图书资料等；

c) 各种支持性服务设备设施，如文印设备、通信设备、运输车辆等；

d) 信息化系统。

7.1.3.2 设施管控职责分配

学校对各类基础设施进行管理和控制，主要职责分配如下：

a) 学校资产的建账由资产处负责管理；

b) 教学场所及相关设施，如教学设备、硬件和软件、教材由教务处负责管理；

c) 支持性服务，如车辆、固定电话等由学校办公室负责协调管理；

d) 图书、网络、信息化系统由图文信息中心负责统一管理；

e) 后勤服务场所及相关设施由总务处负责管理。

7.1.3.3 设施管理要求

对于上述设施，学校要明确对其的管理要求，这些要求应包括：

a) 各类设施的正常运行；

b) 各类设施的检查和维护；

c) 各类设施故障的处理。

7.1.4 过程运行环境

按照学校教育服务的需要，学校对过程运行环境进行有效管理，以实现人才培养目标。这里的过程运行环境主要指可满足教学、行政办公、后勤服务、学生学习等方面要求的环境，涉及的因素包括：

a) 社会的、心理的因素，如非歧视、非对抗，心理素质、精神状态、身体状况、人际关系等，具体按照《教师教学工作规范》《学生心理健康教育与危机干预实施办法》执行；

b) 环境的因素，如温度、湿度、空气含尘、噪声、采光、卫生、气候、清洁，具体按照《实验室工作管理办法》中的环境和安全相关标准执行；

c) 为形成良好的学习环境，加强学生在校期间的教育与服务，具体要求按照学工处编制的《学生教育与服务程序》执行；

d) 学校各部门做好人文环境的建设。宣传部负责校园文化建设的总体规划以及固定标语、宣传栏、网站的管理。总务处负责校园绿化、校园卫生管理及公共区域的保洁。保卫处负责校园安全、外来车辆与人员管理、消防器材的配置及管理。

7.1.5　监控和测量资源

为确保监控或测量资源符合预期使用要求，学校须对各类考核评价表等监控和测量资源进行管理。

7.1.5.1　监控目标和要求

学校在人才培养过程中，对教育教学全过程进行监控，教务处编制并执行《教学过程监控管理程序》文件。学校相关部门应规定各类教学监控的项目和周期，并保存记录作为证据。

对于教学过程的监控，教务处须做到：

a) 确认教学监控的目的，选择合适的监控手段；

b) 监控过程形成文件或记录；

c) 规定发现问题时应采取的措施。

7.1.5.2　考核报表

考核报表指用于考核是否满足要求的各种评价表，如《听课评价表》《学生评价表》《满意度调查表》《中层干部考核表》《工作绩效考核表》等，应在使用考核报表前，评价其能否准确反映考核准则的要求及合理性。

7.1.6　组织的知识

教师发展中心编制《知识能力提升管理程序》，明确管理体系运行所需的主要专业/行业知识、管理知识，并在行业竞争加剧和社会不断进步的背景下，说明如何获取更多的知识，以满足管理体系运行和学校发展的需要。获取知识的来源有：

a) 内部来源：项目成功和失败的经验、教师和管理者的经验分享等；

b) 外部来源：法规、标准、学术交流、专业会议、用人单位收集的知识等。

7.2　能力
7.2.1　总则

7.2.1.1　人事处执行《人力资源管理程序》，对直接从事教学工作、从事与人才培养有关的岗位，都必须按不同岗位及所承担工作任务的需要选派合适的人员，并通过教育和培训确保学校教职工都具备相应的专业技能、任职资格、质量意识。

7.2.1.2　学校各工作岗位，均须明确岗位职责，并根据岗位工作需要确定任职人员的基本要求，包括文化程度、工作经历、培训和特殊资格要求。

7.2.1.3　任职人员的能力鉴定，由人事处组织进行，鉴定结果经各部门责任人审核（必要时，还应报请最高管理者审批）后选派人员到岗。岗位任职资格的鉴定包括新入校教职工和在职教职工。

7.2.1.4　人事处定期对各岗位教职工的能力保持和实际工作表现进行考核评价，评价结果应全面反映各岗位教职工的实际工作能力、接受的培训、专业资格和服务意识。

7.2.1.5　教师发展中心每年统筹各部门根据实际工作需求对教职工培训需求进行识别，确定不同的培训要求，并形成相应的教职工培训计划。培训需求的类型包括：
   a) 教职工的入校培训；
   b) 质量意识教育；
   c) 教学知识和专业技能培训；
   d) 特殊工作所需的资格培训等。

7.2.1.6　培训工作必须按计划、有组织地进行，各部门均有责任配合教师发展中心、人事处、全面质量管理办公室等部门开展相关培训工作。各项具体培训活动都必须明确培训目的、内容及责任部门/人员、效果反馈，具体按照《人力资源管理程序》执行。

7.2.1.7　教师发展中心、人事处、全面质量管理办公室负责结合培训考核、意见反馈和实际工作表现，定期对培训效果进行评估，以利改进培训活动。

7.2.1.8　科研处编制《科研管理程序》，建立发展起点的增值评价机制，加强科学研究管理，不断提升教师产学研用能力，提升学校科研水平与服务社会能力。

7.3　意识
7.3.1　教职工的质量意识

教职工的质量意识应包含：
a) 遵守方针和满足学校管理体系要求的重要性；
b) 各岗位教职工的活动对教育教学质量所产生的现实的或潜在的影响；
c) 提高个人能力的好处；
d) 在遵守方针、程序以及学校管理体系要求方面，各岗位教职工的角色和职责；

e) 背离规定的程序可能导致的结果。

7.3.2　全面质量管理办公室质量意识提升工作

全面质量管理办公室通过会议、体系检查、专项培训、审核活动等形式提升教职工的质量意识，让教职工了解不符合体系要求的后果。

7.3.3　人事处质量意识提升工作

人事处负责岗位责任管理，全面质量管理办公室负责质量文化管理。人事处通过入校培训、日常教育宣导、组织活动等提升教职工的相关意识，让教职工了解质量管理对学校运行绩效的贡献。

7.4　沟通
7.4.1　沟通管理文件

为确保管理体系的内部、外部信息交流的畅通有效，沟通工作按照《内外部沟通管理程序》执行。

7.4.2　沟通职责部门分工

学校办公室负责统筹全校沟通相关工作，具体各部门分工如下：

a) 办公室负责对外公开信息的发布与交流，负责统筹全校内部信息交流，负责接收处理内、外部投诉；

b) 教务处负责全校教学的计划、运行、检查方面的内部交流。

c) 学工处负责学生在校学习、生活等信息的内部交流；

d) 学生发展中心负责在校学生的心理、职业指导、就业及毕业生跟踪调查、校友会等信息的内、外部交流；

e) 人事处负责全校人力资源方面的沟通工作；

f) 全面质量管理办公室负责学校内部质量信息的交流，体系运行管理，内、外部审核，以及管理评审结果的内、外部交流；

g) 资产管理处负责学校与供应商、外包方、承包方之间的信息交流；

h) 各部门负责部门内信息的传达、反馈，并按规定落实有关信息的处理措施。

7.4.3　沟通方式

根据学校各部门各级人员的层级关系，相关人员可采用下列沟通方式：

a) 学校内各部门各级人员都有责任和义务对发现的质量管理问题逐级向上反馈，受理者对此应妥善处理，并作好必要的记录。

b) 学校各部门管理人员采用会议、通知、电话、网络、公告、发文、培训、日常报表等各种方式自上而下地向全体教职工传达信息。

c) 学校各部门相关人员负责与相关方进行外部信息交流，交流时应作好必要的确认、查询、处理和记录等。

7.5 文件化信息
7.5.1 总则

学校根据 GB/T 19001—2016/ISO 9001：2015 标准的要求，结合学校的特点，建立和维持文件化的管理体系，全面质量管理办公室编制《文件管理程序》，明确学校文件的管理要求，以保证学校通过规范化的管理，实现教学目标。文件化的管理体系覆盖学校运行全过程，学校制定相关程序，明确规定学校各类文件和资料的发放范围和控制方法，确保管理体系的各环节分别对应相应文件的有效版本，防止误用。

学校对文件系统控制的职责划分如下：

a) 全面质量管理办公室负责体系文件的编制、发行和更改的控制；

b) 办公室负责业务主管部门等上级单位及平行单位来文的接收与处理，各部门负责各部门内部文件的制定、审核和更改控制；

c) 全面质量管理办公室负责体系文件的编号、发行、回收及作废控制。

7.5.2 创建和更新

各部门在创建和更新文件时，按照《文件管理程序》进行，确保符合以下要求：

a) 文件的标题、日期、编号等按照《文件管理程序》的要求设置；

b) 学校文件以电子档案和纸质档案两种形式保存；

c) 文件的创建和更新在按照要求提出申请后方可进行，在文件发布前须得到相关部门领导的评审和批准，以确保文件内容的适宜和充分具体。

7.5.3 文件化信息的控制
7.5.3.1 体系文件的构成

学校质量管理体系文件包括：

a) 质量手册；

b) 程序文件；

c) 操作文件；

d) 记录文件。

7.5.3.2　质量手册

质量手册是质量管理体系最高层次的文件，其中规定了学校质量方针，明确了学校的组织机构设置、部门职责、权限和相互关系，规定了体系运行所需的程序文件，界定了人力、物力等资源管理的内容和要求，描述了学校对主要运行过程进行控制的基本原则。

7.5.3.3　程序文件

程序文件是管理体系的第二层文件，它通过引用各项管理程序或直接描述各部门与质量相关的运行过程进行质量控制，是各项过程的管理性文件。程序文件规定了所需的操作指导和记录文件。

7.5.3.4　操作文件

操作文件明确规定了完成各项工作的方法和技术细节。办法包含了与教育服务有关的标准要求。国家或行业标准、法规及相关方提供的技术文件包括在该层文件中，具体涉及下列内容：

a) 各部门运行常用的管理文件和支撑性文件，包括各种手册、工作指南、管理制度、岗位职责、教学计划与课程标准、国家有关的法律法规、教育规范、规程及评价标准等；

b) 针对特定教育项目的文件，文件的组成应适用于特有的活动方式。

7.5.3.5　记录文件

记录文件是过程活动输出的结果，是运行记录。

7.5.3.6　文件适宜性评审及更改

学校定期对管理体系文件的适宜性进行评审，以保证体系文件的有效性。文件修改后的审批通常由该文件的原审批部门进行，当专门指定其他部门审批时，该部门应获得审批所依据的有关背景资料。根据实际使用需要，更改的文件应按程序规定的方式进行标识。对作废的文件应按规定的程序收回处理，并进行适当的标识。

7.5.3.7　外来文件的控制

学校按规定的程序和途径接收或收集运行体系所必需的外来文件，对所接收或收集的外来文件按类别建立外来文件清单，并按规定的程序对外来文件进行必要的审阅、执行和跟踪，以确保学校均使用有效的外来文件。

7.5.3.8 记录的管理

记录的管理，一般遵循以下要求：

a) 全面质量管理办公室编制《记录管理程序》，明确对教育教学过程中产生的各类记录(包括电子媒体产生和保存的记录)的控制要求，包括对记录的标识、收集、归档、保存、查阅和销毁的要求；

b) 学校各部门根据记录的性质规定记录的类别，确定各类记录的标识、收集、归档的要求，并根据这些规定，对各类记录进行收集并归档；

c) 各部门规定各类记录的保存期限，各相关部门按规定期限收集并移交记录给记录保管部门；

d) 各部门在记录保存过程中应避免因保管条件不当导致的记录损坏，按照程序进行记录的归档和保管，并确保各类记录能及时查阅，同时要控制记录的销毁；

e) 对电子媒介记录的保存和控制也应按规定的要求执行。

8 运行
8.1 运行的策划和控制
8.1.1 总则

学校根据利益相关方要求，全面识别、策划并实施满足规定要求所必需的教育教学运行过程、各过程先后顺序及其相互作用，并对其实施进行控制。

8.1.1.1 运行的策划

在策划教育教学活动运行的过程中，学校管理层应明确以下内容：

a) 办学定位；

b) 根据办学定位确定专业结构布局和人才培养目标；

c) 确定符合人才培养目标的各专业人才培养方案，包括课程和相关设施；

d) 验证和确认学生学习成果，以及毕业的评定标准；

e) 提供学生培养质量符合预定目标的证据记录。

8.1.1.2 运行的实施

对教育教学有关的运行过程进行策划，教务处编制并执行《教学运行管理程序》，对有关过程的沟通、反馈等进行有效控制。

8.1.1.3　策划实施的目标

策划的实施结果应使教育教学运行处于受控状态，确保培养过程和成果符合利益相关方期望。学校须确定每一过程对人才培养质量的影响。

a) 制定各类教育教学活动的目标，确保各目标的一致性；

b) 实施教育教学过程管理，以保证教育教学活动的可控性；

c) 验证教育教学过程的科学性，使培养的学生符合要求；

d) 确定和实施评价，监控和跟踪措施，以确保获得符合预期目标的成果或产出；

e) 确保获得必要的资源，用于支持教育教学过程，保留必要的记录，以证明资源的有效性。

8.1.1.4　评审各类变更

全面质量管理办公室根据《管理评审程序》，评审体系所需要的各类变更，必要时采取相应的措施以消除或降低风险。

8.1.1.5　外包过程管理

与学校教育教学相关的外包过程(如教学、设备维修等)按本手册条款 8.4 的要求实施管理。

8.1.2　课程和服务的策划和控制

学校管理层应策划课程和服务的设计、开发和预期结果，包括：

a) 提出预期的学习成果；

b) 确保适当和无障碍的教学方法和学习环境；

c) 确定学习评价标准；

d) 进行学习评价；

e) 确定并实施改进方法；

f) 提供支持服务。

8.1.3　特殊需求教育的补充要求

教务处应：

a) 展示灵活性，以支持学生基于技能、能力和兴趣构建学习过程，包括以下方面：

——适应性教学；

——允许参加两个不同专业的课程；

——调整课程或修改教学方案，以符合特定学生的需求；

——承认先前的学习和经验。

b) 提供充足的资源，以支持个别学生发挥其最佳潜能。

c) 提供在真实工作场所学习的机会。

8.2　培养目标的要求
8.2.1　培养目标的确定

教务处组织各部门针对政府、社会、用人单位、家长的人才培养需求进行沟通，形成最终的需求汇总表，结合学校办学定位等实际情况，确定人才培养目标。全面质量管理办公室编制《利益相关方管理程序》，明确利益相关方意见和信息的接收程序、处理程序，并根据意见及要求的性质，由相关部门采取必要的沟通活动。

在确定培养目标时，主要考虑以下方面：

a) 培养目标符合国家相关法律法规的要求，例如《中华人民共和国高等教育法》《中华人民共和国学位条例暂行实施办法》《普通高等学校本科专业类教学质量国家标准》《工程教育认证标准》等相关要求；

b) 培养目标应符合学校的办学定位；

c) 培养目标应考虑学生、家长、用人单位和社会的期望或要求，包括学生对在校学习的期望，学生家长对人才培养的期望，用人单位对毕业生的期望以及社会对毕业生的期望；

d) 通过需求分析确定(当前或未来)学生和其他受益者的要求；

e) 对确定的培养目标，要考虑学情，确保教学能力能够满足相关要求。

8.2.2　培养目标的评审

学校为确保有能力培养出合格的人才，通过《内部审核管理程序》《管理评审程序》，对与人才培养相关的活动进行评审：

a) 相关方对人才培养的要求得以清楚表述；

b) 相关方虽然没有明示，但毕业生期望从事的岗位所必需的能力的要求已经明确表达；

c) 学校规定的要求；

d) 适用于人才培养的法律法规要求；

e) 任何与利益相关方期望或需求不一致的要求已经得到解决；

f) 学校具备满足利益相关方要求的教育教学能力。

评审的结果与评审中提出的后续措施必须予以记录，执行《内部审核管理程序》《管理评审程序》相关规定，若文件记录执行《文件管理程序》《记录管理程序》后，出现不合格项，应执行《不合格管理程序》《持续改进管理程序》。

8.2.3　培养目标的更改

若人才培养目标发生变化，全面质量管理办公室应组织修改相关的文件化信息，并确保相关人员明确更改后的人才培养目标。

8.3　教育教学服务的设计和开发
8.3.1　总则

学校按照人才培养目标进行课程建设，提供教育服务，全面质量管理办公室编制《应用型课程建设指南》，教务处编制《教学基本建设管理程序》，确保教育教学活动各过程得到有效控制。

8.3.2　设计和开发策划

教务处根据人才培养目标，分别策划教学改革、专业建设、教材建设、实验室建设、实践教学基地建设等工作，策划输出包括：
a) 培养过程的输入、输出、评审、验证、确认等各阶段的划分和其主要工作内容；
b) 各阶段参与人员的职责和权限、要求和配合部门；
c) 内、外部资源需求，如人员、信息、设备、资金等；
d) 毕业生和其他受益者是否需要参与人才培养过程的确认；
e) 满足设计和开发工作要求的文件化信息。

8.3.3　设计和开发输入

教育教学活动和服务的设计和开发输入包括以下内容：
a) 设计和开发的基本要求；
b) 以往类似活动的信息；
c) 教育主管部门的规定或行业规范的要求；
d) 学校办学特色的要求；
e) 其他有关的要求。

由教务处组织对输入进行评审，对其中不完整、含糊或矛盾的要求作出说明和解释，确保输入是充分和适宜的。保留输入的资料和记录证据。

8.3.4　设计和开发控制
8.3.4.1　总则

学校应对教学相关的各类设计和开发过程进行控制，并保留相关文件化信息，具体说明如下。

a) 学校对设计和开发过程进行控制，应采取以下措施：

——规定拟获得的结果；

——实施评审活动，以评价设计和开发的结果是否满足要求；

——实施验证和确认活动，以确保形成的教育教学活动和服务能够满足规定的要求或达到预期的效果；

——针对评审、验证和确认过程中的问题，采取必要措施。

b) 适用时，应保留以下文件化信息：

——任何评审、验证和确认活动的结果；

——对课程和服务提出的任何新要求。

8.3.4.2　教育服务设计和开发过程的控制

应用于教育服务设计和开发过程的控制，应涉及以下方面：

a) 根据学生对进一步学习或工作的要求，确定课程或方案的目的和范围；

b) 规定前提条件(如有)；

c) 明确学生的特点；

d) 了解进一步学习或工作的要求；

e) 教育服务能够满足目的和范围的要求，兼顾学生特点；

f) 定义学生的毕业要求。

8.3.4.3　课程设计和开发过程的控制

应用于课程设计和开发过程的控制，应涉及以下方面：

a) 学习成果：

——与课程或方案的范围一致；

——描述学生通过完成课程应该获得的能力；

——包括将达到的能力水平的说明；

——具体的、可衡量的、可实现的、相关的和有时限的。

b) 学习活动：

——适合学情的教育教学方式；

——适合于确保学习成果的实现；

——具体的、可衡量的、可实现的、相关的和有时限的。

——确定成功完成学习活动所需的所有资源；

c) 学习设计中包含足够的机会：

——让学生在创设学习过程中发挥积极作用；

——为了解学生的学习情况、及时发现问题，须在教学过程中进行形成性评价和反馈。

8.3.4.4　终结性评价设计和开发过程的控制

应用于终结性评价设计和开发过程的控制，应涉及以下方面：

a) 设计要评价和拟评价的学习成果的方法，其应与所开展的学习活动之间建立明确的联系；

b) 活动的开展遵循透明、无障碍、尊重学生和公平的原则，特别是在评分方面；

c) 确定并验证评分系统。

8.3.5　设计和开发输出

设计和开发的输出文件应满足下列情况：

a) 应证明输出能够满足输入要求；

b) 输出能满足后续的教学需求；

c) 通过阶段性的监控，对学生的阶段性学习成果进行测评，设定进入下阶段学习前应达到的水平；

d) 规定课程实施后的预期学习成果；

e) 对相关教师的认定及人员配置的管理，遵循《人力资源管理程序》的有关规定。

8.3.6　设计和开发更改

在教育教学服务设计和开发期间进行涉及后续操作的更改时，需要对变更进行识别、评审和控制，以确保这些更改不会对人才培养产生不利的影响。应保留关于下列操作的文件及记录：

a) 设计和开发更改；

b) 评审的结果；

c) 更改的授权；

d) 为防止变更产生不利影响而采取的控制措施。

8.4　外部供方的产品和服务过程的控制
8.4.1　总则

资产管理处及教务处等相关部门建立有效的采购和外包过程控制办法，资产管理处编制《采购管理程序》《教育服务外包管理办法》，以确保采购的物资和教育教学项目符合规定的质量要求。

对于学校所建立的采购和外包过程控制系统，应从以下方面对其进行有效控制：

a) 选择合适的供应商；

b) 明确规定所采购物资和外包服务的质量要求；

c) 学校对采购过程进行控制，相关职责分配如下：资产管理处负责对设备、物资类的供应商、外包商的控制及相关资料的管理，教务处、学工处等部门在各自职能范围内负责对服务的供应商、外包商的控制及相关资料的管理，学校其他部门参与供应商的评定和监控；

d) 外聘的学历教育教师的聘用审核由教务处负责，其教学评价由全面质量管理办公室负责；

e) 后勤服务类外包过程(如食堂餐饮、劳务人员外包等)的选择、管理与评价由总务处负责。

8.4.2　控制类型和程度

资产管理处编制《供应商管理程序》，明确学校对各类供应商(含外包方)的选择和控制的类型及程度，并根据不同物资或服务的质量要求，明确规定不同供应商的资格及选择方式并形成文件。

各部门根据规定的要求选择和评定供应商，评定的结果将进行记录，确保最终确定的供应商的资格满足规定的要求，并形成供应商清单。学校对教学相关的外包进行监督评估，以确保供应商提供的服务持续满足规定的要求。学校对所有的供应商建立档案，并明确对供应商档案的管理和控制要求。

8.4.3　提供给外部供方的信息
8.4.3.1　采购文件

为确保所采购的物资和服务符合学校的要求，对于采购的每一项物资和服务，应明确规定质量和技术要求，并通过合同形式与供应商达成协议。对所有与质量和技术相关的采购文件进行相应的审批，以确保采购文件的有效性。

相关部门根据职能范围向供应商发出的采购合约应说明关于质量和技术的明确要求，并在发出前得到批准。

8.4.3.2　沟通信息

在与供应商沟通前，应确保所规定的采购要求是充分与适宜的。与供应商沟通的信息包括：

a) 所提供的服务及过程；

b) 对以下内容进行批准：

——运行方法、过程和设备的要求；

——提供的产品和服务；

——产品和服务的合格要求。

c) 能力，包括所要求的人员资质；

d) 供应商与学校的联络人员；

e) 学校对供应商的评价管控和考核的要求；

f) 学校拟在现场向供应商实施的验证或确认活动。

8.5 教育教学运行

8.5.1 教育教学运行的控制

8.5.1.1 总则

教务处执行《教学运行管理程序》《教学过程监控管理程序》，以确保教学运行过程在受控状态下进行。

学工处执行《学生教育与服务程序》，以确保学生教育过程在受控状态下进行。

8.5.1.2 学生入学

招生办编制《招生管理程序》，对招生宣传、录取和新生报到入学工作的全过程进行管理，加强部门间协作，充分发挥学校资源作用，保证完成招生任务。

1) 预录取信息

招生办编制《招生章程》《招生简章》，并通过适当的途径公开发布，确保学生报志愿前，明确以下信息：

a) 学校要求、专业要求以及学校对社会承诺的信息；

b) 充分而清楚的以下信息内容：

——教育方法、预期的学习成果、职业前景的信息；

——学生和其他受益者参与其教育过程的信息；

c) 课程或服务的入学标准和费用。

2) 入学条件

招生办应说明学生入学条件。该条件应包括：

a) 符合以下条件的入学标准：

——学校的要求；

——专业领域的要求；

——课程内容和教学方法的要求。

b) 确保所有学生的入学标准和程序统一；

c) 作为文件化信息保存；

d) 可公开获取；

e) 确保每个录取决定的可追溯性；

f) 保留文件化信息作为录取决定的证据。

8.5.1.3 教学运行的控制

学校对教学运行过程进行控制，包括以下措施：

a) 获得表述教学运行的文件，如课程安排、教学日历、教学大纲、开课说明以及教学运行的特性说明；

b) 获得教学运行的结果反馈，如课堂记录、学生指导和服务、学生成绩单等；

c) 对教学资源，如课程考核、课堂检查、投诉和形成性评价的结果等进行监控；

d) 确定学校的考核标准，在学期末正确使用考核/评价方法；

e) 在教学运行过程中确保提供适当的教学设备和合适的教学环境；

f) 配备胜任的教学人员及教学督导人员，以保证教学活动的运行；

g) 学校对毕业生进行定期跟踪调查，以利于教学过程的不断改进；

h) 对可能产生的人为错误采取控制措施。

8.5.1.4 终结性评价

学校对终结性评价的要求：

a) 确保发现作弊、剽窃和其他不当行为时的处理方法到位，并传达给学生；

b) 确保成绩的可追溯性，以便确定学生所做的作业和成绩之间的客观联系；

c) 保留评价的记录，作为评分或划定等级的证据；

d) 公开此类文件信息的保留期限。

8.5.1.5 评价学习的认可

在终结性评价之后，应做到：

a) 将评价活动的结果和成绩告知学生；

b) 使学生有机会申诉或对评价活动的成绩提出异议；

c) 使学生有充分的机会了解自己的作业及其详细评分标准，并有机会获得反馈；

d) 将评价结果的证据性信息作为书面文件发给学生；

e) 将打分和最终评价的原因作为记录保留；

f) 按规定的保留期限保留记录信息；

g) 此类记录信息的保留期限是公开的。

8.5.1.6　特殊需求教育的补充要求

1）关于教学措施

根据学生和其他相关方的意见，学校的管理人员、教学人员和辅助人员确定提高教育服务的步骤。学校管理层应对特定时间范围内可能发生的情况作出合理判断。

教学中应做到：

a) 在课堂上采用针对不同学生的差异化教学策略；

b) 对于有特殊需求的学生，使用推荐的方法，鼓励自我意识、自我调节和元认知的发展；

c) 在更大的框架(如课程要求、国家价值观)下平衡学生、教师、课程、背景(环境)的要求；

d) 可灵活实施个性化教学措施，包括：

——课程修改；

——培养自主性和独立性；

——导师或导师制。

2）关于学习评价

a) 为学生提供多种多样的机会，供其展示对教学主题的掌握程度；

b) 确保提供支架式教学活动，让学生能够构建和展示他们的学习；

c) 在适当的情况下，灵活实施个性化评价措施，包括适当的评价方法。

d) 为实现商定的学习成果而协助个别学生时，应以平衡学生需求、学习成果完整性和组织能力的方式进行安排。

8.5.1.7　教学效果监测

教务处编制《教学效果监测程序》，以衡量培养结果是否符合预期，学校对教学效果进行监测的内容包括：

a) 毕业阶段监测，包括毕业率、学位授予率、就业率、签约率、升学率等；

b) 就业数据分析报告；

c) 毕业生质量报告；

d) 毕业生中期发展评价报告；

e) 用人单位满意度调查报告；

f) 教学状态数据分析报告；

g) 在校生学习体验调研报告；

h) 教师教学体验调研报告。

学校根据以上监测内容，实施相应数据管理和管控，并记录文件化信息，即：

a) 按要求保存监测记录；

b) 对相关的记录进行整理和分析。

8.5.2 标识和可追溯性

根据学生档案、课程档案以及教务处、学工处相关数据库监控学校教育教学全过程，以确保学生达到预期标准。在入校、离校阶段通过学生档案监控学生流转的全过程，具体按照招生办《招生管理程序》、教务处《学生学籍管理规定》及学校办公室《档案管理办法》等文件执行。

标识和可追溯性包括以下方面：

a) 学生通过学校教育教学取得的进步；

b) 毕业或完成课程学习的学生的去向；

c) 教职工在三方面的工作成果：做了什么；什么时间；由谁做的。

8.5.3 学生安全管理

学校对学生在校安全进行重点保护，严格执行保卫处编制的《校园安全管理程序》。学工处、保卫处应不断加强学生安全的教育管理工作，使学生不断提升安全意识。

另外，对于学生属于知识产权范围内的一些参赛作品或者获奖作品，可通过申请专利的方法予以保护。

8.5.4 学生数据保护

图文信息中心、学工处、教务处负责建立学生信息数据库。采取适当措施，确保学生的数据只能由授权人员访问，其中，每个学生能够访问自己的数据，并且能够纠正或更新自己的数据。

学校建立一种方法来处理和保护学生的数据，并将其作为文件化信息进行维护：

a) 收集哪些学生数据，以及如何处理，在何处处理和存储这些数据；

b) 谁有权访问相关数据；

c) 在何种情况下，学生数据可以与第三方共享；

d) 相关数据存储的时限。

8.5.5 学生教育与服务

学校不断加强对学生的教育和服务，以确保人才培养目标的达成，具体按照《学生教育与服务程序》执行。

教育教学服务完成后，提供的服务包括投诉处理、意见反馈，依据《内外部沟通管理程序》实施。

8.5.6 更改的控制

教育教学运行过程中发生各项更改,应依据要求实施,确保更改的过程(从需求的提出、评审到实施)各环节都得到控制，保持相应的更改评审和更改授权的信息记录。

8.6 课程和服务的放行

除非获得有关授权人员的批准，并在适当情况下得到学生和其他受益者的批准，否则，在策划的课程和服务安排圆满完成之前，不应向学生和其他受益者发放课程和提供服务。

课程和服务的放行可以发生在不同的阶段。例如，支持教育服务的教材可以在服务提供之前放行；文凭的重新颁发可以在服务提供后很长时间内进行。

保留有关课程和服务放行的文件化信息，文件化信息应：

a) 符合接收准则的证据；

b) 可用于追溯到授权放行人员的信息。

8.7 不合格的控制
8.7.1 不合格控制的职责分配

全面质量管理办公室编制《不合格管理程序》，明确对学校运行中的不合格(情况)进行管理，具体不合格的处理按照学校的相关制度执行，以确保各类不合格得到有效处理和控制。不合格控制的范围包括：招生不合格、教育教学过程不合格、后勤服务过程不合格和供应商不合格等。对不合格进行控制时，相关部门的职责明确如下：

a) 全面质量管理办公室、教务处、学工处、后勤处、资产管理处分别对相应的不合格进行标识、记录及信息传达；

b) 相关部门负责不合格的调整、纠正及处置执行。

8.7.2 不合格控制的要求

全面质量管理办公室明确对各类不合格进行控制并作文件记录，这些控制的要求包括：

a) 不合格识别和记录的要求；

b) 不合格处置的方法；

c) 不合格处理结果的验证；

d) 必要时，就不合格的处理情况与相关方进行沟通的记录；

e) 不合格授权批准人员信息的记录。

8.7.3　不合格的处置依据

按照文件要求，对各类不合格进行识别和记录，并根据规定的评审制度对不合格进行必要的评审，确定最终的处置方法，最终的处置依据为：

a) 学校运行的相关不合格，按照学校的相关制度执行；

b) 供应商的不合格，由资产管理处及相关部门根据制度处理。

学校运行过程中，发现不合格，应及时采取适当的措施，消除不合格，以达到要求。具体按《不合格管理程序》执行。

9　绩效评价
9.1　监控、测量、分析和评价
9.1.1　总则

全面质量管理办公室编制《绩效分析和评价管理程序》，对相关过程的监控、测量活动进行总策划，明确监控测量的项目、责任单位、频次、方法。各部门实施，以确保教学过程与人才培养及管理体系符合规定的要求，并获得持续改进。各部门以反思和建设性的方式审查自己的工作，为改进工作作出贡献。

各相关部门保存监控、测量和分析评价的证据，以证明体系运行的有效性。

9.1.2　相关方满意度

全面质量管理办公室执行《绩效分析和评价管理程序》，明确规定收集和分析相关方满意度的方法，对涉及相关方满意度的信息进行评价，确保管理体系的有效性，明确可以改进的领域。

在满意度评价时，必须同时考虑负面反馈(如投诉、申诉)和正面反馈(如称赞)。办公室编制《投诉和申诉管理程序》，建立处理投诉和申诉的方法，并将其告知相关方。

办公室保存投诉或申诉及其解决方法的信息作为证据。

9.1.2.1　相关方信息的分类和来源

相关方满意度的信息来源为：学生评教、在校生和毕业生问卷调查、相关方投诉和反馈、毕业生就业数据分析、用人单位反馈、毕业生回访、个别访谈和座谈会等。

9.1.2.2　相关方信息的收集、分析与处理

全面质量管理办公室为客观评价办学质量，须深入了解相关方的期望和需求，采用日

常沟通和定期调查相结合的方式，收集相关方对人才培养质量的评价意见，并及时将有关信息通报相关部门，进行原因分析并制定、实施纠正预防措施，必要时可将处置结果反馈给相关方。

全面质量管理办公室组织相关部门按文件要求进行相关方满意度调查，定期向相关方发出调查表，并将调查表回收、整理、统计分析，得出分类及总体的评价结论，找出存在的问题，以此作为改进的依据。收集信息的方法和措施有：

a) 就相关方满意/不满意或相关方投诉的事项进行调查，明确不满意或投诉的内容；

b) 根据相关方不满意或相关方投诉的原因制定改进措施；

c) 执行改进措施；

d) 评估改进措施的有效性，并将有关信息通报相关部门，同时将处理结果反馈给相关方。

9.1.3　其他监控和测量需求

学校在适当的时候，为相关方提供以下反馈：

a) 课程和服务的反馈；

b) 关于实现既定学习成果的有效性的反馈；

c) 学校对社会舆情的反馈。

学校监控获得的反馈水平，并在反馈不充分时采取措施提高反馈水平。监控和测量内容可包括：

a) 规定的课程内容的时效性；

b) 课时量、学习进度和完成率；

c) 评价的有效性；

d) 学生和其他受益者对课程的满意度；

e) 学习环境和支持服务及其适用性。

9.1.4　分析与评价

全面质量管理办公室按照《绩效分析和评价管理程序》组织开展各种分析、评价活动。规定使用适宜的统计技术收集和分析相应的数据，以确定分析、评价活动的有效性，并为持续改进提供有力的支持。

9.1.4.1　学校分析评价的项目

a) 管理体系的绩效和有效性；

b) 相关方满意情况；

c) 目标、指标的实现情况；

d) 策划的实施情况；

e) 风险和机遇措施的有效性；

f) 相关方投诉；

g) 供应商的评价情况；

h) 内部审核；

i) 改进的需要等。

9.1.4.2　分析评价的目的

各部门负责本部门统计技术的选用及实施，全面质量管理办公室负责全校统计数据的统筹管理。

利用统计技术，对数据进行分析评价，其主要目的：

a) 提供必要的信息；

b) 帮助确定问题的原因，从而采取纠正预防措施；

c) 与已确定的量化目标作出比较；

d) 确定需要改进的方向。

9.2　内部审核

全面质量管理办公室编制并执行《内部审核管理程序》，有计划地通过内部审核的方式来衡量学校的管理体系是否符合标准、文件、相关方及法律法规的要求，以及是否对其进行有效的实施和保持。

9.2.1　内审计划

全面质量管理办公室负责内审的组织及策划，于每年年初制订年度内审安排，并于每次内审前制订详细的内审计划。审核计划(包括审核时间)应基于被审核活动的状况、重要性及以往审核的结果，规定审核目的、范围、频次和方法。进行内审的人员应经过相应的培训并合格，且应独立于被审核部门。

9.2.2　内审实施

全面质量管理办公室按计划安排，根据审核项目的情况组建审核组。审核组按程序对审核范围内的部门/要素进行审核，形成审核记录。就不合格发出不合格报告，并由审核组的组长对审核项目的符合性和有效性作出总体评价，审核的基本情况、发现的问题及总体评价均应作为内审报告中的内容。审核报告交全面质量管理办公室审核，并提交管理评审。

针对审核中发现的不合格，责任部门应分析原因，制定并实施相应的纠正措施，其完成情况由全面质量管理办公室负责跟踪、验证。

9.3 管理评审
9.3.1 总则

全面质量管理办公室编制并执行《管理评审程序》，由管理者代表组织，每年对学校的管理体系进行至少一次评审，并对其进行相应的更新，以确保其具有持续的适宜性、充分性和有效性，并与学校的战略方向保持一致。

管理评审应按规定程序提前通知相关人员，以保证评审所需资料的完整、准确。

9.3.2 管理评审输入

策划和实施管理评审时应考虑下列内容：
a) 以往管理评审所确定的措施的实施情况；
b) 可能影响管理体系的内、外部环境的变化；
c) 有关管理体系绩效和有效性的信息(包括其趋势)：
　——学生的满意度和其他受益者的反馈；
　——目标的实现程度；
　——过程绩效以及教育服务的符合情况；
　——不合格及纠正措施；
　——监视和测量结果；
　——审核结果；
　——外部供方的绩效；
　——形成性和终结性评价结果。
d) 资源的充分性；
e) 应对风险和机遇所采取的措施的有效性；
f) 持续改进的机会或建议；
g) 教职工关于提高其能力的活动的反馈。

9.3.3 管理评审输出

管理评审应形成书面结论和意见，对不适宜之处提出改进要求，包括：
a) 改进管理体系及其过程；
b) 改进与相关方要求有关的人才培养过程；
c) 改进与资源获取相关的工作。

![齐齐哈尔工程学院 logo]	齐齐哈尔工程学院	编号：QIE-QM-xxxx
		版次：B/0
	质量手册	生效日期：xxxx.xx.xx
		第 36 页　共 37 页

全面质量管理办公室负责编制管理评审报告，报管理者代表审批，并保存相关记录。有关整改措施由相关责任部门提出，及时分析原因、启动纠正预防措施，全面质量管理办公室负责跟踪验证工作。

10　改进

10.1　不合格的纠正

10.1.1　不合格的纠正程序

当出现不合格(包含相关方投诉)时，各部门应：

a) 对不合格作出应对，并在适用时：

——采取措施以控制和纠正不合格；

——处理不良后果。

b) 通过下列活动，评价是否需要采取措施，以消除产生不合格的原因，避免不合格再次发生或在其他场合发生：

——评审和分析不合格；

——确定不合格的原因；

——确定是否存在或可能发生类似的不合格。

c) 实施措施；

d) 评审所采取措施的有效性；

e) 必要时实施管理体系的变更；

f) 纠正措施必须与不合格问题所产生的影响相适应。

10.1.2　纠正记录保存

保留文件化记录，作为下列事项的证据：

a) 不合格的性质以及随后所采取的措施；

b) 纠正措施的结果。

10.2　改进方向

全面质量管理办公室编制《持续改进管理程序》，针对管理体系、管理活动、教育教学过程进行持续改进，完善管理体系的适宜性、充分性和有效性。从以下几个方面考虑改进的需求和机会：

a) 分析管理评审评价结果；

b) 管理评审的输出；

c) 分析体系绩效评价的结果；

d) 分析相关方的投诉或建议；

e) 分析风险和机遇。

10.3　改进方式

学校为了不断满足相关方要求和增强相关方满意度，通过《持续改进管理程序》，确定和选择改进方式，并实施改进，这种改进方式包括：

a) 改进课程内容，以满足要求并应对未来的需求和期望；

b) 纠正、预防或减少不利影响；

c) 提升管理体系的绩效和有效性。

附录 1：齐齐哈尔工程学院行政组织机构图(略)

附录2：管理体系的职责分配表

质量管理体系的职责分配表

关涉章节	条款内容	输出方式	办公室	人事处	教务处	学工处	科研处	招生办	财务处	资产处	全质办	教发中心	总务处	保卫处	图文中心	教学系
4	组织环境															
4.1	理解组织及其环境	内外部环境理解和分析管理程序 学校办学环境分析报告									●					
4.2	理解相关方的需求和期望	利益相关方管理程序 利益相关方需求清单									●					
4.3	管理体系的范围	质量手册									●					
4.4	管理体系及其过程	管理体系的过程识别									●					
5	领导作用															
5.1	领导作用和承诺	《质量手册》发布	●													
5.2	方针	办学方针、教育方针	●													
5.3	学校各部门各岗位的职权	组织架构、部门职责、岗位职责		●												
6	策划															
6.1	应对风险和机遇的措施	风险和机遇管理程序									●					●
6.2	学校绩效目标及其实现的策划	年度绩效目标管理程序		●							●					
6.3	变更的策划	质量手册									●					
7	支持															
7.1	资源															
7.1.1	总则	人力资源管理程序							●	●						
7.1.2	人员		●	●												●
7.1.3	设施	教学资源管理程序	●		●								●		●	●

关涉章节	条款内容	输出方式	办公室	人事处	教务处	学工处	科研处	招生办	财务处	资产处	全质办	教发中心	总务处	保卫处	图文中心	教学系
7.1.4	过程运行环境	教师教学工作规范 实验室工作管理办法 学生教育与管理程序			●	●						●				●
7.1.5	监控和测量资源	教学过程监控管理程序 实验室工作管理办法 校园安全管理程序			●						●			●		●
7.1.6	组织的知识	知识能力提升管理程序		●			●					●				●
7.2	能力	人力资源管理程序		●							●	●				●
7.3	质量意识															
7.4	沟通	沟通管理程序	●								●					
7.5	文件化信息	文件管理程序 记录管理程序														
8	运行															
8.1	运行的策划和控制	教学运行管理程序 招生管理程序			●			●								
8.2	培养目标的要求	利益相关方管理程序			●											●
8.2.1	培养目标的确定	人才培养方案管理办法			●											●
8.2.2	培养目标的评审	招生管理程序			●			●								●
8.2.3	培养目标的更改				●			●								●

续表一

关涉章节	条款内容	输出方式	办公室	人事处	教务处	学工处	科研处	招生办	财务处	资产处	全质办	教发中心	总务处	保卫处	图文中心	教学系
8.3	教育教学服务的设计和开发															
8.3.1	总则															
8.3.2	设计和开发策划	教学基本建设管理程序			●											●
8.3.3	设计和开发输入				●											●
8.3.4	设计和开发控制				●											●
8.3.5	设计和开发输出				●											●
8.3.6	设计和开发更改				●											●
8.4	外部供方的产品和服务过程的控制															
8.4.1	总则	采购管理程序							●	●						
8.4.2	控制类型和程度	供应商管理程序								●			●			
8.4.3	提供给外部供方的信息	教育服务外包管理办法								●			●			
8.5	教育教学运行															
8.5.1	教育教学运行的控制	教学运行管理程序 教学过程监控管理程序 学生教育管理程序			●	●					●					●
8.5.2	标识和可追溯性	招生管理程序 学生学籍管理规定			●			●								
8.5.3	学生安全管理	校园安全管理程序				●								●		●
8.5.4	学生数据保护	学生教育与管理程序			●	●									●	●

关涉章节	条款内容	输出方式	办公室	人事处	教务处	学工处	科研处	招生办	财务处	资产处	全质办	教发中心	总务处	保卫处	图文中心	教学系
8.5.5	学生教育与服务	学生教育与管理程序				●										●
8.5.6	更改的控制	教学运行管理程序 学生教育与管理程序			●	●										
8.6	课程和服务的放行	教学效果监测管理程序 教学过程监控管理程序			●						●					●
8.7	不合格的控制	不合格管理程序									●					●
9	绩效评价															
9.1	监控、测量、分析和评价															
9.1.1	总则	绩效分析和评价管理程序	●								●					●
9.1.2	相关方满意度					●					●					●
9.1.3	其他监控和测量需求		●			●					●					
9.1.4	分析与评价										●					
9.2	内部审核	内部审核管理程序									●					
9.3	管理评审	管理评审程序									●					
10	改进															
10.1	不合格的纠正	持续改进管理程序			●						●					
10.2	改进方向										●					
10.3	改进方式										●					

注:"●"表示主要职责部门，其他为辅助职责部门。

第5章

学校程序文件范例

　　程序文件是质量手册的具体化、操作化，是对质量手册规定的进一步展开、细化和落实。程序文件通常应阐明实施活动或过程的具体方法和途径，包括活动的目的和范围、做什么、谁来做、何时做、何地做、如何做、使用什么资源、如何对活动进行控制和记录等。

　　本章以齐齐哈尔工程学院的程序文件为例，具体给出7个核心过程程序、10个支持过程程序和6个管理过程程序。

　　核心过程程序文件：内外部环境理解和分析管理程序、招生管理程序、教学基本建设管理程序、教学运行管理程序、教学过程监控管理程序、学生教育与服务管理程序、教学效果监测程序；

　　支持过程程序文件：文件管理程序、人力资源管理程序、教学资源管理程序、知识能力提升管理程序、沟通管理程序、采购管理程序、供应商管理程序、校园安全管理程序、不合格管理程序、科研管理程序；

　　管理过程程序文件：风险和机遇管理程序、年度绩效目标管理程序、绩效分析与评价管理程序、内部审核管理程序、管理评审程序、持续改进控制程序。

1 目的

理解、确定、监视和评审与学校发展目标、战略方向相关的内、外部环境因素，采取必要措施适应环境，实现管理体系预期结果。

2 范围

适用于对学校环境信息的收集和更新，以及对环境的理解和分析。

3 定义

无。

4 职责

各管理部门的职责如下：

a) 最高管理者负责对学校办学理念、方针、发展战略、办学环境的监视和评价；

b) 管理者代表负责对学校活动涉及的相关方的需求和期望进行监视和评价；

c) 学校办公室负责对来自国家、地区或行业相关的各种标准、法律法规进行监视和评价；

d) 教务处负责对工作涉及的主要技术知识、关键过程绩效变化情况进行监视和评价；

e) 招生办负责对省内、省外生源预测情况进行监视和评价。

5 工作程序
5.1 环境分析和信息收集
5.1.1 学校环境因素

学校环境因素分为外部环境因素和内部环境因素。外部环境因素包括国际、国内、地区的各种法律法规、技术、竞争、生源、文化、社会和经济环境等各种因素，外部因素的分析采用 PEST(政治、经济、社会和技术)分析法。

5.1.1.1 政策环境

a) 国家政策以及地方相关政策的变动会间接影响学校的办学；

b) 相关标准及各种法律法规的变化情况等。

5.1.1.2　经济环境

a) 产业方面(行业发展前景分析)；

b) 经济方面(利率的变动、通货膨胀或通货紧缩等)。

5.1.1.3　社会环境

a) 学校地理位置分析(学校所处区域的整体水平、人口、企业密集程度等)；

b) 学校的生源监测分析(学生需求增加或减少情况、新生入学情况、老生流失情况、学生投诉情况等)。

5.1.1.4　技术环境

a) 通过使用科学先进的信息管理系统来获取数据，更准确地进行办学状况分析；

b) 新技术的出现使新兴行业对教育服务的需求增加，学校可以扩大办学范围或开辟新的生源。

5.1.2　内部环境因素分析

a) 学校各职能部门每年根据本科教学基本状态数据的填报，分析内部环境因素的变化。

b) 全面质量管理办公室组织各系采用 SWOT 分析法(对专业办学过程中内部环境的优势和劣势、外部环境的机会和威胁进行充分的分析)，并填写《SWOT 分析表》，做到知己知彼。

c) 各部门在理解学校环境的过程中不仅要考虑历史和现状，而且要考虑未来发展问题。

5.2　环境监视和评价时机

a) 学校在管理体系策划、专业设立和撤销、相关方的需求和期望变化时，需要进行环境的监视和评价。

b) 在学校环境没有发生上述提到的变化时，每年度须进行一次办学环境分析评价，办学环境分析评价工作由管理者代表主持，各部门负责人参加，一般采用年度工作总结会议或管理评审会议的方式进行。

5.3　资料保存

学校办学环境因素调查、评价及制定的相应措施等相关资料的保存均按照《文件管理程序》执行，在未得到批准的情况下，拒绝外传。

6　相关记录

6.1　各专业《SWOT 分析表》

6.2　本科教学质量年度报告

7　工作流程

略。

1 目的

规范学校招生过程，加强部门间协作，充分发挥学校资源作用，保证招生任务顺利完成。

2 范围

适用于学校招生宣传、录取和新生报到入学工作的全过程。

3 定义
3.1 高考综合改革

国务院关于深化考试招生制度改革，考生总成绩由统一高考的语文、数学、外语 3 个科目成绩和高中学业水平考试 3 个科目成绩组成。

4 职责
4.1 招生办

a) 为本程序的主控部门，负责本程序的编制、修订和监督实施；

b) 负责高考综合改革省份选考科目报送、模拟演练；

c) 负责招生章程修订；

d) 负责招生宣传广告、招生简章、录取通知书等请购、使用；

e) 负责组织开展招生宣传、网络招生小组培训、考生来访接待、电话咨询解答等工作；

f) 负责招生计划报送、投档录取、发放《录取通知书》和《入学须知》；

g) 负责招生信息网、迎新系统的维护；

h) 负责整理新生数据统计报表。

4.2 教务处

a) 负责编制各专业招生计划；

b) 负责组织高考综合改革省份确定专业选考科目要求；

c) 负责新生编班，组织新生入学资格复查。

4.3 学生工作处

a) 负责制订迎新报到方案、完成迎新系统(部分)的维护更新；

b) 负责提供学生资助政策简介、应征入伍等宣传材料，学生活动、奖助学金评选等方面的材料；

  c) 负责新生的入学教育和军训，并组织开学典礼，组织新生体检工作。

4.4　图文信息中心

  a) 负责提供录取场地、设备；

  b) 负责迎新系统技术支持，迎新接待设备安装调试运行。

4.5　财务处

  a) 负责新生收费标准核定和费用收缴；

  b) 负责迎新系统(部分)、缴费系统维护更新；

  c) 负责招生宣传、录取等环节经费的审核报销。

4.6　宣传部

  a) 负责提供招生宣传所需材料；

  b) 负责学校宣传，组织网络直播等新媒体宣传；

  c) 负责维护学校贴吧生态。

4.7　招标办

  负责组织招生简章、媒体广告等项目的招标、询价。

4.8　学校办公室(监察室)和全面质量管理办公室

  负责招生工作的纪律监督和质量监督工作。

4.9　各教学系

  a) 负责提供系统、专业方面的图片、文字、视频等材料，更新本系、本专业网站；

  b) 负责开展本系及本专业宣传；

  c) 负责建立新生专业联络群，组织(职业)生涯导师联系新生；

  d) 负责新生接待、入学教育、新生入学资格复查、新生体检等工作。

4.10　总务处

  负责新生入学的各项后勤保障工作。

4.11 其他部门

负责选拔推荐具有较强招生宣传能力的教工，参加学校招生宣传、咨询解答、新生接待等工作。

5 工作程序
5.1 招生计划编制
5.1.1 招生计划编制准备

a) 在报送选考科目年份的 9 月—10 月，教务处负责组织高考综合改革省份的本科招生专业的确定和选考科目要求的制定，招生办负责将其报送全国普通高校招生来源计划网，提交审核；

b) 每年 11 月，招生办负责参加特殊类(美术类)招生考试会议，接收特殊类招生文件，确定学校艺术类专业与省级统考子科类对照表，上传至"艺考招生信息交互系统"(全省统考)；

c) 演练年份的 12 月到次年 4 月，招生办负责高考综合改革省份模拟计划的编制，将其报送全国普通高校招生来源计划网，完成模拟演练。

5.1.2 确定分专业计划

每年 4—5 月，教务处负责根据本省教育厅规划处下达的招生计划，编制各专业招生计划，报主管校级领导审核后，交招生办。

5.1.3 编制报送分省分专业计划

招生办依据省教育厅规划处下达的各省招生计划数，考虑上一年度各专业分省分专业的录取率和报到率，结合当年各专业招生计划数，编制学校招生分省分专业计划表，报院长审批后，将分省分专业计划报送上传至全国普通高校招生来源计划网；向本省教育厅规划处报送分校分专业计划报表的电子版和纸质版。

5.1.4 确认分省计划

按各省考试院要求进行分省计划核对确认。

5.2 招生宣传开展
5.2.1 招生宣传准备
5.2.1.1 修订招生章程

每年 4 月 30 日前，招生办负责学校招生章程的修订，经院长批准后，将本校招生章程上传至中国高等教育学生信息网；"阳光高考"招生信息发布及管理平台(以下简称"阳光高考"平台，http://gaokao.chsi.com.cn)；接受省级教育行政部门、有关部门(单位)教育司(局)对我校招生章程的核定。

5.2.1.2　确定招生宣传方案

每年 4 月，依据各省本年度招生计划及上一年度各省录取情况，确定招生广告投放、高考咨询会等面向招生的宣传活动，设计宣传材料、确定宣传手段。

5.2.1.3　招生宣传材料、广告、快递招标、询价

a) 每年 3—5 月，招生办负责招生简章、媒体广告、录取通知书、特快专递等请购、询价，签订合同，设计、验收和使用；

b) 招标办负责组织招生简章、媒体广告等项目招标工作。

5.2.1.4　收集素材、设计宣传材料

a) 每年 3—5 月，招生办负责收集招生宣传所需素材，联系广告公司进行招生宣传材料设计；

b) 学校各教学系、学生工作处、宣传部、总务处负责提供宣传所需图片、文字、视频等材料，进行手机微站、学校招生信息网站的维护更新；

c) 各教学系负责本系各专业网站维护更新，制作本系各专业宣传材料。

5.2.1.5　验收招生宣传材料

招生简章到货后，招生办依据合同约定，同供货方一起抽取样品送检测机构进行检测，检测合格后按照合同约定给付货款。

5.2.2　线下招生宣传
5.2.2.1　确定宣传方式、时间、地点

a) 每年 5—7 月，招生办负责按照招生工作关键节点，确定宣传时段；根据以往招生情况，选定重点宣传区域；收集省内外高考咨询会信息，选定参加场次；

b) 招生办负责邮寄宣传材料，联系办理咨询会参会手续。

每年 12 月，招生办利用各省艺术类考生统考时机，负责组织开展各省艺术类招生宣传工作。邀请信息工程系艺术类专业教师负责设计宣传材料。

5.2.2.2 邮寄招生宣传材料、投放招生广告

每年 5 月，招生办根据每年各省录取数据信息，有针对性地向高三年级学生和老师邮寄招生宣传材料；根据确定的宣传省份联系广告公司，核对设计样稿，完成招生广告投放。

5.2.2.3 选配教师参加咨询会

每年 6—7 月，根据各部门选拔推荐，确定招生宣传人员；招生办负责开展培训指导，进行工作管理。

5.2.2.4 咨询解答、来访接待

a) 每年 5—8 月，招生办负责安排人员做好招生咨询电话接听、解答、记录、反馈工作；负责接待来访的考生及家长，解答问题、引导报考我校；

b) 学校各教学系、部门负责选拔或推荐具有较强招生宣传能力的教工，参加学校招生宣传、咨询解答等工作。

5.2.3 线上招生宣传
5.2.3.1 组建网络招生工作小组

a) 每年 5—8 月，管理工程系负责组建网络招生工作小组，选配指导教师，选拔小组成员，安排工作场地和设备，进行工作管理；

b) 招生办负责网络招生小组业务指导，进行工作培训；

c) 基础部负责招生宣传软文撰写。

5.2.3.2 开展线上招生宣传

a) 网络招生小组通过高中贴吧发帖、学校贴吧发帖回帖、知乎等社交平台回帖等形式进行学校推广和问题解答；

b) 宣传部负责学校贴吧生态环境维护；通过学校网站、微信公众号及媒体，宣传学校办学成绩、典型人物、优秀事迹等，提升学校形象和声誉；组织进行网络招生直播；

c) 招生办负责腾讯企点(QQ)咨询解答、"阳光高考"平台考生问题解答，负责组织参加线上招生咨询会，参加网络招生直播；

d) 各教学系负责通过部门网站、新媒体等进行专业宣传，参加学校网络招生直播。

5.2.3.3 线上问题解答，统计数据

a) 每年 8 月，网络招生小组根据工作开展情况进行工作总结，统计线上宣传数据；

b) 招生办统计电话及来访数据、腾讯企点及"阳光高考"平台问答数据，分析数据变化情况。

5.3 网上远程录取
5.3.1 接收各省录取文件、录取密码

a) 每年 6 月—8 月，招生办负责接收各省录取文件及录取密码，在录取现场调试全国高校网上录取院校子系统；

b) 图文信息中心负责录取所需场地的提供和设备的调试。

5.3.2 交互信息、投档录取

a) 每年 6—8 月，招生办负责接收各省交互录取信息，投档录取(调档、阅档、审核、预录、退档)，征集志愿，申请调整计划；

b) 学校办公室(监察室)和全面质量管理办公室负责招生工作的纪律监督和质量监督。

5.3.3 接收新生名册、发放录取通知书

a) 每年 7—8 月，招生办负责接收各省录取新生名册，核对录取新生名册信息(8—12月移交给学校档案室存档)；修订入学须知，汇总新生专业联络群，印刷、打印、邮寄录取通知书；打印学生录取档案；

b) 学生工作处负责《高校本专科学生资助政策简介》《黑龙江省高校学生家庭经济情况调查表》《大学新生应征入伍宣传》等材料的接收、印刷，移交给招生办；

c) 各教学系负责组建新生专业联络群；组织生涯导师联系录取新生，做好稳定思想、保证报到率的工作。

5.3.4 数据上传迎新系统

a) 招生办负责导出录取数据，协调软件公司技术员将录取数据上传到办公系统中的迎新系统模块；

b) 图文信息中心负责为迎新系统模块的运行提供技术支持。

5.4　新生报到
5.4.1　新生网上报到
5.4.1.1　维护调试迎新系统

a) 每年 8—9 月，招生办负责提前调适好迎新系统(通知公告、权限管理、参数设置等模块)，维护好新生服务网；

b) 学生工作处负责迎新系统(寝室管理、绿色通道等模块)的维护更新，审批"绿色通道"缓交学费手续；

c) 财务处负责迎新系统(交费模块)与缴费系统的对接与维护；

d) 图文信息中心为迎新系统、新生服务网的维护提供技术支持。

5.4.1.2　新生网上报到，选寝室、交费

招生办按照入学须知上的报到时间开放网上迎新系统。软件公司负责系统的稳定运行，及时处理各部门反馈的问题。

5.4.1.3　统计报到数据、未报到原因

招生办负责统计迎新系统(新生服务网)上的报到数据；财务处负责统计学生交费数据，为新生到校报到的迎接工作提供数据支持。

5.4.2　新生到校报到
5.4.2.1　制订迎新方案

每年新生报到前，学生工作处负责制订新生报到入学接待(迎新)方案，召开迎新工作会议，明确迎新工作内容，确定工作分工，优化工作流程。

5.4.2.2　开展新生接待工作

a) 各部门按照新生报到入学接待方案的要求，开展新生接待工作；

b) 各教学系负责提前联系对接新生、新生及家长现场接待、学生档案接收；

c) 学生工作处负责迎新志愿者安排、活动组织、"绿色通道"手续审批；

d) 招生办负责组织火车站、机场接站工作，外省学生档案接收、登记以及向所在系移交；

e) 图文信息中心负责为迎新接待工作提供技术支持；

f) 财务处负责学费、住宿费收缴工作；

g) 宣传部负责迎新宣传报道工作；

h) 保卫处负责迎新安全保障工作；

i) 总务处负责后勤保障工作。

5.4.2.3　进行新生分班、入学教育、资格复查、体检等工作

a) 学生工作处负责组织新生的入学教育、军训、开学典礼以及新生体检等工作；

b) 教务处负责根据新生报到情况科学编班；负责组织新生入学资格复查，将新生报到所需录取通知书、身份证、户口迁移证明、高考加分资格证明等材料与考生纸质档案、录取考生名册逐一比对核查，严防冒名顶替；

c) 各教学系负责新生入学资格复查、新生体检等工作。

5.4.2.4　统计报到数据

a) 招生办负责统计新生报到数据，进一步组织统计学生未报到的原因；负责整理各省录取费用信息，协助财务处完成各省录取费用汇款；接收各省录取发票，移交录取发票到财务处(9—11 月)；

b) 财务处负责统计学生缴费情况；

c) 各教学系负责统计学生未报到、晚报到的原因。

5.5　新生报到数据统计分析
5.5.1　统计各教学系、各专业的录取率、报到率

a) 每年 9—10 月，招生办负责统计各专业分省分专业的报到率，为下一年度招生计划分配和学校专业调整提供参考；

b) 招生办负责统计各教学系、各专业的录取率、报到率，按照《齐齐哈尔工程学院本科专业评估管理办法》中的专业评估指标体系进行关于"生源情况"的评分；进行各教学系报到率评价。

5.5.2　新生数据报表

a) 每年 9—11 月，招生办负责向省教育厅规划处报送年度普通高等教育招生计划执行情况；

b) 招生办负责年度《近一级本科生招生类别情况统计表》《近一级本科生录取标准及

人数统计表》《近一级各专业(大类)招生报到情况统计表》中生源数据的填报；

c) 招生办负责年度《高基报表》中教基3244、教基3335、教基3336、教基3337、教基3338、教基3339 招生数据填报。

5.5.3　招生工作总结

每年12月，招生办负责开展招生工作总结会议，总结经验，查找不足，明确改进方向。

6　支持性文件
6.1　高校考试招生管理工作八项基本要求
6.2　普通高等学校招生工作规定
6.3　黑龙江省教育厅普通高等教育招生计划管理暂行规程
6.4　各省录取文件
6.5　黑龙江省教育厅关于建立健全防冒名顶替上大学问题长效机制的实施意见
6.6　齐齐哈尔工程学院招生章程
6.7　齐齐哈尔工程学院学籍管理规定
6.8　齐齐哈尔工程学院新生接待方案
6.9　齐齐哈尔工程学院入学报到须知
6.10　齐齐哈尔工程学院新生入学指南

7　相关记录
7.1　黑龙江省普通高等教育分校分专业招生计划审批表
7.2　齐齐哈尔工程学院分省分专业招生计划表
7.3　录取新生名册(各省考试院)
7.4　齐齐哈尔工程学院录取通知书发放记录
7.5　录取通知书邮寄底单(邮局)
7.6　齐齐哈尔工程学院新生录取总表
7.7　齐齐哈尔工程学院外省考生档案接收移交记录
7.8　齐齐哈尔工程学院新生报到情况统计表
7.9　齐齐哈尔工程学院系、专业计划录取、实际录取、报到情况统计表
7.10　齐齐哈尔工程学院分省分专业报到率统计表
7.11　高等教育质量监测数据报表(生源数据部分)
7.12　高基报表(生源数据部分)

8　工作流程

招生管理流程图见图5.1。

```
                        ┌──────────────┐
                        │ 招生计划申请 │
                        └──────────────┘
              ┌──────────────────┴──────────────────┐
     ┌─────────────────┐                    ┌─────────────────┐
     │ 招生计划编制准备 │                    │ 招生章程修订      │
     └─────────────────┘                    └─────────────────┘
     ┌─────────────────┐                    ┌─────────────────┐
     │ 确定分专业计划    │                    │ 确定招生宣传方案  │
     └─────────────────┘                    └─────────────────┘
     ┌─────────────────┐                    ┌─────────────────┐
     │ 编报分省分专业计划│                    │ 招标询价 签订合同 │
     └─────────────────┘                    └─────────────────┘
     ┌─────────────────┐                    ┌─────────────────┐
     │ 确定调整分省计划  │                    │ 收集素材 制作材料 │
     └─────────────────┘                    └─────────────────┘
     ┌─────────────────┐              ┌─────────────┐ ┌───────────────┐
     │ 准备网上远程录取  │              │ 确定宣传方式 │ │ 建立网络招生小组│
     └─────────────────┘              └─────────────┘ └───────────────┘
     ┌─────────────────┐              ┌─────────────┐ ┌───────────────┐
     │ 接收录取文件密码  │              │邮寄材料投放广告│ │ 线上招生宣传   │
     └─────────────────┘              └─────────────┘ └───────────────┘
     ┌─────────────────┐              ┌─────────────┐ ┌───────────────┐
     │ 交互信息 投档录取 │◄─────────────│参加线下咨询会 │ │ 参加线上咨询会 │
     └─────────────────┘              └─────────────┘ └───────────────┘
     ┌─────────────────┐              ┌─────────────┐ ┌───────────────┐
     │ 接收新生名册      │              │咨询解答 来访接待│ │ 线上解答 统计数据│
     │ 发通知书          │              └─────────────┘ └───────────────┘
     └─────────────────┘
     ┌─────────────────┐                    ┌─────────────────┐
     │ 数据上传系统      │                    │ 制订迎新方案      │
     └─────────────────┘                    └─────────────────┘
     ┌─────────────────┐                    ┌─────────────────┐
     │ 维护迎新系统      │                    │ 新生接待          │
     └─────────────────┘                    └─────────────────┘
     ┌─────────────────┐                    ┌─────────────────┐
     │ 新生网上报到      │                    │ 分班入学教育      │
     └─────────────────┘                    │ 资格复查 体检     │
     ┌─────────────────┐                    └─────────────────┘
     │ 统计报到数据      │                    ┌─────────────────┐
     │ 未报到原因        │                    │ 统计报到数据      │
     └─────────────────┘                    └─────────────────┘
                                            ┌─────────────────┐
                                            │ 统计录取率 报到率 │
                                            └─────────────────┘
                                            ┌─────────────────┐
                                            │ 报送数据          │
                                            └─────────────────┘
                                            ╭─────────────────╮
                                            │ 招生工作总结      │
                                            ╰─────────────────╯
```

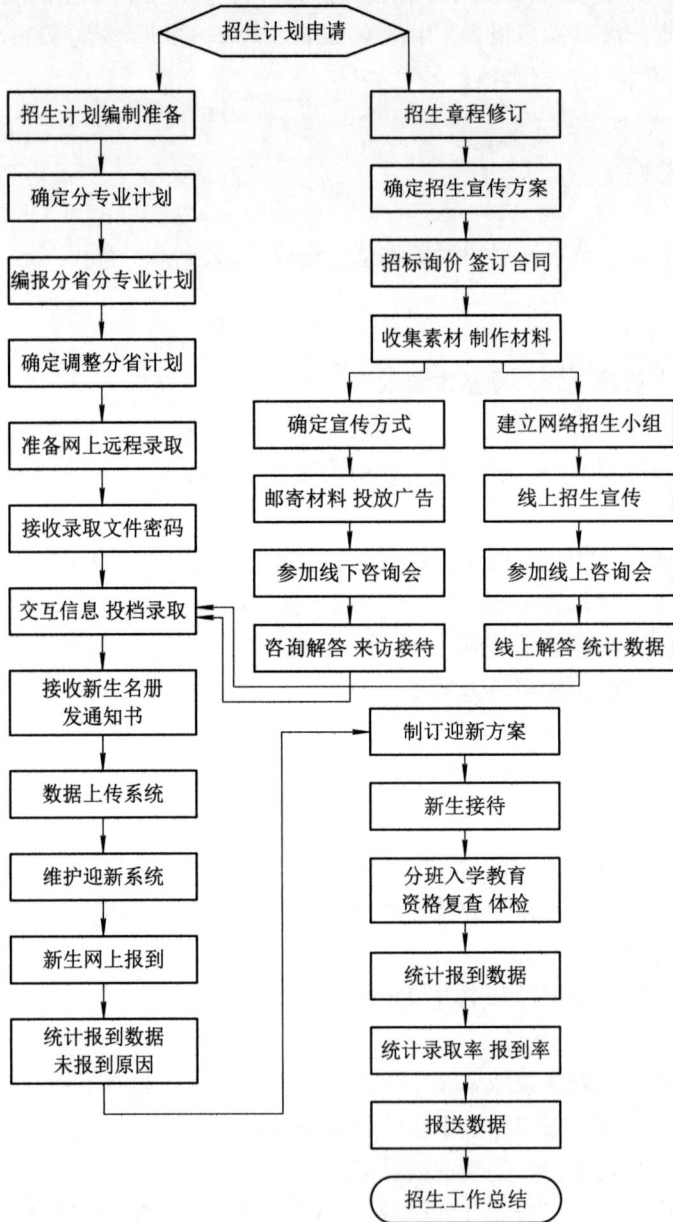

图 5.1　招生管理流程图

1 目的

规范学校专业建设与管理，充分发挥优势，培育和强化专业特色，全面提升专业建设水平，提高人才培养质量。

2 范围

适用于学校新专业的设置，重点专业建设，一流专业的培育、建设与管理。

3 定义

无。

4 职责
4.1 教务处

负责拟定学校学科专业建设规划，组织实施新专业申报、重点建设专业(一流专业)遴选与立项建设等相关工作。

4.2 各系

负责落实新专业设置论证、申报、质量检查等具体事宜，申报本部门重点建设专业(一流专业)，并组织建设。

4.3 分管校领导

协调解决专业建设中的重大问题，审批专业设置、重点建设专业(一流专业)的认定。

4.4 校教学工作委员会

负责对专业设置、调整情况进行审核。

5 工作程序
5.1 新专业设置和申报

a) 教务处负责新专业申报的策划、启动、评审、上报，以及新专业的质量检查工作，按照《齐齐哈尔工程学院本科专业设置与动态调整管理办法》执行。每年6月，启动本年度本科新专业的申报组织工作；

b) 各系负责组织申报、论证工作，提交专业设置所需申报材料；

c) 教务处组织校内评审，由学校教学工作委员会相关成员对照《普通高等学校本科专业类教学质量国家标准》中关于专业设置的具体要求，论证新专业是否符合专业设置要求，并形成审议意见；

d) 审议通过后，在学校主页将专业申报材料公示一周；

e) 每年7月份，由教务处专人负责登录网上服务大厅和平台进行新专业网络申报：填写并导出专业申报表，经学校负责人签字并盖章后，连同校内评审意见一并上传至申报平台；

f) 新专业申报成功后，由各系负责新专业建设的具体实施与管理。并于拟招生当年的5—7月份，接受省教育厅关于新设置本科专业的办学质量核查工作，撰写自查报告；

g) 对于暂停招生专业、撤销专业，经教学工作委员会审议通过后，由教务处专人负责登录网上服务大厅和平台进行网络办理。

5.2 重点专业的建设与管理

a) 教务处负责学校重点建设专业(一流专业)的总体策划、遴选立项评审和经费管理，每两年组织开展遴选立项一次；

b) 各系负责重点建设专业(一流专业)的论证并择优推荐申报和建设；

c) 教务处择优推荐符合条件的专业申报省级、国家级一流本科专业建设点。

6 支持性文件
6.1 齐齐哈尔工程学院本科专业设置与动态调整管理办法
6.2 齐齐哈尔工程学院重点建设专业管理办法(修订)
6.3 齐齐哈尔工程学院专业建设经费使用管理办法
6.4 齐齐哈尔工程学院教学工作委员会章程

7 相关记录
7.1 普通高等学校本科专业设置申报表(从专业设置管理平台导出)
7.2 新设置本科专业办学质量自查材料
7.3 齐齐哈尔工程学院重点建设课程项目申请书
7.4 齐齐哈尔工程学院专业建设经费申请报销单
7.5 齐齐哈尔工程学院专业建设专项经费使用明细表

8 工作流程

略。

1 目的

对学校教学运行过程进行有效控制，确保教学环节有序、高效运行，满足学生、家长及社会的需求。

2 范围

适用于学校教学运行过程的管理控制。

3 定义

无。

4 职责
4.1 分管校领导

负责对教学过程控制进行领导和协调。

4.2 教务处

负责依据专业人才培养方案编制校历，制订并落实开课计划，下达教学任务；征订、采购、发放教材；组织全校性公共选修课选课工作；组织实施考务工作；对教学运行过程实施监控。

4.3 各系(部、中心)

负责落实教学任务，编制和发放本部门教学进程表、总课表、班级课表、教师课表、教室安排表；落实实践课教学计划，选派指导教师，管理实践课教学，考核和评定成绩，总结实践课教学工作；选定教材；督促、检查教师完成各项教学任务的情况；做好教研和教改工作。

4.4 专业负责人

负责组织编制(修订)课程教学大纲，并应用于教学；选聘任课教师，安排授课任务；组织开展集体备课、研讨学习等教研活动。

4.5 任课教师

负责编制开课说明，开展学情分析，编写教案或讲义，设计实验(训)项目指导书，按照教学进程表及课表组织教学；解难答疑、作业批改、课程考核、监考、试卷分析；维持正常的课堂教学秩序。

4.6 学生工作处

负责协调、分配教室资源。

4.7 资产处

负责组织协调教学仪器设备的招标采购与利用效果管理，保证按时到位，满足教学需要。

4.8 总务处

负责保障学校公共场所设施。

5 工作程序
5.1 教学准备
5.1.1 编制校历

教务处于每学期第 10 周编制下学期校历，经院长办公会审议、主管院长批准后实施。

5.1.2 制订开课计划并下达教学任务

a) 教务处于每学期第 12 周，根据人才培养方案制订下学期开课计划，组织各系落实教学任务；

b) 根据人才培养方案制订的教学计划一般不能更改，若个别专业需要调整，于第 12 周提交《齐齐哈尔工程学院教学计划调整申请表》，由教务处审核、主管领导批准后实施；

c) 各系(部、中心)审核后下达到各专业，专业负责人于第 13 周提出任务分配方案；各系(部、中心)于开学前 2 周完成本部门下学期教师授课安排，按照《教学工作规范》等相关规定和要求对各授课教师的任课资格、是否新开课、新开课试讲等情况进行审查，落实各课程的任课教师，并下发教学任务书，据此编排下学期教学进程表、课程表；

d) 尽量安排教学水平高的副教授及以上职称教师承担人才培养方案中的核心课程教学，本科课程主讲教师中的 90%以上应具有讲师及以上专业技术职务或具有硕士、博士学位；

安排具有实践教学资质的教师担任实践课程指导教师。

开学前 1 周，教务处汇总审核各系(部、中心)任课教师教学工作量，对于超工作量的授课任务，经教务处审核、主管领导批准后实施。由教务处组织开展新学期开课资格审查，说课课件中要包含课程开发四要素、课程管理六要素、课程思政、三级矩阵等内容。

5.1.3　编制教学进程表与课程表

a) 教务处提前一周编制基础部、思政教学部、学生发展中心等公共课的课程表，并下发各系部；各系部于开学前 2 周将编制好的学期课程总表初稿上交教务处教务科，由教务处统一协调汇总。审核通过的课程表由各系部下发给任课教师和班级；

b) 各系(部、中心)根据课程表编排实验(训)课程、安排实习(如有时间冲突，与教务处协调解决)，报教务处汇总审核；

c) 排定的教学进程表、课程表、教室安排表等不得轻易变动，如须变动，由各系(部、中心)提出申请，教务处审核批准后执行。

5.1.4　教材编写、选定与发放

a) 每学期第 12 周由教务处教务科下发教材预订单，组织各系(部、中心)做好下一学期的教材征订工作；

b) 各系各专业组织教材征订，并签署意见，汇总后于第 14 周交教务处，由教务处负责教材的征订和发放；

c) 自编教材须在使用前一学期制订编写计划，由教学工作委员会审核后开始编写，并在前一学期期末印刷完毕。

5.1.5　教学设施检查、完善及管理

a) 各系(部、中心)根据开课情况制订教室需求方案，学生工作处负责分配教室，总务处负责维护公共区域教学设施；

b) 各系部对所属实验(训)室、语音室、计算机室、多媒体教室的教学仪器设备进行日常管理，若发现故障，及时组织维护及维修；

c) 每学期开学前三天，教务处完成粉笔、黑板刷等教学用具的准备工作。

5.1.6　教师授课准备

a) 编制开课说明。各系(部、中心)负责安排任课教师在接受授课任务后，全面了解教学(实训)大纲规定的课程性质、任务、内容、课时分配和教学要求；

b) 当有两个以上教师讲授同一门课程时，授课教师应共同讨论编制开课说明，开课说

明要根据教学进程表和校历的时间安排，按照统一的要求和格式认真编写；专业负责人、系主任审查教师开课说明并签字，报教务处备案后实施；

c) 编写实验(训)指导书、实习计划书。各系(部、中心)负责安排任课教师(指导教师)根据开课计划，编写实验(训)指导书、实习计划书等，由所在专业、系审核，报教务处备案后实施；

d) 编写教案(讲义)。教师上课必须有教案(讲义)，每位教师需要提前准备两周的教案余量。系部对任课教师的教案在一学期内至少抽检三次，检查合格后，方可使用。新任教师及首轮课教师须在上课前完成全部教案，并由指导教师审阅修改，经专业负责人(课程负责人)审核同意后，方可使用。教案按学院要求格式书写。

5.2 教学实施
5.2.1 课堂教学

教师上课前必须准备教学大纲、开课说明、学情分析、教案、考勤表等教学文件，按照教学工作规范的要求，有效实施课堂教学，组织好课堂教学秩序。课后要认真批改作业，耐心答疑，切实提高教学质量。

5.2.2 实践教学

a) 实验(训)教学。各专业负责人安排任课教师根据实验(训)大纲制订实验(训)教学进度计划表；各实验中心根据课程表和实验(训)教学计划安排实验技术人员准备仪器设备及实验(训)材料；实验(训)课任课教师按实训教学大纲，指导学生独立或合作完成实验(训)教学大纲规定的内容，撰写实验(训)报告或完成实验(训)作业。任课教师要严格按照该实验(训)项目的操作规程或实验(训)室安全管理规定的要求，做好学生的安全操作和环境保护工作；任课教师负责批改实验(训)报告，评定成绩，留下记录；每次实验(训)课后，由本实验(训)室指导教师填写实验(训)室使用记录本，备查；

b) 实习教学。各专业负责安排实习指导教师制订实习计划，填写《第三学期教学安排表》，交教务处汇总审核，经系部审批、教务处备案后实施。实习指导教师填写《实习指导记录》，指导学生填写《学生实习手册》，各系保存备查；

c) 毕业设计(论文)。指导教师按学校规定的毕业设计(论文)要求指导学生按时完成毕业设计(论文)。各专业组建毕业设计(论文)答辩小组，对学生的毕业设计(论文)进行认真的审定，客观地评出成绩，再由系答辩委员会审定。

5.2.3 调课、补课、代课及更换教师(教学应急情况的处理)

a) 教师因公、因病(事)需要调课时，由教师本人提前向所在系(部、中心)提出申请，并填写《教师调、停、代、补课申请单》，一式 3 份。经系(部、中心)领导审查，教务处批准后，方可实施；

　　b) 任课教师因某种原因，不能按原计划授课，影响 1/3 以上的课程总学时时，须提前 2 天提出由其他教师代课的申请；经专业负责人(课程负责人)同意并由专业负责人提出代课教师人选，经系(部、中心)领导审核，报教务处批准后执行；代课教师按原授课计划授课，代课时间超过课程总学时的 1/2 时，系(部、中心)须更换任课教师；

　　c) 全校性的调(停)课由分管院长审批，教务处下发调(停)课通知，各系(部、中心)组织实施；

　　d) 调课后的补课情况由教务处和相关系(部、中心)跟踪检查；

　　e) 凡上课迟到、早退，或未办任何手续擅自停课、调课的教师，按教学事故处理。具体见《教学事故认定标准与处理办法》。

5.3　教学质量的监控
5.3.1　监控工作职责
5.3.1.1　教务处

　　教务处应协助分管校领导深入各系部调查研究教学问题，不定期召开教学工作例会或专题工作研讨会，了解、协调和处理教学运行过程中出现的各种问题。

5.3.1.2　教学监控部门

　　教学监控部门通过听课、评课、评教、常规抽查等手段对全校教学实施过程进行监控与评价。

5.3.1.3　各系(部、中心)

　　a) 各系(部、中心)通过听课、评课、评教、常规检查等手段负责内部监控与评价。

　　b) 各系(部、中心)要定期召开专业负责人(课程负责人)和任课教师会议，及时掌握教学过程状况，总结和交流教学工作和教学管理工作的经验，及时研究解决教学过程中出现的问题。

5.3.2　教学检查时间安排

　　a) 每学期第 1 周进行期初教学检查，主要检查人才培养方案、教学大纲、开课说明之间的符合度；教案的提前量；实验(训)室等教学仪器设备的准备情况；等等。

　　b) 每学期第 9 周进行期中教学检查，主要检查教学大纲、教学进度、授课情况的符合度；

　　c) 日常检查作业布置与批改、教研活动开展等教学运行工作的完成情况。

d) 每学期最后一周开始期末教学检查，主要检查教学内容的完成情况、教学质量测评情况、教学档案管理情况、考务管理的落实情况等。

5.4　教学评价(组织考试及成绩评定)

a) 教务处对每学期的考务工作实行统一管理，各系(部、中心)负责内部监控与评价，教学监控部门负责对考务过程进行监控与评价。

b) 考试安排及成绩评定按《考试管理实施细则》实施。

5.5　记录归档

教学运行过程产生的各种教学文件由教务处、各系(部、中心)等有关部门登记整理并归档保存。

6　支持性文件

6.1　齐齐哈尔工程学院本科教学工作规范(修订)

6.2　齐齐哈尔工程学院本科专业人才培养方案管理办法

6.3　齐齐哈尔工程学院课程教学大纲编制(修订)管理办法

6.4　齐齐哈尔工程学院关于制定"课程开课说明"的原则意见(试行)

6.5　齐齐哈尔工程学院课程档案管理办法

6.6　齐齐哈尔工程学院教授副教授为本科生上课的规定

6.7　齐齐哈尔工程学院教案编写规范

6.8　齐齐哈尔工程学院课表编排暂行办法

6.9　齐齐哈尔工程学院教材管理办法(修订)

6.10　齐齐哈尔工程学院本科选修课管理办法(修订)

6.11　齐齐哈尔工程学院教学档案管理规定

6.12　齐齐哈尔工程学院集体备课制度

6.13　齐齐哈尔工程学院实验教学工作条例(修订)

6.14　齐齐哈尔工程学院实验室安全管理制度(修订)

6.15　齐齐哈尔工程学院实习实训管理办法(修订)

6.16　齐齐哈尔工程学院实验室管理办法

6.17　齐齐哈尔工程学院本科生毕业设计(论文)工作基本要求(修订)

6.18　齐齐哈尔工程学院考试管理实施细则(修订)

6.19　齐齐哈尔工程学院教学工作检查实施办法

6.20　齐齐哈尔工程学院教育教学服务满意度评价实施办法(修订)

6.21　齐齐哈尔工程学院教学事故认定标准与处理办法(修订)

6.22　齐齐哈尔工程学院调、停、代、补课管理办法

7　相关记录

7.1　集体备课/教研会统计表

7.2　教材预订单

7.3　实验(训)室使用记录本

7.4　实验(训)室开设项目一览表

7.5　第三学期教学安排表

7.6　毕业设计(论文)选题及指导教师安排表

7.7　毕业设计(论文)阶段检查记录表

7.8　本科毕业设计(论文)中期自查表

7.9　毕业设计(论文)答辩情况记录表

7.10　教学计划调整申请表——调、停、代、补课申请单

7.11　教学巡视记录

7.12　齐齐哈尔工程学院试题(卷)库建设(修订)命题计划表

7.13　齐齐哈尔工程学院考试命题(试卷)审查表

7.14　齐齐哈尔工程学院期末考试安排

7.15　齐齐哈尔工程学院缓考审批表

7.16　齐齐哈尔工程学院补考安排表(XX 系)

7.17　齐齐哈尔工程学院免修(试)审批表

7.18　齐齐哈尔工程学院学生课程重修申请表

7.19　齐齐哈尔工程学院学生成绩复核申请表

7.20　齐齐哈尔工程学院考试记录

7.21　齐齐哈尔工程学院考场巡视记录

8　工作流程

略。

1 目的

规范教学过程管理，确保教学稳定有序开展，全面完成教学任务，保证教学质量，实现教学目标。

2 范围

适用于学校教学过程的监控管理。

3 定义

无。

4 职责
4.1 分管校领导

负责对教学过程进行指导与监控。

4.2 教务处

负责教学过程的策划、组织、管理、指导、协调与服务；组织、参与、指导各系(部、中心)教研活动。

4.3 各系(部、中心)

负责本部门专业人才培养方案的制订；负责教学过程的实施与质量监控。

4.4 专业负责人

负责选聘任课教师、安排授课任务；监控授课教师教学质量；组织开展集体备课、研讨学习等教研活动。

4.5 任课教师

负责制订并执行教学实施计划；对教学准备和教学质量进行自我监控；对学生学习过

程进行监控。

4.6 全面质量管理办公室

负责教学质量监控。

4.7 学生工作处

负责入学教育课程的策划与实施。

4.8 资产处、图文信息中心

负责教学服务与教学资源的提供。

5 工作程序

5.1 课堂教学

5.1.1 日常教学过程监控

a) 每学期各系(部、中心)组织专业负责人(课程负责人)检查教案、教学文件不少于 3 次，提出检查意见或建议，对检查情况进行分析反馈，并予以跟踪指导。专业负责人(课程负责人)的个人教学材料由部门领导检查；

b) 全面质量管理办公室、教务处、学生工作处及各系(部、中心)巡查教师教学情况、学生学习情况、教室使用情况以及教学活动中出现的其他情况，并填写《日常教学巡查记录》；

c) 教学督导员根据《教学督导工作管理办法》在听课后及时向教师和所在部门反馈听课情况，提出指导性意见和建议，并汇总听课意见和建议，对不合格教师按照《教学事故认定标准与处理办法》处理。

d) 专业负责人(课程负责人)定期组织教师相互观摩听课、分组研讨与交流，促进教风和学风建设，提高教学质量。

5.1.2 期初教学过程监控

a) 专业负责人(课程负责人)在开课前检查本教研室教师教学准备情况，包括所承担课程的授课计划、1/3 的教案的准备情况、教学进程编写情况以及其他教学软硬件的准备情况。如发现疏漏或不符合有关要求的情况，应按要求尽快整改；

b) 系领导、教学秘书于开学前审核教师开课说明是否规范，与教学大纲和教学计划的要求是否一致；并抽查教师教案是否规范，教案内容与教学大纲要求、开课说明是否一致。

各系(部、中心)教学秘书于每学期上课前将课程表、上课时间、地点通知相应的授课教师和学生，如有变动须及时通知；

c) 教务处于开课前组织开展新学期开课资格审查，课件中要包括课程开发四要素、课程管理六要素、课程思政、三级矩阵等内容。教务处及各系(部、中心)按照《教学检查制度》检查课程安排、上课时间、上课地点、教材征订的落实情况，各系(部、中心)检查本部门开设课程教师的授课情况并填写《日常教学巡查记录》；

d) 全面质量管理办公室于每学期开学后两周内制订《督导工作计划》，明确日常、期初、期中、期末督导管理的具体实施时间、方式、内容、参加人员及要求。院、系两级教学督导以教学检查、听课、学生座谈等形式对课程教学质量进行检查，对教风、学风进行监督；

e) 主管教学工作的副院长、教务处领导、系领导抽查听课，对教学工作中的重要问题进行调查研究并向全面质量管理办公室反映，同时向任课教师反馈意见和建议，提出针对性的改进措施。

5.1.3 期中教学过程监控

a) 以各系(部、中心)自查为主、教务处检查为辅的方式进行期中教学检查，系统考核任课教师教学材料准备、学生学风、教师教风、教学运行情况等；

b) 各系采取学生座谈的方式对各任课教师的教学服务及课堂教学情况进行调查，填写《学生座谈会记录》，形成改进意见并报全面质量管理办公室备案；

c) 教学督导参与各专业或班级的座谈会，对学生座谈情况进行了解。教学督导对全校学生期中座谈及改进情况进行总结，全面质量管理办公室汇总形成督导简报。

5.1.4 期末教学过程监控

a) 各系(部、中心)领导、课程组成员按照《课程考核质量标准》对期末试题的形式、内容进行审查，将存在的问题及时反馈给命题教师，并责成修改；

b) 同行、督导、领导按照《教育教学服务满意度评价实施办法》对所有全日制在校生的任课教师和辅导员进行教学服务满意度评价；

c) 学生按照《教育教学服务满意度评价实施办法》对所有全日制在校生的任课教师和辅导员进行教学服务满意度评价；

d) 各系(部、中心)自查教学相关材料，教务处及全面质量管理办公室通过常规检查和专项检查的形式开展期末教学检查。

5.2 实践教学
5.2.1 毕业设计(论文)过程监控

a) 教务处按照《本科生毕业设计(论文)工作基本要求》，于毕业设计(论文)准备阶段检查指导教师配备情况，审查毕业设计(论文)选题情况，检查指导教师和学生毕业设计的资料准备情况；

b) 教务处于毕业设计(论文)工作初期阶段检查选题审核表、任务书、开题报告；

c) 教务处于毕业设计(论文)工作中期阶段，深入教学现场，通过观察、提问、考察等方法检查毕业设计(论文)进度和设计质量；

d) 教务处于毕业设计(论文)工作后期阶段检查学生毕业设计(论文)相关资料的完善程度、答辩条件和答辩准备情况；

e) 教务处于毕业设计(论文)成果质量评估阶段，组织进行毕业设计(论文)答辩，按照《优秀毕业设计(论文)评选办法》评选院级优秀毕业设计(论文)，对毕业设计(论文)完成情况及成果质量进行评估，通报评估结果，评定学生毕业设计(论文)成绩；

f) 教务处按照《毕业设计(论文)工作质量标准》，组织毕业设计(论文)专项评估，总结毕业设计(论文)工作经验，完善、修订和执行毕业设计(论文)质量评价标准。

5.2.2 教学实习、生产实习过程监控

a) 教务处、教学督导、各系领导检查实习计划编制是否符合教学计划和教学大纲的要求；

b) 各系领导审查实习计划，审查内容包括实习的性质、内容、学生人数、实习地点、实习单位、起止时间等。毕业实习于实习前两个月、第三学期实习于实习前两周报教务处备案；

c) 各系领导、教学督导在实习期间深入实习现场，检查实习的质量和进度，确保实习效果；

d) 实习坚持"三不准"原则：事先不报实习计划，不准外出实习；没有实习大纲，不准外出实习；准备工作没有做好，不准外出实习。

5.2.3 课程设计过程监控

a) 由各系组织课程组按照《课程设计实施细则》对《课程设计大纲》和《课程设计指导书》进行审查，将存在的问题及时反馈给指导教师，并提出修改意见；

b) 课程设计过程中，指导教师应考核学生的出勤情况，定期检查并指导学生课程设计的完成情况及质量；

c) 课程设计结束后，指导教师要认真审查批阅学生书面成果与设计资料，结合学生表现给出等级评价鉴定结果。

5.2.4 竞赛活动过程监控

a) 校级教学竞赛、技能竞赛等由教务处组织，活动后将结果和资料备案；

　　b) 系级、专业级的教学竞赛、技能竞赛等由各系、各专业组织，活动前将竞赛方案报教务处备案，活动结束后三个工作日内将竞赛资料交教务处归档，竞赛奖励按照《学科竞赛管理办法》执行。

6　支持性文件

6.1　齐齐哈尔工程学院教学质量监控体系及实施办法(修订)

6.2　齐齐哈尔工程学院教学督导工作管理办法

6.3　齐齐哈尔工程学院教学督导室工作实施细则

6.4　齐齐哈尔工程学院教学督导组工作细则

6.5　齐齐哈尔工程学院学生教学信息员制度实施办法(修订)

6.6　齐齐哈尔工程学院听课管理暂行办法

6.7　齐齐哈尔工程学院日常教学巡查制度

6.8　齐齐哈尔工程学院教学检查制度

6.9　齐齐哈尔工程学院教学事故认定标准与处理办法(修订)

6.10　齐齐哈尔工程学院教育教学服务满意度评价实施办法(修订)

6.11　齐齐哈尔工程学院课堂教学质量标准(理论及实验实训)

6.12　齐齐哈尔工程学院课程考核质量标准

6.13　齐齐哈尔工程学院实验教学工作条例(修订)

6.14　齐齐哈尔工程学院课程设计实施细则

6.15　齐齐哈尔工程学院本科生毕业设计(论文)工作基本要求(修订)

6.16　齐齐哈尔工程学院本科毕业设计(论文)答辩工作实施细则(修订)

6.17　齐齐哈尔工程学院优秀毕业设计(论文)评选办法

6.18　齐齐哈尔工程学院毕业设计(论文)工作质量标准

6.19　齐齐哈尔工程学院学科竞赛管理办法(修订)

7　相关记录

7.1　日常教学巡查记录

7.2　学生座谈会记录

7.3　集体备课/教研会统计表

8　工作流程

　　略。

1 目的

为学生成长成才服务，加强学生的日常管理、思想政治教育工作，促进学生德智体美劳全面发展，对学生教育与管理过程进行全程监控与评价，保证学生日常管理有序进行。

2 范围

适用于学生思想政治教育，学生日常教育、管理、服务，学生资助，辅导员队伍建设等方面的管理。

3 定义

无。

4 职责
4.1 学生工作处

学生工作处为本程序的主控部门，负责本程序的编制、修订和监督实施；负责学生管理制度、学生工作计划的拟定和落实；负责全校学生日常思想政治教育工作、迎新工作和毕业生教育工作；负责组织、协调、督促和检查全校学生的文明秩序等日常管理和服务工作；负责组织新生军训、教官团管理及学校征兵工作；负责学生奖学金、助学金、助学贷款的评定和管理工作；负责辅导员队伍建设、管理与考核工作；承担上级有关部门布置的任务并完成学校领导临时交办的工作。

4.2 团委

负责制订团员年度思想政治教育计划；负责组织协调、指导团员思想政治教育活动的开展；负责对各系团总支、团支部的思想政治教育工作进行指导、督促和考核；负责指导全校学生社团工作的开展，组织青年志愿者活动，组织协调第二课堂活动的开展。

4.3 教学系

负责本系学生管理制度、学生工作计划的拟定和落实；负责本系学生的日常思想政治教育工作、迎新工作和毕业生教育工作；负责本系学生的日常管理和服务工作；协助组织学生军训工作；负责本系学生的思想状况等的调研分析；负责本系学生资助管理工作；负责组织开展本系学生的校园文化活动、社团活动；负责本系辅导员队伍建设、管理与考核工作。

4.4　创业学院

负责创新创业教育的工作。

4.5　学生发展中心

负责新生入学教育、职业生涯教育；负责全校学生心理健康教育与咨询工作；负责就业管理工作。

4.6　保卫处

负责组织指导全校学生的安全教育和法制教育。

5　工作程序
5.1　学生教育
5.1.1　新生报到

a) 新生报到前一周，学生工作处拟定《新生报到服务指南》，报分管领导审批，用于指导新生报到工作；

b) 学校成立新生报到工作领导小组，于新生报到前三天召开各相关职能部门、教学系间的协调会，明确各部门分工；

c) 各相关职能部门、各系可根据学校的统一安排部署，制定具体实施办法，并做好相关准备工作；

d) 教务处负责接新生材料准备、学籍注册、新生资格审查等工作；学生工作处负责学生寝室安排、绿色通道初步审批、志愿者迎新接待服务、开学典礼及军训动员大会工作总协调等工作；宣传部负责宣传栏、环境布置等宣传工作；保卫处负责来校车辆安置、校园安全秩序维护等工作；财务处负责收款及确认工作；图书信息中心负责网络调试工作；招生办负责准备接新生车辆及协助教务处做好新生资格审查工作；各系负责本系学生报到具体接待工作，包括负责各报到点接新生所需物品准备、校园环境卫生清扫等服务工作；

e) 新生报到前一天下午 15:30 之前，学校新生报到领导小组检查、落实各单位工作准备情况；

f) 9 月初新生报到，各部门、教学系部落实上述具体实施办法，做好新生接待工作；

g) 各项规定详见使用当年的《新生报到服务指南》。

5.1.2 新生军训及入学教育
5.1.2.1 新生军训

a) 学生工作处、武装部于每年的 6—8 月进行教官团集训，为新生军训作准备；

b) 新生报到前，学生工作处、武装部对教官团成员进行考核，选拔新生军训教官，并负责拟定军训计划；

c) 做好教官团的后勤保障工作；

d) 新生报到结束后，由学生工作处组织召开新生开学典礼暨军训动员大会；

e) 新生开学典礼暨军训动员大会结束后正式开始军训，其间根据计划安排穿插国防教育及新生入学教育；

f) 各系军训期间，积极配合武装部工作，新生辅导员要亲临现场，对军训、内务整理一手抓，确保军训效果；

g) 军训期间，教官对学生进行军训考勤统计和打分；

h) 军训结束时，学生工作处、武装部提前协调各系进行军训汇报表演前期准备工作，按计划组织举行军训汇报表演，检验军训成果；

i) 军训结束后，各系按照军训考核结果将新生军训成绩录入系统。

5.1.2.2 新生入学教育

a) 第一阶段：宣传发动阶段。9 月份新生报到后，由各系根据实际情况以班会、报告会、宣传栏等形式对新生开展新生入学教育宣传，动员新生积极参与到新生入学教育活动中来；

b) 第二阶段：具体教育阶段。详见创业学院的新生入学教育安排表和各专业的职业前瞻安排表；

c) 第三阶段：后续教育阶段。学生在开始正常学习、生活的一年时间内，通过各种教育途径保持并发展第二阶段教育的成果；

d) 各项规定详见创业学院的要求和计划安排。

5.1.3 毕业生教育

a) 每年 6 月份毕业生领取毕业证、学位证前夕，学生工作处和学生发展中心牵头各系做好毕业生离校教育工作，形成工作方案；

b) 学校成立毕业生工作领导小组，召开并邀请各相关职能部门、各系参加协调会，明确各部门职责；

c) 各相关职能部门、各系可根据学校统一安排部署，制定毕业生教育具体实施办法；

d) 学生工作处负责全校毕业生离校教育工作的协调和指导工作，负责召开毕业典礼；

教务处负责毕业生毕业资格、毕业证、档案关系等的发放或转移工作；党委宣传部负责校园环境布置和宣传标语制作与悬挂工作；党委组织部负责党组织关系转移；团委负责指导各系团总支进行毕业生团关系转移工作，完成学社衔接；学生发展中心负责毕业生就业派遣等工作；财务处及各系负责有关费用的核查清理工作；图书信息中心负责图书清还工作；各系负责本系毕业生返校、毕业生教育及全部具体事宜。

5.2　学生服务

5.2.1　学生奖助学金

5.2.1.1　国家奖学金、国家励志奖学金评选

a) 学生工作处根据国家、省教育服务中心有关文件及黑龙江省教育服务中心下达的名额，下发国家奖学金、国家励志奖学金评选通知；

b) 学校成立评审领导小组，由学生工作分管领导任组长，学生工作处、各系党总支副书记为成员，开展全面评审工作，具体工作由学生工作处组织实施；

c) 各系及时将国家奖学金、国家励志奖学金的评选通知下达各系；

d) 学生根据申请条件及其他有关规定，向所在系提出申请，并递交相关申请表格；

e) 学生所在系依据相关规定及文件要求，对申请学生的资格进行审查，将推荐名单在系内进行不少于 3 个工作日的公示，公示无异议后将拟推荐名单报送学生工作处；

f) 学生工作处对上报材料进行复审，提出当年国家奖学金、国家励志奖学金获奖学生建议名单，报学校评审领导小组研究审定；

g) 学生工作处将学校评审领导小组研究审定后的获奖学生名单，在校内进行不少于 5 个工作日的公示；

h) 公示无异议后将建议名单及申请材料上报省教育服务中心；

i) 省教育服务中心批复后，国家奖学金、国家励志奖学金的学生获奖名单由学生工作处汇总制表，奖学金由财务处统一发放；

j) 相关规定详见《财政部 教育部 人力资源社会保障部 退役军人部 中央军委国防动员部关于印发〈学生资助资金管理办法〉的通知》(财教〔2021〕310 号)、《财政部 教育部关于调整职业院校奖助学金政策的通知》(财教〔2019〕25 号)、《省财政厅 省教育厅 省人力资源和社会保障厅 省退役军人事务厅关于印发〈黑龙江省学生资助资金管理办法〉和〈黑龙江省学生资助资金管理实施细则〉的通知》(黑财规〔2023〕7 号)、《教育部 财政部关于印发〈本专科生国家奖学金评审办法〉的通知》(教财函〔2019〕105 号)以及《齐齐哈尔工程学院国家奖学金、国家励志奖学金、国家助学金管理办法》。

5.2.1.2　国家助学金评选

a) 新学年开始，学生工作处召开学生工作委员联席会议，布置家庭经济困难学生认定工作；

b) 学校设立学生资助工作领导小组，各系学生工作办公室组建认定工作组，以班级为单位成立认定评议小组，负责家庭经济困难学生认定的民主评议工作；

c) 各系提前向学生或监护人告知家庭经济困难学生认定工作注意事项，并做好资助政策宣传工作；

d) 学生本人自愿提出申请，上交相关证明材料，如实填报综合反映学生家庭经济情况的认定申请表；

e) 各系组织家庭经济困难学生集中申报，对学生提交的认定材料进行复核和校验，划分困难类型和等级，将家庭经济困难学生认定的名单及档次在适当范围内、以适当方式予以不少于 3 个工作日的公示；

f) 学校学生资助管理中心收集各系审核通过的家庭经济困难学生认定材料，汇总家庭经济困难学生名单，复查后报学校学生资助工作领导小组审批；

g) 学校学生资助管理中心建立家庭经济困难学生数据库，按要求将相关数据录入全国学生资助管理信息系统，并将学生的申请材料统一建档；

h) 学生工作处根据国家及省教育服务中心有关文件，以及省教育服务中心下达的国家助学金金额，下发评选通知；

i) 学校成立评审领导小组，由学生工作分管领导任组长，学生工作处、各系党总支副书记为成员，全面领导评审工作，具体工作由学生工作处组织实施；

j) 各系及时将国家助学金的评选通知和名额下达至各专业、班级；

k) 学生根据申请条件及其他有关规定，向所在系提出申请，并递交相关申请表格；

l) 学生所在系依据相关规定及文件要求，对申请学生的资格进行审查，将推荐名单在系内进行不少于 3 个工作日的公示，公示无异议后将拟推荐名单报送学生工作处；

m) 学生工作处对上报材料进行复审，提出当年国家助学金建议名单，报学校评审领导小组研究审定；

n) 学生工作处将学校评审领导小组研究审定后的国家助学金学生名单，在校内进行不少于 3 个工作日的公示；

o) 公示无异议后将有关评选材料在规定时间内上报省教育服务中心；

p) 省教育服务中心批复后，国家助学金由财务处统一发放；

q) 相关规定详见《关于印发〈黑龙江省家庭经济困难学生认定办法〉的通知》(黑教规〔2019〕9 号)、《省教育厅关于认真落实〈黑龙江省家庭经济困难学生认定办法〉的通知》(黑教财函〔2019〕456 号)、《齐齐哈尔工程学院国家奖学金、国家励志奖学金、国家助学金管理办法》。

5.2.1.3 校级奖学金评选

a) 学生工作处结合《齐齐哈尔工程学院奖学金评定办法》《齐齐哈尔工程学院学生综合素质测评办法》的相关规定下发校级奖学金评选通知；

b) 各系成立系、专业和班级综合素质测评工作小组，由学校统一领导和部署，学生工作处负责监督和指导，各系负责组织实施；

c) 各系及时将校级奖学金的评选通知下达各专业、班级；

d) 学生按照综合素质测评的内容要求，递交相关申请材料，并在测评小组总结会议上作汇报；

e) 班级综合素质测评小组审查学生各项综合素质测评分数，并按照有关规定予以更正或增补；

f) 综合素质测评小组审查核准学生各项综合素质测评分数后，将最终的综合素质测评结果向班级全体学生公布并进行两轮公示。综合素质测评结果确定后，根据《齐齐哈尔工程学院奖学金评定办法》评选出奖学金获得者；

g) 系综合素质测评工作小组对各专业的综合素质测评结果和评优结果进行审定，制作电子版资料，填写好有关表格及材料后交由系主任签署意见，加盖公章后报送学生工作处；

h) 学生工作处对各系报送材料进行复审，材料获得批准后对获奖人员进行表彰和存档备案；

i) 学生工作处汇总制表获奖名单并报送财务处，财务处统一发放奖学金；

j) 相关规定详见《齐齐哈尔工程学院学生综合素质测评办法》《齐齐哈尔工程学院奖学金评定办法》。

5.2.2　国家生源地助学贷款

a) 每年 8 月份左右，符合条件的普通高等学校家庭经济困难的新生和在校生到户籍所在地办理以借款人信用为担保的国家助学贷款；

b) 办理国家开发银行生源地助学贷款的学生，需要提交《国家开发银行生源地信用助学贷款受理证明》，学生工作处学生资助管理中心人员进行回执录入；

c) 学生贷款资金到账后，学生工作处学生资助管理中心人员统计到账人员及资金明细，报送财务处；

d) 财务处工作人员及时为贷款到账学生办理学费缴纳手续，为学生提供学费收据；

e) 各系对贷款学生定期开展资助诚信教育，将诚信教育融入学生日常管理，培养学生树立诚信观念，珍惜个人信用，增强法律意识和契约精神；

f) 学生毕业前，各系要组织辅导员及时告知办理国家开发银行助学贷款的学生，登录个人系统，进行毕业确认，查看所签订的所有合同的贷款信息，内容包括合同编号、贷款金额、贷款余额、逾期本金、逾期利息、罚息、贷款到期日等信息，及时制订还款计划，提前作好资金安排以免逾期；

g) 相关规定详见教育部等四部门《关于调整完善助学贷款有关政策的通知(财教〔2024〕188 号)》《关于印发〈2024 年黑龙江省国家助学贷款工作指引〉的通知(黑教服〔2024〕15 号)》。

5.2.3　学生各项先进的评选

a) 学生工作处根据《齐齐哈尔工程学院学生先进个人、先进集体评选办法》的相关规定下发评选通知；

b) 各系及时将各项先进的评选通知下达各专业、班级；

c) 学生所在班级进行先进个人推荐，学生本人递交评优登记表等申请材料；

d) 学生所在系依据相关规定及文件要求，对学生申请资格进行审查，审查后将拟推荐名单报送学生工作处；

e) 学生工作处对各系报送材料进行复审，报送材料获得批准后进行表彰和存档备案；

f) 由学生工作处汇总制表并颁发荣誉证书、奖品等；

g) 相关规定详见《齐齐哈尔工程学院学生先进个人、先进集体评选办法》。

5.2.4 学生证办理及学生火车优惠卡订购
5.2.4.1 学生证办理

a) 新生入学时办理学生证，初次办理由辅导员全程负责；

b) 各系组织新生填写《学生证实名制导入一览表》；

c) 各系向学生工作处提交《学生证实名制导入一览表》，学生工作处进行系统导入；

d) 学生工作处进行系统导入并确认无误后，系内组织完成学生证件的制作以及优惠卡粘贴；

e) 系内将准备完毕的学生证上交至学生工作处，学生工作处向学校办公室申请盖钢印(学校办公室审核通过后，学生工作处和各系到学校办公室盖钢印)；

f) 办理完毕后，各系将学生证发放给学生；

g) 若学生证丢失，由系内负责老师与学生工作处负责老师直接对接即可补办，流程同上。

5.2.4.2 学生火车优惠卡订购

a) 新生开学前，学生工作处向商家提出订购计划并邮寄申购函，双方签订购销合同；

b) 学生工作处负责与商家联系并汇款，按照合同订购数量采购学生火车优惠卡(简称优惠卡)；

c) 学生工作处收到优惠卡后进行查验，无误后将验收回执单寄回商家；

d) 辅导员指导学生将优惠卡按规定粘贴在学生证空白处；

e) 优惠卡初次发放时已输入四次购票次数(寒假、暑假各两次)，每学年初以系为单位到学生工作处充值磁卡次数；

f) 相关规定详见《齐齐哈尔工程学院学生证、校徽管理办法》。

5.2.5 学生征兵入伍

a) 参加征兵政策宣讲，在规定时限内在全国征兵网上报名；

b) 报名成功后，根据区征兵办要求参加身体初检；

c) 参加政治审查；

d) 体检、政审合格后参加役前培训；

e) 征兵办公示入选名单，公示完成后参军入伍。

5.3 学生日常管理
5.3.1 学生违纪处理程序

a) 发现违纪事件后，违纪学生所在系委派两名以上工作人员对学生的违纪事实和相关证据进行调查、核实，调查情况形成书面材料；书面调查材料核对无误后，由调查人员和被调查学生共同签字确认；被调查学生拒绝签字的，由调查人员在材料上写明情况(须注明日期)，并由两名以上调查人员签名。

b) 各系相关负责人员在调查时以及对学生作出处分建议之前，应当告知学生违纪事实、拟作出处分决定的理由及依据，并告知学生享有陈述和申辩的权利，听取学生的陈述和申辩，根据谈话内容整理好谈话记录，将拟处分(处理)决定送达学生。

c) 对因违反国家法律法规受到公安部门或司法部门处罚的学生的处理，以公安部门或司法部门的处罚决定书或相应法律文书为依据。

d) 事件调查清楚后，违纪学生本人填写学生违纪处分登记表，写清违纪事实。由违纪学生所在系按照《齐齐哈尔工程学院学生违纪处分实施细则》，对学生违纪行为进行处理，形成处分报告，同违纪相关证据、书面调查材料、违纪学生谈话记录表、事件相关人员的情况说明及学生检讨书等书面文件一起上报学生工作处。

e) 学生工作处依据学生违纪事实及处分报告，报分管校领导批准后，出具处分决定书。

f) 对学生作出开除学籍处分决定的，经分管校领导审核后，提交校务工作委员会研究决定，并事先进行合法性审查。

g) 违纪学生拒不承认错误、拒不在相关文书上签字、拒不进行书面检查的，在违纪事实调查清楚、证据确实充分的情况下，学校可根据《齐齐哈尔工程学院学生违纪处分实施细则》给予违纪学生纪律处分。

h) 处分决定书作出后 3 个工作日内，由学生所在系出具处分告知书，并送达学生本人。处分决定书、处分告知书要直接送达学生本人；学生拒绝签收的，或特殊原因不能签字的，可以采取留置方式送达；已离校的，可以采取邮寄方式送达。

i) 学生处分决定书印发后，在学校办公室、学生工作处、违纪学生所在系留存备案。

j) 将学生的处分决定书真实完整地归入学校文书档案，处分决定书由学校报黑龙江省教育厅备案。

k) 学生因考试违规受到纪律处分的，本次考试成绩无效，在其成绩记录中写明为"违纪作弊"。

l) 被开除学籍的学生，应当在处分决定书送达之日起 5 个工作日内办理完相关手续离校，档案由学校退回其户籍所在地；被开除学籍的学生，学校发给学习证明；逾期不办理手续离校者，学校注销其在校内的各种关系，并劝其离校。

m) 学校发现学生有涉嫌违法、犯罪行为时，及时报警并积极配合公安部门将其移送司法机关依法处理；

n) 学生对学校作出的处分决定有权申诉，学生申诉依照《齐齐哈尔工程学院学生申诉处理办法》执行；

o) 相关规定详见《齐齐哈尔工程学院学生违纪处分实施细则》。

5.3.2 学生处分的撤销解除

除开除学籍处分以外，自处分决定之日起，警告、严重警告的处分期限为 6 个月，记过、留校察看的处分期限为 12 个月，处分到期，受处分学生可申请解除处分；

学生处分撤销需要满足：

a) 学生受到处分后，能够深刻反省，认识到自身错误，各方面表现良好，处分期内无任何违纪行为；

b) 违纪学生处分期内每 3 个月向辅导员提交一份思想汇报；

c) 参加学校组织开设的行为重修课，成绩合格；

d) 处分期满后，向所在系递交书面申请，填写解除处分登记表；

e) 学生所在系综合审核，学生工作处认定后上报分管校领导审批；

f) 学校下达解除处分决定书；

g) 学校下达解除处分决定书后，将学生的处分和解除处分材料真实完整地归入学校文书档案和本人档案；

h) 相关规定详见《齐齐哈尔工程学院学生违纪处分实施细则》。

6 支持性文件

6.1 黑龙江省家庭经济困难学生认定办法

6.2 财政部 教育部 人力资源社会保障部 退役军人部 中央军委国防动员部关于印发《学生资助资金管理办法》的通知

6.3 省财政厅省教育厅 省人力资源和社会保障厅省退役军人事务厅关于印发《黑龙江省学生资助资金管理办法》和《黑龙江省学生资助资金管理实施细则》的通知

6.4 教育部等四部门《关于调整完善助学贷款有关政策的通知》以及《普通高等学校学生管理规定》

6.5 齐齐哈尔工程学院家庭经济困难学生资助管理办法

6.6 齐齐哈尔工程学院奖学金评定办法

6.7 齐齐哈尔工程学院学生违纪处分实施细则

6.8 齐齐哈尔工程学院学生申诉处理办法

6.9 齐齐哈尔工程学院学生工作责任事故认定与处理办法

6.10 齐齐哈尔工程学院国家奖学金、国家励志奖学金、国家助学金管理办法

6.11 齐齐哈尔工程学院学生公寓管理规定

7　相关记录

7.1　国家奖学金申请审批表

7.2　国家奖学金获奖学生初审名单表

7.3　本专科生国家励志奖学金申请表

7.4　本专科生国家励志奖学金获奖学生名单汇总表

7.5　本专科生国家助学金申请表

7.6　普通高等学校、高等职业学校国家助学金受助学生汇总表

7.7　应征入伍服兵役高等学校学生国家教育资助申请表

7.8　普通高校应(往)届服义务兵役毕业生学费补偿贷款代偿明细表

7.9　普通高校直招士官学生学费补偿贷款代偿明细表

7.10　普通高校退役士兵国家助学金资助明细表

7.11　高等教育质量监测数据报表(本科生奖贷补部分)

7.12　国家开发银行助学贷款信息表

7.13　国家开发银行高校到账明细表

7.14　齐齐哈尔工程学院奖学金评定审批表

7.15　齐齐哈尔工程学院学生综合素质测评表

7.16　家庭经济困难学生认定申请表

7.17　齐齐哈尔工程学院学生违纪处分汇总表

7.18　齐齐哈尔工程学院行为重修课学员成绩单登记表

7.19　齐齐哈尔工程学院学生德育学分统计表

7.20　XXXX 系住宿人数统计表

7.21　齐齐哈尔工程学院学生寝室入住审批表

1　目的

有效监测教学效果，查找人才培养过程中存在的问题，以便采取有效纠正措施，使质量体系有效运行，最终实现学校教育教学目标。

2　范围

适用于学校教育教学效果、人才培养效果的监测。

3　定义

无。

4　职责
4.1　教务处学籍科

完成学生毕业资格审查、数据采集与监测等相关工作。

4.2　学位评定委员会办公室

完成毕业生学位资格审查、数据采集与监测等相关工作。

4.3　学生发展中心

负责完成毕业去向落实率统计、用人单位满意度调查、毕业生就业质量报告、毕业生中期职业发展年度报告等相关工作。

4.4　各系

根据职能部门的统筹安排，负责各项监测活动在本系的执行。

5　工作程序
5.1　毕业率

教务处学籍科负责根据考务科审核的学生成绩情况，财务处、图文信息中心审核的学生欠费情况，以及学生工作处审核的纪律处分情况，进行毕业资格审查，拟定毕(结)业学生名单。

召开校务工作委员会议，确定毕(结)业资格，审议毕(结)业学生名单、决议。

教务处学籍科在学信网按时注册并提交毕(结)业数据，将相关材料报黑龙江省教育厅备案，制作并颁发毕(结)证书。

教务处学籍科负责每年毕业率的统计(截止日为每年 8 月 31 日)，具体按照高等院校基本统计报表、高等院校基本教学状态数据库的要求执行。

5.2　学位授予率

由本人提出申请，各系依据学位授予条件审核拟授予学士学位的全日制本科毕业生在校学习期间的成绩、纪律处分等相关资料的真实性和有效性，将建议授予和建议不授予学士学位的学生名单、不授予学位的原因提交学位评定分委员会进行初审。

各学位评定分委员会将初审结果上报学校学位评定委员会办公室。学位评定委员会办公室同学生工作处、科技园对各学位评定分委员会上报的初审情况进行复核，将毕业生学位授予资格情况汇总。

学位评定委员会办公室召开学校学位评定委员会会议，确定学士学位授予名单，形成决议。

学位评定委员会办公室公示学士学位授予名单、决议，制作并颁发学士学位证书，并将学校每年学士学位授予名单及相关材料按时报黑龙江省学位委员会备案。

学位评定委员会办公室负责每年学位授予率的统计(截止日为每年 8 月 31 日)，具体按照高等院校基本统计报表、高等院校基本教学状态数据库的要求执行。

5.3　毕业去向落实率

学生发展中心将收取的就业材料逐一审核，进行就业核查。学生发展中心将就业数据报主管校领导审核，于 6 月份上报省教育厅，打印报到证。首次派遣后，若部分毕业生进行改派，涉及部分离校未就业、毕业生新就业等情况时，再次形成就业数据经主管校领导审核，于 8 月 31 日形成我校初次毕业去向落实率。学生发展中心负责每年毕业去向落实率的统计上报(截止日为每年 8 月 31 日)，同时按照高等院校基本统计报表、高等院校基本教学状态数据库的要求统计上报。

5.4　用人单位满意度调查

学生发展中心负责制定调查目标及计划，制定用人单位满意度调查问卷，发放并回收问卷。

学生发展中心负责整理、分析问卷各项数据，将学校培养目标、专业设置、学生培养、学风建设等方面意见或建议汇总，拟定用人单位满意度调查报告。

5.5 毕业生就业质量报告

学生发展中心负责搜集就业典型事迹、特色、做法等信息。发放就业满意度调查问卷。根据初次就业情况和毕业后半年(12月底)就业情况，统计、分析、整理各项就业数据。结合毕业生满意度、家长满意度、用人单位满意度，拟定毕业生就业质量报告。

5.6 毕业生中期职业发展年度报告

学生发展中心负责制订毕业生中期职业发展跟踪调查方案。向毕业3年后的毕业生发放问卷，对"职业发展情况""对学校的反馈与建议"等方面开展调研。依据调研数据，分析毕业生职业发展情况，提出合理化建议，形成毕业生中期职业发展年度报告。

5.7 程序不合格的纠正和预防

本程序实施过程中出现的不合格因素，按《不合格管理程序》处理，由检查小组负责人或部门负责人通知有关部门和学校全面质量管理办公室，按《纠正和预防措施管理程序》予以改进。

6 支持性文件
6.1 毕业生就业服务管理程序
6.2 齐齐哈尔工程学院学士学位授予工作暂行实施细则
6.3 齐齐哈尔工程学院学位评定委员会章程
6.4 齐齐哈尔工程学院学生学籍管理规定

7 相关记录
7.1 高等院校基本统计报表
7.2 高等院校基本教学状态数据库
7.3 毕业生就业质量报告
7.4 毕业生中期职业发展年度报告
7.5 用人单位满意度调查报告

8 工作流程

略。

1 目的

明确风险和机遇事件的识别方法、途径，风险和机遇事件的评估方式，制定主要风险和机遇事件的应对措施的评价要求，评价措施的有效性。

2 范围

本程序适用于在质量管理体系活动中，针对风险和机遇的应对方法及控制要求，提供操作依据。

3 定义
3.1 风险

在一定环境下、一定限期内客观存在的、影响目标实现的各种不确定性事件。

3.2 机遇

有正面影响的条件或事件，包括某些突发事件等。

4 职责
4.1 管理者代表

负责提供风险管理所需的资源，包括人员资格、必要的培训材料、信息获取渠道等；负责确定风险可接受的准则方针，并按制定的评审周期对风险和机遇管理进行评审。

4.2 全面质量管理办公室

负责建立风险和机遇应对控制程序，并进行维护。按本文件所要求的周期组织实施风险和机遇的评估，落实跟进风险和机遇评估中所采取措施的完成情况和措施的有效性。

4.3 招生办

负责社会需求及生源变化方面的风险和机遇评估，制定相应的措施并落实执行以规避或者降低风险。

4.4 总务处

负责校舍或设施的新、修、改、扩等方面的风险与机遇评估，制定相应的措施并落实执行以规避或者降低风险。

4.5 教务处

负责投入新的教学方法、新的教学项目，以及设置新专业及专业方向(含校企合作)等方面的风险与机遇评估，制定相应的措施并落实执行以规避或者降低风险。

4.6 监察室

负责法律法规及其他要求的变化方面的风险与机遇评估，制定相应的措施并落实执行以规避或者降低风险。

5 工作程序
5.1 风险和机遇管理策划

为全面识别和应对各部门在教育教学及其管理活动中存在的风险和机遇，各部门应建立识别和应对风险和机遇的方法，确认本部门存在的风险，并将评估的结果记录在《风险和机遇评估分析表》中。在风险和机遇的识别和应对过程中，责任部门应对可能存在的风险进行逐一的筛选识别，应识别包括但不限于以下方面的风险：
  a) 会违反法律法规或其他要求的；
  b) 会导致相关方的合理投诉或高度关注的；
  c) 会造成学校质量管理体系严重缺失的。

5.2 建立风险/机遇管理团队

风险识别活动的开展应是一种团体活动，各部门进行风险识别和评估之前，应建立一个风险和机遇评估小组，管理者代表应授权赋予该风险和机遇评估小组以下职责：
  a) 组织实施风险和机遇的分析和评估；
  b) 制定风险和机遇应对措施并落实执行；
  c) 编制风险管理计划；
  d) 组织风险措施的实施效果验证。
在"风险和机遇评估小组"中，管理者代表应指派一名人员作为该小组的组长，负责规划和安排风险和机遇的识别和应对的控制。

5.3 风险管理计划

评估小组组长应策划风险管理计划并编制《风险管理计划表》，指导实施风险识别和风险评估，以及规定风险的可接受性准则，编制《风险管理计划表》时，应包含但不限于以下内容：

a) 职责和权限的分配；

b) 风险管理活动的评审要求；

c) 风险的可接受性准则，包括危害概率不能估计时的风险的可接受性准则；

d) 验证活动；

e) 有关教育教学及其管理活动的信息收集和评审活动。

5.4 风险评估

对已识别的风险的严重程度和发生频度进行评价，先根据风险的严重程度和发生频度确定风险系数，之后根据风险系数确定风险应对措施。

5.4.1 风险的严重程度评价准则

风险的严重程度用于评价潜在风险可能造成的损害程度，潜在风险可能导致各方面的影响以及危害。为便于识别风险带来的危害，对风险的严重程度进行区分，一般将其分为以下五类：非常严重、严重、较严重、一般、轻微。严重程度判定过程中，当多个因素判定的严重程度不同时，应遵循从严判定原则，即当多个因素中仅其中一个或部分因素的严重程度级别更高时，依据严重级别高的因素进行判定。

5.4.2 风险的发生频率评价准则

风险的发生频率是指潜在风险出现的频率，为便于识别和定义，将风险的发生频率定义为 5 级，分别是：极少发生、很少发生、偶尔发生、有时发生、经常发生；发生频率的判定过程中，当一个或多个因素在判定过程中发生频率不同时，应遵循从严判定原则，即当多个因素中仅其中一个或部分因素发生得较为频繁时，依据发生频率较高的因素进行判定。

5.4.3 风险的可接受准则

风险可接受准则使用计算得出的风险系数来判定风险是否可接受，首先对风险的严重程度等级和风险的发生频率等级进行评价,进而求得风险系数以确定是否对风险采取措施。风险系数的计算公式如下：

$$风险系数 = 风险严重程度等级 \times 风险发生频率等级$$

5.5 风险应对

各实施部门应对所识别的风险进行评估，根据评估的结果对风险采取措施(风险应对)，从而达到降低或消除风险的目的，风险应对的方法包括：风险接受、风险降低、风险规避。

5.5.1 风险接受

风险接受是指本身承担风险造成的损失。风险接受一般适用于那些造成损失较小、重复性较高的风险，当出现以下情况时可采取风险接受的方法：
a) 采取风险规避措施所造成的成本增加远超出潜在风险所造成的损失时；
b) 面对造成的损失较小且重复性较高的风险；
c) 既无有效地降低风险的措施，又无有效地规避风险的方法时。

5.5.2 风险降低

风险降低指采取措施降低潜在风险所带来的损坏或损失。风险评估实施部门应制定详细的风险降低措施来降低风险。

5.5.3 风险规避

风险规避指通过有计划的变更来消除风险或风险发生的条件，保护目标免受风险的影响。风险规避并不意味着完全消除风险，我们所要规避的是风险可能给我们造成的损失。一是要降低损失发生的概率，这主要通过采取事先控制措施实现；二是要降低损失程度，这主要包括事先控制、事后补救两个方面。

5.5.4 风险管理的监督与改进

风险识别和评估活动用于识别风险并综合考虑对风险应采取的有效措施。当风险系数过高时，应采取措施规避或者降低风险，以减少风险所带来的危害或损失。风险评估实施部门应制定详细有效的措施并予以执行。在制定措施时，应考虑以下方面的内容：
a) 制定的措施应在现有条件下是可执行和可落实的；
b) 制定的措施应落实到个人，每个人要完成的内容应明确；

c) 应指派一名负责人跟进措施的执行进度和效果，确保采取的措施被有效地落实。

5.6　风险和机遇的评审

评估小组应按周期对风险和机遇进行评审，以验证其有效性。风险和机遇的评审应包含以下方面的内容：
a) 风险和机遇的识别是否有效且完善；
b) 风险应对措施的完成情况和进度；
c) 风险对教学和服务的符合性和相关方满意度的潜在影响。

5.6.1　风险和机遇评审的策划

风险和机遇评审应每年度至少实施一次，以验证其有效性。当出现以下情况时，应适当增加风险和机遇评审的次数：
a) 与质量管理体系有关的法律法规、标准及其他要求有变化时；
b) 组织机构、资源配置发生重大调整时；
c) 发生重大教学事故或相关方投诉连续发生时；
d) 第三方认证审核前或其他认为有管理评审需要的情况时；
e) 其他情况需要时。

5.6.2　风险和机遇评审的实施
5.6.2.1　实施前的准备

在风险和机遇评审会议之前，各部门应整理本部门关于风险和机遇评审的资料，包括风险识别(通过风险管理计划实现)、风险评估和风险应对的内容以及风险应对所采取措施的结果等，并对其进行汇总分析。

5.6.2.2　风险和机遇的实施

全面质量管理办公室按策划的要求组织各部门实施对风险和机遇的评审，应保留评审的记录以及评审所确定的决议，包括后续的改善机会。风险和机遇的评审应形成包含但不限于以下方面的内容：风险评估报告、持续改进的机会、剩余风险分析及改进措施。

6　支持性文件
6.1　风险管理计划
7　相关记录
7.1　ISO 9001：2015 版风险分析及其对策报告

7.2　部门风险和机遇应对措施和评审表

7.3　风险和机遇应对措施和评审表

8　工作流程

略。

1　目的

为保证学校办学水平与质量，达成学校年度绩效目标，有效策划、实施、控制管理方案，特制定本程序。

2　范围

适用于学校办学核心目标、指标及管理方案的制定、更改和实施。

3　定义
3.1　目标

制定的所要实现的总体目的。

3.2　指标

为实现目标所需规定并满足的具体的绩效要求。

3.3　管理程序

为实现目标、指标而制定的具体步骤与方法。

4　职责
4.1　最高管理者

负责目标、指标及管理方案的批准和颁布。

4.2　管理者代表

负责审核目标、指标及管理方案；管理者代表适时组织相关人士，对年度目标、指标、方案进行更新与改进。

4.3　全面质量管理办公室

负责组织年度目标、指标及管理方案的制定、修订和保持，并监督和检查目标、指标及管理方案的实施。

4.4 各部门

负责年度目标、指标及管理方案的实施与达成。各部门的目标和指标应体现学校和上级主管部门的目标和指标在本部门的分解与展开，应包括相关部门对本部门的要求，以及本部门主要业务过程的绩效考核指标。

5 工作程序
5.1 工作原则

管理者代表在组织规划或修订年度绩效文件中的目标、指标、(管理)方案时，应遵循以下原则：

a) 以质量方针为框架和规划原则，体现和支持质量方针；

b) 年度绩效目标应尽可能量化。若确实不便于量化，则应明确规定达到目标不同阶段的具体准则；

c) 具有可行性，经过一段时间努力可实现；

d) 考虑可选技术方案、财务、运行和经营要求；

e) 了解相关方的关注焦点和观点。

5.2 修订年度绩效文件的条件

在以下时机，应规划制定或修订年度绩效文件中的目标、指标、方案：

a) 以年度为周期设定目标和指标，必要时也可以设定当年阶段性的目标和指标；

b) 修订更新方针后，管理者代表应重新组织规划目标、指标、方案；

c) 管理者代表每年应组织各部门对年度目标、指标、方案系统修订一次；

d) 最高管理者认为需要时，管理者代表应组织更新部分目标、指标、方案；

e) 当学校办学有新变化而产生新的重要影响因素时，相关部门应提出修订相应的年度目标、指标和方案的申请，并提交上报批准。

5.3 影响年度绩效文件制定的因素

制定年度绩效文件时应考虑下列情况：

a) 有关教育法律法规的要求；

b) 质量方针的要求；

c) 因素评价结果的记录；

d) 审核、评估指标要求；

e) 方案的可行性；

f) 相关方要求。

5.4 编写年度绩效文件中要考虑的要素

a) 环境管理对象；

b) 目标、指标；

c) 达成目标、指标的具体时间、实施方法；

d) 责任部门、责任人。

5.5 目标、指标和管理方案的展开、实施和评审

a) 每月各部门对本部门目标、指标和管理方案的实施和达成情况进行一次评估，并针对目标的达成状况进行必要的评价。通过《目标达成状况记录表》《目标未达成的原因分析、对策和效果确认表》予以实施和记录；

b) 各部门目标完成情况应报告全面质量管理办公室进行评审。

6　支持性文件

6.1　文件管理程序

6.2　管理评审程序

6.3　年度绩效目标管理方案

6.4　风险和机遇管理程序

6.5　不合格管理程序

6.6　年度目标指标及考核办法

7　相关记录

7.1　年度目标方案制订记录表

7.2　目标达成状况记录表

7.3　目标未达成原因分析、对策和效果确认表

8　工作流程

略。

1　目的

　　选择和使用统计技术，简洁明了且直观地反映质量问题和各种数据绩效报表，以证实质量管理体系的适宜性和有效性，并评价在何处可以持续改进质量管理体系的有效性。

2　范围

　　适用于过程控制、服务最终考评和信息反馈方面的绩效分析与评价。

3　定义
3.1　绩效

　　关于实体的事实数据。

3.2　客观证据

　　证明某事物存在或真实性的数据。

4　职责
4.1　数据的监视和测量

　　各部门应安排专人按规定监视、测量有关数据。

4.1.1　学校办公室

　　a) 审核过程异常、顾客投诉、第二方、第三方等方面的数据；

　　b) 负责监视与测量质量管理体系内部审核、管理评审、第三方审核的数据，以及质量目标与指标达成等方面的数据。

4.1.2　全面质量管理办公室

　　负责监视与测量让利益相关方满意的数据，包括：

　　a) 监测质量目标、环境目标的达成状况；

　　b) 监测学生、其他受益者满意度调查结果数据；

　　c) 监测内部审核结果、管理评审结果。

4.1.3 教师发展中心

组织有关部门按《知识能力提升管理程序》的要求，对统计技术的应用方法实施培训和评估。

4.1.4 其他部门

负责监视与测量本部门质量、环境目标，以及与之相关联的相关方意见的数据；监测过程及其变化趋势，相关方的意见、投诉；等等。

4.2 数据收集的方法与时机

针对质量方面的数据，各部门按规定的频率将统计的质量数据交全面质量管理办公室，由全面质量管理办公室形成《年度质量目标达成状况统计表》，向管理者代表及其他相关人员报告质量现状及其目标达成情况。

5 工作程序
5.1 常用统计方法
5.1.1 排列图

通过绘制排列图，找出不合格的项目和类别，以便对该项目和类别进行分析，采取措施。

5.1.2 因果图

通过因果分析，找出影响工作质量的原因，以便对起主导作用的因素进行分析。

5.2 数据的来源
5.2.1 外部来源

a) 政策、法规、标准等；

b) 地方政府、机构检查的结果及反馈；

c) 生源趋势，新服务、新技术的发展方向；

d) 相关方(如学生、供方等)的反馈及投诉等。

5.2.2　内部来源

a) 日常工作，如质量目标完成情况、服务考评记录、内部质量审核与管理评审报告及体系正常运行的其他记录；

b) 存在、潜在的不合格，如质量问题统计分析结果、纠正预防措施处理结果等；

c) 紧急信息，如突发事故等；

d) 其他信息，如老师建议等。

5.3　数据搜集和统计

a) 数据收集可采用整理(已有的记录、书面资料)、面对面交流、电子媒体联络等方式。

b) 其他职能部门根据各项业务的需要，正确地选择统计工具并运用。

5.4　数据的收集、分析与处理
5.4.1　数据的收集、分析与处理时应统计的信息

a) 学生满意和(或)不满意程度；

b) 服务满足学生需求的程度；

c) 过程、服务的特性及发展趋势，包括采取预防措施的可能性等；

d) 供方的信息等。

5.4.2　外部数据的收集、分析与处理

a) 全面质量管理办公室负责《学生满意程度调查表》或网络评教工作信息的收集、分析，并负责将数据传递到相关部门；对出现的不合格项，执行《不合格管理程序》；

b) 政策法规类信息，由党政办公室及相关部门收集、分析、整理、传递；

c) 教务处及其他教学单位应积极与学生进行沟通，以满足学生需求，妥善处理学生的投诉，执行《不合格管理程序》的有关规定。

5.4.3　内部数据的收集、分析与处理

a) 全面质量管理办公室依照相应规定传递质量方针、质量目标、管理方案、内审结果，以及更新的法律法规、标准等信息；

b) 各部门依据相关文件规定，直接收集并传递日常数据，对潜在的不合格项，执行《不合格管理程序》；

c) 紧急信息由发现该类信息的部门迅速报告全面质量管理办公室，必要时报管理者代表。

6　支持性文件

6.1　文件管理程序

6.2　不合格管理程序

6.3　持续改进管理程序

6.4　知识能力提升管理程序

7　相关记录

7.1　质量分析表

7.2　学生满意程度调查表

7.3　年度质量目标达成状况统计表

8　工作流程

　　无。

1 目的

评价与验证质量管理体系是否符合质量规划，是否能保证运行结果要求，是否符合标准的要求，以及质量管理体系的要求是否被有效地保持、实施和改进。

2 范围

适用于学校质量管理体系内部审核的校正与控制。

3 定义
3.1 内部审核

内部审核是组织自身对所策划的体系、过程及其运行的符合性、适宜性和有效性进行系统、定期的审核，覆盖所有部门和过程，从输入、资源、活动、输出着眼，包含(但不限于)人员、技术、设备、材料、方法、环境、时间、信息及成本等多个要素，得出质量管理体系是否具有符合性、有效性、适宜性的评价结论。

3.2 要求

明示的、必须履行的需求或期望。

3.3 符合

满足要求。

3.4 不符合

未满足要求。

4 职责
4.1 管理者代表

策划质量管理体系的内部审核，提供审核所需的资源(包括人力、财力和物力等)，批准《年度内部审核计划》和《审核结果报告》；对内审工作进行监督、检查、协调和指导。

4.2 全面质量管理办公室

负责编写《年度内部审核计划》和《审核结果报告》；评审纠正措施并使之形成文件；对纠正措施完成情况进行持续跟踪检查。

4.3 各部门

准备和提供与本部门有关的内部审核资料，并负责根据《审核结果报告》中的审核结果对相关程序进行进一步调查、处理以及持续改进。

5 工作程序
5.1 审核计划
5.1.1 审核时间

内审至少每年进行一次。必要时根据学校质量管理体系实际运行情况增加审核次数或改变审核时机，相关的实际运行情况包括：

a) 组织机构、教学实际发生重大变化时；

b) 用人单位要求和相关方需要时；

c) 连续出现重大投诉以及重大事故时；

d) 最高管理者、管理者代表或全面质量管理办公室负责人认为必要时。

5.1.2 审核人员

由全面质量管理办公室组建质量审核(QC)小组。

5.1.3 编制计划

全面质量管理办公室负责编写《年度内部审核计划》，并呈报管理者代表审批。《年度内部审核计划》包括但不限于审核目标、审核时间、审核内容、审核方式等内容。

5.2 审核实施
5.2.1 审核准备

审核前两周内，应由审核组长对内审员进行审核技巧、审核方法以及审核要求方面的培训。使全体参加审核工作的人员认识审核的目的、意义、原则与方法。

5.2.2　审核

内审员根据审核计划来开展审核工作，可通过交谈、提问、审阅文件、观察活动、检查记录等形式，收集审核证据，并予以详细记录。审核小组成员则须按照审核要求认真审核并记录，填写《审核过程记录表》。

内审员应对审核项目与内容作出符合、不符合、严重不符合的结论，并如实上报给审核小组组长。对于发现的不符合事项，还应请受审方代表确认。

5.3　审核评价与反馈

内审结束后，审核组长主持召开审核总结会议，会议内容包括：审核组长说明本次内审的实施情况；向与会者报告审核结果以及审核中存在的问题；管理者代表对本次内审实施情况作总体评价。

审核结束两周内，由全面质量管理办公室编制《审核结果报告》，报告内容包括：审核依据、目的、范围、纠正预防措施、情况分析、分发范围，交管理者代表，经管理者代表批准后，分发各相关部门，并列入管理评审会议的项目内容。

5.4　纠正措施及跟踪验证

纠正符合行为的措施，并跟踪验证纠正措施的实施效果，具体包括：

a) 针对审核中发现的每一项不符合，责任部门必须在一周内作出书面反映，分析原因，详细说明采取的纠正措施和完成期限。经管理者代表批准后，按《不合格管理程序》执行；

b) 审核组长会同审核员，对纠正措施的实施效果进行论证，将处理及整改意见填写在《不符合报告》上；

c) 若责任部门对纠正措施未作出积极反应或没按期整改完成，审核组应加以追查，并向管理者代表报告。

6　支持性文件
6.1　不合格管理程序
6.2　管理评审程序
7　相关记录
7.1　年度内部审核计划
7.2　审核结果报告
7.3　审核过程记录表
7.4　不符合报告
8　工作流程

略。

1　目的

为规范管理评审过程，确保质量管理体系的适宜性、充分性和有效性，以持续满足利益相关者不断变化的需求和期望，不断改进质量管理体系，特编制此程序。

2　范围

本程序用于对学校质量管理体系的评审策划、实施和改进过程的控制。

3　定义
3.1　管理评审

最高管理者适时地评价质量管理体系的充分性、适宜性和有效性，以及判断该体系是否满足使用需求。

4　职责
4.1　管理者代表

负责主持管理评审活动，批准管理评审计划和《管理评审报告》。

4.2　全面质量管理办公室负责人

负责管理评审计划的制订、落实，组织学校协调工作，提出改进建议，编制管理评审报告。

4.3　各部门

准备和提供与本部门有关的评审资料，并负责采取有效措施执行管理评审中提出的改进建议。

5　工作程序
5.1　评审时机

管理评审一般每年至少进行 1 次，间隔期不超过 12 个月。由全面质量管理办公室在下面情况下制订管理评审计划并进行相应的管理评审通知：

a) 学校机构及体制发生重大变化时；

b) 外部环境发生重大变化，与方针、目标及质量管理体系不适应时；

c) 第二方或第三方审核发现重大问题，需要学校管理层决定对策时；

d) 内部审核发现重大缺失，必须由学校管理层研讨并决定对策时；

e) 其他影响质量体系运行的重大事项发生时。

5.2 评审计划

全面质量管理办公室于评审前一个月编制《管理评审通知》，经全面质量管理办公室负责人审核后报管理者代表批准，《管理评审通知》的内容应包括：

a) 评审目的、内容、参加评审人员；

b) 准备工作及其要求；

c) 时间安排；

d) 评审范围及重点；

e) 评审依据。

5.3 管理评审的输入

管理评审的输入一般包含但不限于以下内容：

a) 风险和机遇应对措施的有效性；

b) 质量方针及目标的回顾；

c) 管理体系审核结果，包括第一方、第二方、第三方的审核结果与纠正、预防措施的情况；

d) 相关方的反馈，包括相关方满意度的评测结果，及相关方的投诉、相关方需求等重要信息；

e) 过程的绩效和符合性，包括过程的测量监控结果和趋势；

f) 纠正、预防和改进措施的执行回顾；

g) 可能影响管理体系的变化，包括内外环境、法律法规、相关方要求、学校结构、学校的重大改变；

h) 质量手册、程序文件是否需要更改；

i) 年度绩效目标方案执行情况；

j) 改善建议。

5.4 管理评审的输出

a) 质量管理体系及质量管理过程的改进，包括对质量方针、质量目标、学校组织架构、质量管理过程的改进；

b) 与相关方要求有关的改进、对现有的要求符合性的评价，包括是否需要进行相关的服务审核和改进；

c) 对体系的适宜性、充分性和有效性的评价；

d) 对上述评价结果的跟踪措施；

e) 各部门资源的配置、调整；

f) 对管理文件的修改。

5.5　评审的形式

管理评审一般采用会议形式，必要时也可采用现场评审的形式。

5.6　评审步骤

管理评审各环节的工作如下：

a) 全面质量管理办公室于正式管理评审一个月前将经管理者代表批准的《管理评审通知单》分发到各部门，由各部门负责人准备和提供与本部门工作有关的管理评审资料。

b) 全面质量管理办公室于正式管理评审一周前对各部门准备的资料进行收集、整理，制定具体的评审内容。经管理者代表批准后，向有关职能部门发出《管理评审通知单》，明确评审的具体时间、地点、内容。

c) 管理者代表主持管理评审会议，各部门负责人和有关人员根据准备资料对质量体系的适宜性、充分性、有效性进行评审，提出改善意见，并根据所承担的责任提出实施改善的措施方法。

d) 管理者代表对评审所涉及的内容作出评论，主要通过进一步调查、验证等方式。

5.7　评审后的工作

管理评审结束后，编制《管理评审报告》，对报告中提到的问题进行改进、检查并保存记录文件。

a) 全面质量管理办公室负责人根据会议记录编制《管理评审报告》，报告应包括评审的内容及结论；

b) 《管理评审报告》经管理者代表批准后发至各相关部门，管理者代表针对评审中提出的问题，发出《管理评审整改通知单》，要求对问题进行改进，全面质量管理办公室对整改实施情况进行跟踪和验证；

c) 管理评审产生的文件、记录由全面质量管理办公室负责管理和保存。

6 支持性文件

6.1 持续改进管理程序

6.2 文件管理程序

6.3 不合格管理程序

7 相关记录

7.1 管理评审通知单

7.2 管理评审报告

7.3 管理评审整改通知单

8 工作流程

略。

1 目的

通过收集、分析质量管理体系各过程的有关数据信息，对质量管理体系的适宜性和运行有效性进行分析评价，提出持续改进内容和措施，使学校的教育教学运行过程高效与合规，提高学校内部各职能部门的工作的有效性和效率，不断提升学生和其他相关方的满意程度。

2 范围

适用于学校的数据分析和持续改进的过程。

3 定义
3.1 数据分析

有目的地收集、分析数据，使之成为信息的过程。数据分析是质量管理体系的支持过程。

3.2 持续改进

增强能力直到满足要求的循环活动，亦指在满足规定要求的基础上，进一步开展的以提升教育教学水平、提高教学质量、保障教育教学活动高效运行为主要目标的活动。

3.3 专案改善活动

就某项教育工作任务、活动或问题开展系统的规划研究，通过现状调研、科学分析来制定改善措施，对其执行、检讨和控制，以达到预先设定的目标，且使改善方案标准化、制度化的全部活动过程。

3.4 提案制度

为建立并维持一个持续、开放性的沟通渠道，鼓励全校师生、教职工参与教学运行全过程的管理，激发学校全员主动、自发地提出建设性的创意活动。

4 职责
4.1 全面质量管理办公室

负责推进持续改进活动的实施，并对项目改进活动的结果进行评审。

4.2　各部门

负责对本部门的基础数据进行收集、分析并制成报告，促进本部门人员积极参与过程组织、活动安排等服务学生的工作，并寻求工作中的能力的提升与改进，实现对改进过程的实施和对结果的利用。

5　工作程序
5.1　持续改进项目的确立和改进的方式

各相关部门和人员首先针对各项活动和关涉自身利益的各个方面，提出改进项目或改善建议，然后执行。

a) 学校(或各部门)在工作运行中以联合检查或专项检查、学校运行中的抽查(调)取样、工作运行调研(查)等方式进行结果检查，针对不足确定改进项目，并以专案的方式对其进行改善；

b) 相关部门对于教育教学全过程中出现的异常问题，以专案的方式进行改善；

c) 学生或教职人员针对教学、管理、服务、条件、安全等方面自主提出具有建设性且具体、可行的改善建议，以提案的形式进行。

5.2　项目的对象、目标内容

包括但不限于以下内容：
a) 教学质量的提升；
b) 教学方法的改进；
c) 服务能力与服务质量的改进；
d) 安全保障的改进；
e) 管理方式方法与制度的改进；
f) 安全、环境的改进；
g) 教育教学设备条件的改进；
h) 学生活动制度的改进；
i) 教师提升与发展制度的改进；
j) 教师和学生自驱力提升的改进；
k) 其他提质增效、降低成本、提升相关方满意度的改进。

5.3　项目的信息来源

项目的信息来源有以下方面：

a) 学校及各部门通过联合或专项检查获得的数据；

b) 毕业生分析报告；

c) 毕业生、在校生满意度调查报告；

d) 教育教学过程要求和过程比对结果数据；

e) 服务受众、用人单位等相关方提出的服务诉求与反馈；

f) 教育教学人员的经验；

g) 其他诉求信息。

5.4　项目的管理

应确保活动或过程的改进项目得到批准、优化、策划、规定和控制，以满足改进要求，同时应避免权责控制超出范围。

5.5　管理评审

对持续改进的项目及其数据进行汇总，作为管理评审内容，在管理评审会议上进行评审。

6　支持性文件
6.1　管理评审程序
6.2　文件管理程序
7　相关表格
7.1　持续改进计划表
7.2　持续改进报告
8　工作流程

略。

1 目的

为了对质量管理体系有关文件和资料的建立、编写、发布、修改、调整、废除等各个环节进行有效管理控制，确保教育教学服务和质量管理过程中文件使用的适用性、系统性、协调性和唯一性。

2 范围

本程序适用于对学校质量管理体系涉及的文件、来自外部的重要资料文件以及电子文档的控制。

3 定义

3.1 质量手册

按标准要求达成学校所有质量活动的体系化、书面化、文件化的管理文件。

3.2 程序文件

对学校运行各过程制定的操作指引。

3.3 操作文件

某项活动的操作流程、要求等，是程序文件的进一步说明。

3.4 表单记录

质量活动的运行记录。

3.5 受控文件

需要对文件的编制、审核、批准、分发、更改、回收等进行控制的文件，其封面或电子档有蓝色"受控"印章标识(文件更改后应对原文件进行回收处理，即作销毁处理或加盖"作废"标识)。

3.6 非受控文件

不需要全面质量管理办公室进行管控的文件，其封面或页面上无"受控"印章标识(文件更改不需要通知全面质量管理办公室)。

3.7 外来文件

来源于学校之外的、与学校质量管理活动有关的文件(如法律法规、标准、行业规范、公文、相关方要求等)。

3.8　电子文档

电子文档包括 E-mail、U 盘文件、电脑存档资料、ERP 资料。

4　职责
4.1　全面质量管理办公室

a) 负责学校质量管理体系文件的建立、评定、规范、编号，并将结果上报管理者代表批准；

b) 负责文件和资料的统筹管理以及新建、换版、存档等工作，确保发放文件的有效性。

4.2　学校办公室

a) 负责学校各类公文的送审、流转、印发、备案等；

b) 负责外来文件的管理。

4.3　各部门

负责本部门质量文件的编制、审核、修改、会签等工作。

5　工作程序
5.1　文件的分类

a) 质量手册　第一阶文件

b) 程序文件　第二阶文件

c) 操作文件　第三阶文件

d) 记录表单　第四阶文件

e) 外来文件　来自外部的文件

5.2　文件的编号

文件的编号应体现该文件的类别、层别、所属要素，具体编号方法如下：

5.2.1　质量手册编号规则

QIE－QM－2024

　　　　　└─────── 发布年份

　　　└─────── 质量手册

　└─────── 学校缩写

如：QIE-QM-2024 代表齐齐哈尔工程学院 2024 年质量手册。

5.2.2　程序文件编号规则

QIE－QP－XX－XXX

　　　　　　└─────── 流水码如 001、002

　　　　└─────── 部门代码

　　└─────── 程序文件

　└─────── 学校缩写

注：程序文件的流水码为三位数字。

5.2.3　操作文件的编号规则

QIE－WI－XX－XXX

　　　　　　└─────── 流水码如 001、002

　　　　└─────── 部门代码

　　└─────── 操作文件

　└─────── 学校缩写

注：操作文件的流水码为三位数字。

5.2.4 记录表单的编号规则

QIE – WI – XX – XXX

      └────── 流水码如 001、002

     └────── 部门代码

    └────── 记录表单

   └────── 学校缩写

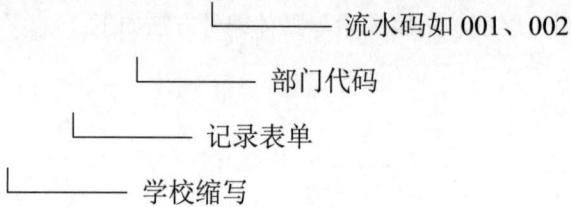

注：记录表单的流水码为三位数字。

5.2.5 部分部门流水码

a) 教务处操作文件和记录表单的三位数流水码：

教学研究：001-099；

排课、教室申请、调停课等：101-199；

实践教学：201-299；

考务：301-399；

教学检查：401-499；

学籍管理：501-599；

实验室管理：601-699。

b) 学校办公室操作文件和记录表单的三位数流水码：

综合管理：001-099；

档案管理：101-199。

c) 全面质量管理办公室操作文件和记录表单的三位数流水码：

质量监控：001-099；

质量管理：101-199；

教学督导：201-299。

d) 教学系操作文件和记录表单的三位数流水码：

机电工程系：001-099；

管理工程系：101-199；

健康与护理系：201-299；

信息工程系：301-399；

建筑工程系：401-499；

基础部：501-599；

思政部：601-699。

e) 外来文件编号 E＋日期作为编号，如 E2021080801 为 2021 年 8 月 8 日收到的第一份外来文件。

5.3　部门代码

部门代码见表5-1。

表5-1　部 门 代 码

NO.	部　　门	代码	NO.	部　　门	代码
1	学校办公室	XB	9	全面质量管理办公室	QZ
2	人事处	RS	10	教师发展中心	JF
3	教务处	JW	11	总务处	ZW
4	学工处	XG	12	保卫处	BW
5	科研处	KY	13	图文信息中心	TW
6	招生办	ZS	14	学生发展中心	XF
7	财务处	CW	15	教学系	JX
8	资产处	ZC	16	继续教育部	JJ

5.4　文件的版本号

文件的版本号由两个部分构成：版本号和修改号。其中版本号由大写英文字母标识，按字母表顺序排序；修改号使用阿拉伯数字标识，按数字顺序排序。当文件的修改号超过 9 后，则从 0 开始编，版本号则升一级。例：A/0 表示 A 版初次制定，A/1 表示 A 版第一次修改……A/9 表示 A 版第九次修改；B/0 表示 B 版的初版(相当于 A/9)……B/4 表示 B 版第四次修改；C/0 表示 C 版的初版，C/1 表示 C 版第一次修改……以此类推。

5.5　文件的编制、审核和批准

各种类型文件的编制、审核和批准由不同部门负责，具体说明如下：

a) 校内公文的编制、审核和批准由学校办公室根据《公文处理管理办法》执行；如公文属于质量管理体系文件，则须按照下面 b)中的要求执行管理；

b) 全面质量管理办公室统筹质量管理体系文件的编制工作：文件要确保清晰，文件的编号和状态要易于查询和识别；文件编制工作各环节负责人见表5-2。

表5-2　文件编制工作各环节负责人

序号	文件级别	编制人员或部门	会签人员	复核人员	批准人员	是否受控
1	质量手册	全面质量管理办公室	部门负责人	管理者代表	最高管理者	√
2	程序文件	部门负责人	相关部门负责人	全面质量管理办公室负责人	管理者代表	√
3	操作文件	相关部门负责人	部门负责人	部门负责人	全面质量管理办公室负责人	

c) 受控文件获批准后，由全面质量管理办公室填写《受控文件清单》，文件增加或作废时要随时更新该清单。

5.6　文件的发放、领用

文件的发放和领用须遵循下面规定：

a) 受控文件由全面质量管理办公室统一发放，旧版文件的作废和管理由全面质量管理办公室负责。

b) 质量手册、程序文件、各部门操作文件，由全面质量管理办公室在学校官网上发布，相关人员可通过电子文档链接进行下载访问。为了防止质量手册、程序文件、操作文件的误使用，在电子版本的首页注明："此文件为最新版正式文件，此文件复印及印刷后属于非受控文件范畴"。

c) 其他文件由编写人根据实际需要，提供文件需求人员(部门)清单，由全面质量管理办公室正式填写《文件发放(回收)记录表》，发放文件上应盖蓝色"受控"印章标识。

d) 文件领用人在《文件发放(回收)记录表》上签名并领取对应分发号的文件。若文件使用人领到的文件不清晰、破损、另有需求或丢失，需要到全面质量管理办公室依照相关手续申请换发或补发，不可私自复印。全面质量管理办公室同时收回破损文件作销毁处理。

5.7　文件的外借、外发

受控文件严禁外借、外发，有特殊需要时须经全面质量管理办公室负责人同意，外发时由经手人在《文件发放(回收)记录表》上备注外借或外发，经手人负责文件的收回和文件的更新跟踪。

5.8　文件的更改

a) 程序文件的更改由全面质量管理办公室负责，填写《文件增减(更改)申请表》，经审批人审批后更改，并在《程序文件清单》中作好记录。

b) 操作文件由各部门自行修改，各部门提出修改意见并填写《文件增减(更改)申请表》，经部门负责人批准后交由全面质量管理办公室，全面质量管理办公室做好文件的回收、更改、发放工作，并在《操作文件清单》中作好记录。

5.9 文件的保存、作废和销毁

文件的保存、作废和销毁规定如下：

a) 与质量管理体系有关的文件，全面质量管理办公室都需要留存一份，统一归档存储。

b) 若文件不适合学校的运行工作，需要作废，申请人填写《文件销毁记录表》，写明作废原因及销毁要求，审批后，全面质量管理办公室负责做好文件收回、销毁工作；对于需保留的作废文件，作好"作废"标识并保存。

c) 失效或过时的文件，一经发现立即由全面质量管理办公室收回并作销毁处理。

d) 外来文件，由文件接收部门确认，若被确认为与质量管理体系有关的文件，已有文号的要登记原文号，没有文号的按要求编号并填写《外来文件清单》，按受控文件要求分发，做好接收、借阅登记，各部门需要跟踪所用行业标准或相关法律法规的更新。

5.10 文件管理评审要求

各部门负责人于每年管理评审文件时，应全面检查本部门使用的各类文件的适用性和有效性，应做到分类明确，查阅方便，发现问题及时处理。

5.11 文件编写说明
5.11.1 文件版式设计说明

文件的版式设计说明如下：

a) 文件封面和页眉版式一律参照《文件管理程序》中的形式(作为范本使用)；

b) 文件采用 MS Word 软件编排，编排采用简体字；

c) 正文文字使用四号宋体；

d) 行间距以 MS Word 软件中 1.5 倍行距为标准，页边距设定为：上 2.54 cm、下 2.54 cm、左 3.18 cm、右 3.18 cm，页面定为 A4 纸面大小。

5.11.2 质量手册的编写说明

按 GB/T 19001—2016/ISO 9001：2015 质量管理体系的要求，排列文件顺序，编订各章节及项目，并明确体现章节内项目所对应的程序文件、操作文件等。

5.11.3 程序文件的编写说明

程序文件的内容结构如下：

a) 目的；

b) 范围；

c) 定义；

d) 职责；

e) 工作程序；

f) 支持性文件；

g) 相关记录；

h) 工作流程。

5.11.4 操作文件的编写说明

操作文件的编写由相关部门视实际需要自行实施(或修订)，以有效表示内容，易于阅读、了解、使用为目的。

5.12 电子文件管理

a) 学校有具体保存要求的所有电子文件，必须由学校办公室定期备份，编目保存，并建立《电子文件备份一览表》；

b) 学校办公室定期对刻录文件进行维护，以免数据丢失；

c) 若需要将相关文件拷贝或制成光盘，由使用部门提出申请，学校办公室负责拷贝或刻录；刻录后应予验证，以免文件丢失；拷贝或刻录的电子文件应登记在《电子文件备份一览表》中；

d) 电子文件的批准、发布和接收应经由学校的 OA 系统，可以追踪记录。

6 支持性文件
6.1 质量手册
6.2 文件管理程序
6.3 公文处理管理办法
7 相关记录
7.1 程序文件清单、操作文件清单
7.2 文件发放(回收)记录表
7.3 文件增减(更改)申请表
7.4 文件销毁记录表
7.5 外来文件清单
7.6 记录管理程序
7.7 电子文件备份一览表
8 工作流程

无。

1　目的

规范学校人力资源管理过程，明确各部门工作职责，保证人力资源管理各项工作顺利进行，提高人力资源管理工作质量。

2　范围

适用于人力资源规划、招聘与配置，以及薪酬管理、绩效管理、劳动关系管理、人事档案管理等人力资源管理的全过程。

3　定义
3.1　人力资源管理

人力资源管理(Human Resource Management，简称HRM)是人事管理的升级，是指在经济学与人本思想的指导下，通过招聘、甄选、培训、支付薪酬等管理形式对组织内外相关人力资源进行有效运用，满足组织当前及未来发展的需要，保证组织目标实现与成员发展水平达到最大化的一系列活动的总称。它是通过预测人力资源需求，作出人力需求计划、招聘选择人员并进行有效组织、考核绩效支付报酬并进行有效激励、结合组织与个人需要进行有效开发以实现最优组织绩效的全过程。

3.2　人力资源管理的六大模块

六大模块包括人力资源规划、招聘与配置、培训与开发、绩效管理、薪酬管理和劳动关系管理。分类目标是诠释人力资源管理的核心思想，帮助组织领导者掌握员工管理及人力资源管理的本质。

4　职责
4.1　人事处

负责制定人力资源规划、招聘与配置、薪酬管理、绩效管理、劳动关系管理、人事档案管理、教师职称评聘等制度；负责事业编制人员管理；负责制定学校各类人员的用人计划；负责编制招聘方案、组织与实施招聘；负责工资体系优化、工资调整、考勤管理、工资制作及发放；负责新聘人员转正考核，干部、事务员、事业编制人员年度考核；负责社会保险缴纳、合同管理；负责人事档案建设及管理；负责组织高校教师资格认定；负责组织教师专业技术职务评审与聘任；负责各类数据统计、填报及各类委员会建设与管理。

4.2　教师发展中心

负责根据实际工作需求对教职工培训需求进行识别，确定不同的培训要求，并形成相应的教职工培训计划；负责按照计划、有组织地进行培训工作；负责组织培训考核、意见反馈和实际工作表现，定期对培训效果进行评估，以改进培训活动。

4.3　学工处

负责编写《齐齐哈尔工程学院辅导员职级工资方案》文件；负责编制辅导员用人计划，组织笔试及面试；负责辅导员岗位配置、辅导员职级审定、考勤管理、工资函件审核、辅导员培养培训、绩效考核、公寓辅导员劳动关系管理等工作。

4.4　教务处

负责编写《齐齐哈尔工程学院实验教学队伍建设与管理办法》文件，负责制订实验教学队伍建设规划，负责组织实验教学队伍技术等级聘任，负责实验教学队伍日常管理、培养培训及考核。

4.5　总务处

负责编写《齐齐哈尔工程学院总务处工资方案》文件，负责编制总务处工勤人员用人计划、组织招聘，负责总务处岗位配置、考勤管理、工资制作与审核、总务处工勤人员培养培训、绩效考核、劳动关系管理等工作。

4.6　保卫处

负责编写《齐齐哈尔工程学院保卫处人员工资计算办法》文件，负责编制保卫处工勤人员用人计划、组织招聘，负责保卫处岗位配置、考勤管理、工资制作与审核、保卫人员培养培训、绩效考核、劳动关系管理等工作。

4.7　图文信息中心

负责编写《齐齐哈尔工程学院图文信息中心馆员绩效工资方案》文件，负责图文信息中心馆员的绩效考核、绩效工资核定。

4.8　用人部门

负责制订本部门用人计划，组织招聘笔试、面试；负责岗位配置；负责考勤管理、工资标准确定及工资审核、培养培训和绩效考核；负责外聘教师的聘任及管理。

5　工作程序
5.1　人力资源规划
5.1.1　学校五年发展人力资源规划

人事处根据《普通高等学校本科教育教学审核评估实施方案(2021—2025 年)》《齐齐哈尔工程学院"十四五"教育事业发展规划(2021—2025 年)》确定专任教师、辅导员数量及结构目标，编制《齐齐哈尔工程学院"十四五"师资队伍建设规划(2021—2025 年)》，交校务工作委员会议定后下发执行。

5.1.2　各部门年度用人计划

各用人部门每年 11～12 月报次年用人计划，填写《XX 部门 XX 年用人需求计划表》交学校人事处，人事处综合全校用人需求，结合学校发展规划制定《XX 年用人需求计划表》，报校务会审批，审批通过后制订年度招聘方案。

5.2　招聘与配置
5.2.1　招聘与录用

人事处每年 12 月撰写次年招聘方案，形成对外发布的《齐齐哈尔工程学院 XX 年招聘公告》，在学校官方网站、各类招聘网站、微信招聘平台等渠道发布，同时将各招聘渠道的使用方法告知各用人部门，人事处和各用人部门共同收集《应聘人员信息表》及相关材料。

收到简历后的 5 个工作日内，用人部门根据《岗位说明书》对应聘者进行资格审核，通知资格审核通过的应聘者准备笔试、面试、试讲；应聘者通过笔试、面试、试讲后，用人部门将通过上述流程的合格应聘者以函件形式报人事处以申请拟聘用，人事处按照招聘制度初审后报主管人事工作的副院长审核；通过拟聘用审核的应聘人员由用人部门通知入职(应届毕业生签订就业协议)，办理入职手续，应聘人员进入试用期管理阶段。

5.2.2　部门之间人员调动

人事处协调全校各部门用人需求，可依据《齐齐哈尔工程学院人员调动管理制度》进行部门之间的人员调动。调动前，调入部门根据《岗位说明书》中的岗位职责和任职资格组织人员能力鉴定，将鉴定结果报学校人事处，调动人员填写《人员调动通知单》并经部门主管领导签字后，报请主管人事工作的副院长审批(必要时，还应报请最高管理者审批)，审批后交由人事处存档。职能部门以外的人员调入职能部门，须经院长批准。

5.3 培训与开发

5.3.1 识别培训需求，编制培训计划

教师可获得的各类培训项目如下：

a) 根据每年财政预算和工作总体部署，编制科学合理的教师培训专项，设计以学校为本的培训(教师教育教学能力提升培训，事务员、工勤人员培训，教师减压、技术赋能培训，新教师培训，教师赴企挂职锻炼，等等)；设计外出参训(国培项目等)以及应用型课程交流与学习专项。

b) 督促全校各部门编制本部门专业知识与技能培训计划。

5.3.2 组织开展培训

培训工作流程如下：

a) 编制、下达培训通知文件、海报；

b) 统计报名情况；

c) 安排培训日程(会场布置、讲师遴选等)；

d) 培训总结。

5.3.3 培训结果运用

将岗位适应能力、教学能力培训等的结果作为确定主讲教师资格、教师专业技术职称评聘考察的条件。

a) 对新聘教师进行岗位适应能力培训，培训结果用于确定新聘教工是否能够参加黑龙江省高校教师资格证考试与认证事宜；

b) 对新教师进行教学能力培训，按照《齐齐哈尔工程学院导师带新师管理办法(修订)》《齐齐哈尔工程学院助课管理办法(试行稿)》要求确定新教师是否具备主讲教师资格；

c) 对于具备主讲教师资格的人员，按照《齐齐哈尔工程学院教师专业发展培训实施细则(试行)》核定考核结果，记入教师业务档案，培训学分作为教师专业技术职称评聘考察条件之一。

5.4 薪酬管理

5.4.1 薪酬制度制定

人事处根据需要修订《齐齐哈尔工程学院薪酬管理办法》，报校务工作委员会审议，审议通过后下发执行。

5.4.2　工资制作前期工作

5.4.2.1　上报课时费和考务费

各部门上报课时费和考务费，每月 25 日前由学校教务处审核签字后统一报人事处。

5.4.2.2　上报工资变动函件、考勤及其他项目

a) 每月最后一个工作日前各部门上报工资变动函件，由人事处处长审核；

b) 各部门在考勤系统中上报考勤，人事处审核，不能在考勤系统中上报的，各部门以纸质形式将《XX 部门人员考勤表》报人事处；财务处审定合并扣税项目，并将相关材料统一交人事处；

c) 学生工作处、图文信息中心、总务处、保卫处等具有独立工资方案的部门自行制作工资表，工资表由部门一把手审核签字后交人事处。

5.4.3　工资表的制作、审核与工资发放

5.4.3.1　工资表制作

每月 1 至 12 日人事处薪酬管理专员制作工资清表：填写《人员工资变动单》，完成考勤核算及扣款并录入工资表，完善工资表岗位级别等相关信息，计算变动金额，交由人事处副处长审核。

5.4.3.2　工资表审核

每月 12 至 13 日薪酬管理专员将工资表导入工资系统，生成税金；将工资表及相关材料送财务处，财务处审核函件、工资变动单与工资表是否一致，核算金额是否准确。

每月 13 至 14 日薪酬管理专员将工资表分发给各部门一把手。部门一把手审核本部门人员工资异动情况。

财务处和各部门在规定时间内反馈意见和建议，薪酬管理专员核对意见和建议后重新录入工资表。

5.4.3.3　工资发放

每月 14 至 15 日薪酬管理专员重新将工资表导入系统生成税金，制作工资发放表，财务处进行工资发放。

5.4.4　月工资发放后续工作

每月 16 至 30 日，人事处制作报送各类财务报表；将工资材料整理存档；进行工资相

关系统维护。

5.5 绩效管理
5.5.1 绩效考核制度制定

人事处根据需要修订和完善《齐齐哈尔工程学院新聘教工试用期转正考核制度》《齐齐哈尔工程学院事务员考核与晋升管理办法》《齐齐哈尔工程学院试聘期满干部考核方案》《齐齐哈尔工程学院中层干部年度考核方案》《齐齐哈尔工程学院师资队伍建设考核方案》，报校务工作委员会审议，审议通过后下发执行。

5.5.2 绩效考核工作实施

新聘教工试用期由用人部门进行考核，试用期满由用人部门提交《新聘教工转正考核表》并上报考核结果，人事处及主管人事工作的副院长负责审定考核结果；事务员考核由用人部门和人事处在每年年底组织，用人部门进行部门考核，人事处组织校园文化笔试考核，综合部门考核结果和笔试考核成绩来确定事务员考核结果；中层干部年度考核由人事处每年年底组织，通过民主测评、干部述职等方式进行，根据考核方案进行分项考核后汇总成绩；师资队伍建设部门考核由人事处组织，分阶段对各师资队伍建设部门进行师资队伍建设数量及质量指标的考核，及时公布考核结果。

5.5.3 绩效考核结果运用

根据新聘教工试用期转正考核结果确定新聘教工是否能够转正并签订劳动合同；将事务员及中层干部年度考核结果作为其晋级晋档、岗位调整、薪酬调整的主要依据；将试聘期满干部考核结果作为学校是否正式聘任该干部、确定干部级别的依据；将师资队伍建设考核结果作为下达师资队伍建设部门干部奖罚及进行年度师资队伍建设考核打分的依据。

5.6 劳动关系管理
5.6.1 签订劳动合同

签订劳动合同相关手续的流程如下：

a) 新聘教工试用期合格后，用人部门出具转正及劳动合同函件报送人事处；人事处人才交流服务专员向新入职教工档案存放单位出具《商调函》，发放《新教工体检通知单》；档案调入且体检合格后人事处为新教工办理合同签订手续；

b) 登录黑龙江省人力资源和社会保障网上服务大厅的合同管理模块，同新增人员签订劳动合同，人社局审批后打印，特殊约定部分打印粘贴，新签合同人员签字按手印；

c) 人事处劳动关系管理专员申请学院用印，审批后盖章；

d) 人事处劳动关系管理专员到人社局盖章备案；

e) 盖章后的劳动合同送学校档案室存档；

f) 需要续签劳动合同的人员，由部门上报申请续签劳动合同函件，经主管人事工作的副院长审批后，由人事处劳动关系管理专员办理相关手续。

5.6.2 五险一金的办理及缴纳

五险一金的办理及缴纳工作说明如下：

a) 劳动合同签订后新教工上交《新教工保险参保信息表》及身份证正反面复印件；

b) 根据新增人员原保险状态制作《保险增减变动表》，提交用印申请，审批后盖学院公章；需要网上办理的业务登录网上系统填写基本信息，上传《保险增减变动表》、合同照片、身份证正反面照片，待审批。网上无法办理的业务，在齐齐哈尔龙沙政务大厅预约后，持增减变动材料、身份证复印件、劳动合同复印件前往大厅办理。特殊业务到市政务大厅及龙沙政务大厅办理。新签人员第一个月养老保险需要在年底统一补缴；

c) 工伤保险、养老保险(企业、事业)、失业保险、医疗保险每月月初各局出台账，核对上月增减变动情况，确认无误后打印缴费明细表，经缴费申请单经办人签字、人事处领导签字后，送交财务处进行划款缴费。每月月底根据《保险增减变动表》的变更，在公积金管理中心网站进行公积金汇缴，汇缴核定后，填写借款单，人事处领导签字后到财务处领支票和进账单，根据支票和进账单到龙江银行办理公积金缴费。医疗保险每月可进行两次缴费，一次在月初为在校职工缴费，另一次在当月为新增人员按照医保局推送的计划办理缴费。

5.6.3 解除劳动合同

解除劳动合同相关工作手续说明如下：

a) 离职人员所在部门需要出具离职停薪函件送交人事处，人事处劳动关系管理专员登录黑龙江省人力资源和社会保障网上服务大厅合同管理模块填写相关信息，提交解除劳动关系备案表，人社局审批后打印；同时填写《解除劳动合同证明书》《关于劳动关系解除及未缴纳相关社会保险情况的说明》，离职人员本人签字并按手印；人事处劳动关系管理专员申请用印，审批后，《解除劳动关系备案表》《解除劳动合同证明书》《关于劳动关系解除及未缴纳相关社会保险情况的说明》盖学院公章，同时到档案室取出离职人员劳动合同(两份)；人事处劳动关系管理专员持《解除劳动关系备案表》到社会保险事业管理局、医保局盖章，再携带以上材料到人社局审批备案后盖章；

b) 离职材料填写完毕后，劳动关系管理专员填写《离职预留保险单》，离职人员持《离职预留保险单》到财务处交预留保险费用；

c) 离职两个月后，若离职人员保险成功办理转个体，需要携带财务处开具的收据到人事处进行清算，再到财务处退款或补缴。

5.7 人事档案管理

人事处根据需要修订和完善《齐齐哈尔工程学院人事档案管理办法》。

5.7.1 人事档案调入

人事档案的管理与员工的人事管理应同步，员工与学校签订劳动合同之前，必须将本人的人事档案调入学校保管。新聘教工试用期转正后，人事处向新入职教工档案存放单位出具《商调函》，存放单位将档案以机要形式邮寄给学校接收。档案接收后由档案管理人员根据档案目录对档案材料进行核对，档案核对无问题后直接归档。如有问题须与原存放单位进行沟通确认，确保人事档案的完整性和真实性。

5.7.2 人事档案材料归档

人事档案材料形成后，由形成材料的部门或个人在 30 日内将其交人事处，人事处档案管理人员负责归档。

5.7.3 人事档案借用

人事档案在个人参军入伍、转正定级、职称申报、养老保险办理、调转提干、评优评先等方面起着凭证、依据和参考的作用。要借用人事档案，由借阅人提出书面借阅申请，申请写明借阅内容、用途及借阅方式，经相关领导审批后，由人事处工作人员与借阅人共同前往档案室进行借阅。

5.7.4 人事档案转出

离职人员在办理离职手续后一个月内需要将本人档案调往档案托管部门或新的工作单位。由档案托管部门或新的工作单位出具《调档函》，人事处工作人员整理并封装档案，根据调档函地址，以机要形式将人事档案转出。

5.7.5 人员电子信息档案录入

教工入职起薪后，用人部门收集《人事系统信息采集登记表》，为新教工向人事处申请工号并申请加入学校人事系统。人事处分配工号，将新教工加入人事系统并通知用人部门信息员督促教工在三个工作日内完善人事系统内的个人信息，用人部门信息员对教工填写及上传的图片资料进行审核提交，完成新教工电子信息录入。

5.7.6　人员电子信息档案更新

个人信息发生更新，由教工本人在信息确定后的三个工作日内将修改提交部门信息员，部门信息员在两个工作日内完成审核。离职人员信息在人事系统内不删除，人事处信息员在离职人员离职当月工资发放后的三个工作日内将在岗状态修改为不在岗(辞职)。

5.8　教师资格认定
5.8.1　明确评审条件及要求

人事处接到省教育厅教师工作处下发的关于开展高校教师资格认定的文件，组织相关人员学习文件内容，明确当年高校教师资格评审条件及要求。

5.8.2　制订校内评审方案

根据上级文件要求，制订校内高校教师资格评审方案。组织申报人员学习、考试及试讲，组织考试及试讲合格者上报评审材料。

5.8.3　校内评审结果公示及上报

将校内高校教师资格评审合格人员名单在全校范围内公示，公示无异议后将名单报省教育厅教师工作处进行评审。按省里统一时间安排开展制证工作。

5.9　教师专业技术职务评审与聘任
5.9.1　国评专业技术职务评审
5.9.1.1　职称评审有关政策的公开要求

应公开国家、省、市、校各级职称评审的相关政策文件，特别是校级申报制度，将其以学校文件形式下发给每位教师。

5.9.1.2　职称评审有关政策的公开原则

1）推荐程序公开

根据相关政策文件要求和上级评审单位要求，制订本校评审实施方案。基本流程是：教师本人向所在部门提出晋升申请，部门进行资格初审；符合条件的教师向学校职称评审委员会递交申请；学校职称评审委员会组织校内评审，并将校内评审合格人员的业绩成果在全校范围内展示。

2）推荐结果公开

校内评审结果在校内范围公示，公示无异议后向上级评审部门提交评审材料。

3) 聘任岗位公开

学校职称评、聘工作应公开，教师专业技术职务申报不受聘任岗位的限制。

4) 评审结果公开

评审结果以函件形式在全校范围内公开。

5.9.2 校聘专业技术职务聘任
5.9.2.1 修订和完善制度

人事处联合教务处、科研处、学工处、创业学院等部门，根据需要修订和完善《齐齐哈尔工程学院教师专业技术职务聘任办法(试行)》。

5.9.2.2 通知发布时间

每年 8 月人事处发布《关于齐齐哈尔工程学院 XX 年教师专业技术职务聘任工作的通知》。

5.9.2.3 组织申报和评审

各部门组织教师申报并进行部门内初审，初审后以函件形式报送《XX 部门 XX 年教师专业技术职务申报汇总表》，人事处联合教务处、科研处、学工处、创业学院等部门进行复审。

5.9.2.4 综合评议

复审结果报齐齐哈尔工程学院人才工作委员会，人才工作委员会对复审结果进行综合评议，将综合评议结果上报校务委员会审议。

5.9.2.5 结果公示

将校务委员会审议的结果予以公示。

6 支持性文件
6.1 齐齐哈尔工程学院"十四五"师资队伍建设规划(2021—2025 年)
6.2 齐齐哈尔工程学院招聘公告

6.3 齐齐哈尔工程学院人员调动管理制度

6.4 齐齐哈尔工程学院薪酬管理办法

6.5 齐齐哈尔工程学院新聘教工试用期转正考核制度

6.6 齐齐哈尔工程学院事务员考核与晋升管理办法

6.7 齐齐哈尔工程学院试聘期满干部考核方案

6.8 齐齐哈尔工程学院中层干部年度考核方案

6.9 齐齐哈尔工程学院师资队伍建设考核方案

6.10 齐齐哈尔工程学院人事档案管理办法

6.11 齐齐哈尔工程学院教师专业技术职务聘任办法(试行)

7 相关记录

7.1 用人需求计划表

7.2 应聘人员信息表

7.3 岗位说明书

7.4 关于 XX 同志以往表现的调查函

7.5 人员调动通知单

7.6 XX 部门人员考勤表

7.7 人员工资变动单

7.8 新聘教工转正考核表

7.9 商调函

7.10 新教工体检通知单

7.11 新教工保险参保信息表

7.12 保险增减变动表

7.13 解除劳动关系备案表

7.14 离职预留保险单

7.15 档案转递通知单

7.16 干部介绍信

7.17 工资转移单

7.18 人事系统信息采集登记表

7.19 教师专业技术职务申报汇总表

8 工作流程

8.1 新进人员报到流程图(见图 1)

8.2 新进人员签订劳动合同流程图(见图 2)

8.3 教职工校内调动流程图(见图 3)

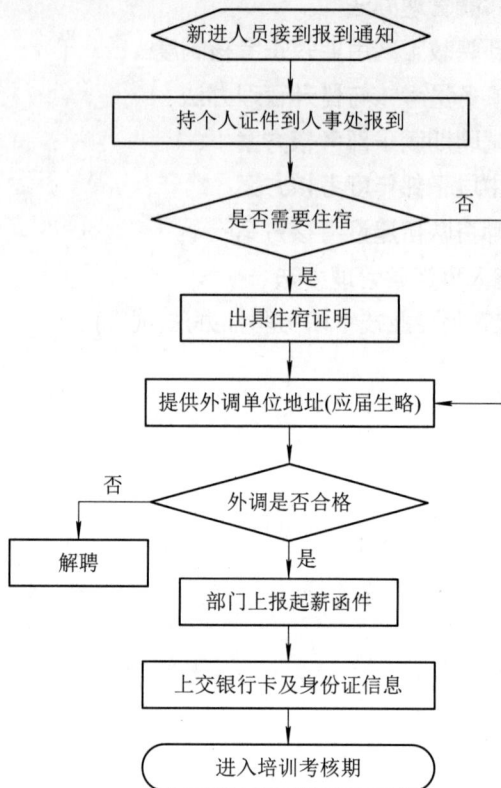

图1　新进人员报到流程图

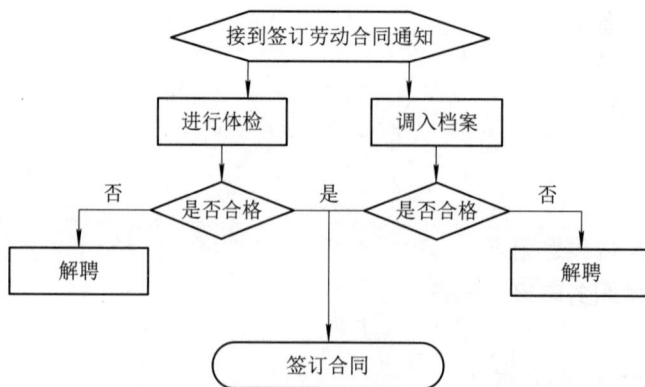

图2　新进人员签订劳动合同流程图

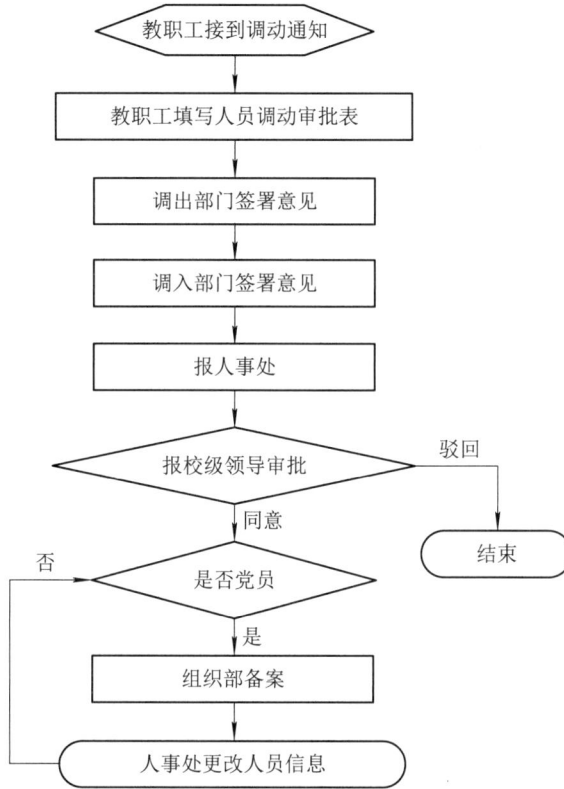

图 3　教职工校内调动流程图

1 目的

评估、选择及控制外部供方，并对教学资源采购活动进行有效控制，确保外部供方提供的教学和服务符合要求，保证教学资源管理的规范化。

2 范围

本程序适用于本学校外部供方，用于对向本学校提供产品和服务的供应商的管理；也用于教学单位对教学资源申购、使用、维护等的管理。

3 定义
3.1 供方

提供产品或服务的组织。

3.2 外部供方

学校外部的供方。

4 职责
4.1 资产处

负责对教学资源进行论证采购、验收入库、过程管理(日常、清查、绩效)、闲置报废的全流程的管理。

4.2 教学相关部门
4.2.1 教学单位

完成部门关于教学资源的论证请购、验收入库、使用及维护、清查、闲置报废等的日常管理，保证教学资源的真实性和完整性。

4.2.2 图文信息中心

a) 完成馆藏图书及教师公费书的采购工作；
b) 每三年开展图书的全面清查等日常管理工作；

c) 完成学校教学信息化建设、网络安全建设。

4.2.3 教务处

a) 完成教学设备的论证、处置审核；
b) 完成师生教材等的论证、请购、验收、发放。

4.2.4 保卫处

完成监控和消防设备设施的安全使用的监管。

5 工作流程
5.1 采购论证
5.1.1 采购论证前准备工作

a) 教学单位调研采购资源的前瞻性、先进性、适用性，提交购置论证报告。
b) 教务处及其他教学设备归口部门审核购置的可行性。
c) 招标办公室组织教学资源的招标采购工作。
d) 判断采购品等级：
——一级(A 类)，影响到服务的关键特性和主要功能的采购品，如教材和实训设备；
——二级(B 类)，影响到服务的一般特性和次要功能的采购品，如实训耗材、办公设施。

5.2 外部供方的选择和评价

a) 对(外部)供方进行选择和评价，根据供货情况选择合格供方，并对其进行动态管理。若因供方提供的采购品质量不过关，服务出现质量问题，应对供方重新复核和评价；若供方不能改进，取消供方资格；

b) 采购教材、实训设备、耗材等，应确认《申购单》、订货合同等文件是否齐全、有效，经确认后组织进货；

c) 资产管理处对提供 A 类采购品的供方进行评价,教务处列出以往长期合作供方的名单，每年对供方进行供货质量、价格、交期、服务、体系开发、质量改进等方面的评价，其中质量系数为 50 分，价格系数为 20 分，交货期为 10 分，服务、体系开发、质量改进系数等各为 5 分。并提供相应的客观证据附在《供方能力评价表》中；

d) 对于初次合作的供方，必须请供方提供样品的试用，在适当时，教务处组织相关人员对供方进行二次审核，并进行二次样品试用，作出对供方的评价；

e) 对评价合格的供方要建立并保存《合格供方名册》。

5.3　采购信息填写

a) 教务处根据采购品情况，填写《申购单》，经部门负责人审核后报送资产管理处进行采购；

b) 实践教学部门根据设备维护、保养和耗材使用情况，填写《申购单》，经部门负责人审核后报送资产管理处进行采购；

c) 教学部门与合格供方签订采购合同或订单，必要时与合格供方签订协议或提出服务要求，采购合同或订单中应包括采购品名称、型号、规格、数量、性能、用途、价格等要求，适当情况下还应包括对供方产品、程序、过程和设备的批准要求，供方人员资格，体系要求，等等。

5.4　采购品验证

a) 教务处及使用单位在进货时，须按照相关规定验证采购品的合格证、质量证明单和技术参数等是否符合要求，验证人在《入库单》上签字，并保存验证记录及相关证据；

b) 当使用部门要求到供方处进行验证时，资产处与供方联系，并协助验证。但不能排除使用部门拒收采购品的可能。

5.5　设备采购绩效管理

a) 完好率考核包含(但不限于)教学设备完好率、教学用房完好率等方面；

b) 利用率考核包括实验室利用率、大型仪器设备利用率以及这些利用率结果对学生实践动手能力提高、学生竞赛能力提升、时效性加强等方面的影响；

c) 每月实地核查设备的利用和完好情况、设备在实验开放课的开出情况；

d) 每半年公示设备的完好率与利用率结果、设备在年末核查记录表中的开出课时；

e) 每季度公示部门考核成绩，最终取累计扣分后的得分。

5.6　设备闲置、报废处理
5.6.1　设备闲置管理

a) 各部门在资产信息化管理平台提交符合学校规定的闲置资产的照片，准确描述资产现状；

b) 资产管理处于每年 7 月份，专项清查、鉴定闲置一年以上的资产，对资产进行报废处置或调配再使用。

5.6.2　设备报废处理

　　a) 提交申请：教学单位将达到(未达到)使用年限、无修复价值的、进行过维修保养且有记录的资产，申请报废；

　　b) 资产鉴定：资产管理处组建不少于三人的待报废资产鉴定小组，每月28日进行逐台鉴定；

　　c) 商家选定：每年11月份，资产管理处按照资产类别，选定报废资产定点收购商家；对于铁类、计算机类等大批量待报废资产，要集中收回到报废资产暂存库，达到出售态势后再集中询价售出。

6　支持性文件

6.1　采购管理程序

6.2　不合格管理程序

6.3　供应商管理程序

6.4　齐齐哈尔工程学院固定资产管理办法(修订)

6.5　齐齐哈尔工程学院资产管理考核办法

6.6　齐齐哈尔工程学院资产验收管理办法(修订)

6.7　齐齐哈尔工程学院公费书刊订阅管理办法

7　记录

7.1　供方能力评价表

7.2　合格供方名册

7.3　申购单

7.4　退换货申请表

7.5　入库单

8　流程图

　　无。

1 目的

规范学校教职工知识能力提升方面的管理，明确各部门工作职责，保证教职工知识能力提升工作的顺利开展，提高教职工知识能力管理的质量，实现为全体教职工赋能以及提高学校管理效能的目标。

2 范围

适用于全体教职工知识能力管理的全过程，包括但不限于教师教育教学能力培养、教师职业发展规划、学校课程文化输出等。

3 定义
3.1 知识能力的内容

知识能力的内容包括态度点、知识点和技能点。态度点是人对事物的评价和行为倾向，具体表现为道德、情感、哲思、审美、批判性思维，也被归纳为人的核心素养；知识点是相对独立的知识的最小单元，属于陈述性知识，解决"是什么""为什么"的问题；技能点是相对独立的技能的最小单元，属于过程性知识，解决"怎么做"和"怎么做得更好"的问题。

3.2 知识能力管理

知识能力管理可以定义为一种创造和转移知识的组织程序。对教职工知识能力提升工作进行管理，是促进教职工专业化发展的重要途径，也是学校提高管理效能的重要手段。

4 职责
4.1 教师发展中心

a) 负责统筹每年各部门的知识能力提升方面的管理工作，根据实际工作需求对教职工培训需求进行识别，并形成相应的教职工培训计划；

b) 负责按照计划、有组织地进行培训工作；

c) 负责组织培训考核，收集意见反馈和实际工作表现，定期对培训效果进行评估，改进培训活动效果。

4.2　各部门

a) 负责配合教师发展中心开展相关培训；

b) 负责组织本门课教职工开展学科专业知识与技能培训。

5　工作程序

5.1　校本培训

5.1.1　识别培训需求，编制年度培训计划

每年调研全校各部门培训需求，并根据每年预算工作总体部署，科学合理地编制教师培训专项，设计校本培训项目，编制年度培训计划。

5.1.2　培训准备工作

按照培训计划，做好设计培训形式、遴选培训讲师、安排培训考核、总结培训成果等准备工作。

5.1.3　组织开展培训

a) 编制、下达培训通知文件、海报；

b) 统计报名；

c) 安排培训日程；

d) 培训总结。

5.1.4　培训结果运用

a) 对新聘教工岗位进行适应能力培训，培训结果用于确定新聘教工是否能够参加黑龙江省高校教师资格证考试与认证事宜；

b) 对新教师进行教学能力培训，按照《齐齐哈尔工程学院导师带新师管理办法(修订)》《齐齐哈尔工程学院助教管理办法(试行稿)》的要求，确定新教师是否具备主讲教师资格；对于具备主讲教师资格的人员，按照《齐齐哈尔工程学院教师专业发展培训实施细则(试行)》核定考核结果，记入教师业务档案，将取得培训学分作为教师专业技术职称评聘条件之一。

5.2　外出培训

5.2.1　审核培训需求

接收培训通知后审核培训项目和项目要求。

5.2.2 开展培训

以成果为导向进行过程管理。

5.2.3 培训结果运用

按照《齐齐哈尔工程学院教师专业发展培训实施细则(试行)》核定考核结果，记入教师业务档案，将获得培训学分作为教师专业技术职称评聘条件之一。

5.3 各部门专业培训

a) 督促各部门编制本部门专业知识与技能培训计划；
b) 每季度检查各部门培训计划执行情况；
c) 年终总结。

6 支持性文件

6.1 质量手册

6.2 人力资源管理程序

6.3 中华人民共和国高等教育法

6.4 中华人民共和国教师法

6.5 关于推动现代职业教育高质量发展的意见

6.6 关于加强高等学校青年教师队伍建设的意见

6.7 关于深化教师教育改革的意见

6.8 关于加强和改进高校青年教师思想政治工作的若干意见

6.9 关于高等学校本科教学质量与教学改革工作的意见

6.10 高等学校教师职业道德规范

6.11 关于加强新时代高校教师队伍建设改革的指导意见

6.12 普通高等学校本科教育教学审核评估实施方案(2021—2025 年)

6.13 黑龙江省普通高等学校青年骨干支持计划实施办法

6.14 黑龙江省普通高等学校新世纪优秀人才培养计划实施办法

6.15 齐齐哈尔工程学院教师专业发展培训实施细则(试行)

6.16 齐齐哈尔工程学院教师培养、培训实施办法(暂行)

6.17 齐齐哈尔工程学院青年教师赴企业(行业)挂职锻炼管理办法

6.18 齐齐哈尔工程学院导师带新师管理办法(修订)

6.19 齐齐哈尔工程学院助教管理办法(试行稿)

7　相关记录

7.1　参训学员报名表

7.2　参训学员汇总表

7.3　学习反思输出单

7.4　助教申请表

8　工作流程

略。

1 目的

贯彻落实《深化新时代教育评价改革总体方案》，结合学校工作实际，建立发展起点的增值评价机制，加强科学研究管理，不断提升教师产学研用能力，提升学校科研水平与服务社会能力。

2 范围

适用于学校科学研究管理的全部过程。

3 定义

无。

4 职责
4.1 科研处

负责制订科研工作规划和计划；完善各项科研工作制度；组织建立并管理教科研团队；组织开展各级各类科研课题的申报、评审、立项以及课题研究的检查、管理和结题鉴定、验收等工作；组织科研成果的统计、鉴定、奖励和转化；实施科研工作奖惩措施。

4.2 财务处

负责科研项目经费、科研团队经费的发放和使用审核。

4.3 各部门

负责本部门科研团队的建立与管理；负责科研项目的立项申请、督查，实现成果转化。

5 工作程序
5.1 科研项目管理

各部门、机构在科研项目管理中的工作职责如下：

a) 科研处负责学校所有科研项目工作的管理，涉及项目的申请、立项、中期检查、结题验收的整个过程，包括确定项目经费的资助额度等；

b) 各部门负责教师科研项目的申报、具体执行和管理；

c) 教科研工作委员会对校级科研项目和纵向科研项目的申报书进行评审和推荐申报；

科研项目的过程管理根据《齐齐哈尔工程学院教科研工作管理办法(修订)》组织实施。

5.2 科研团队管理

各部门、机构在科研团队管理中的工作职责如下：

a) 科研处负责学校所有科研团队工作的管理，涉及团队的申报、立项、中期检查、年度验收的整个过程，包括确定团队经费的资助额度等；

b) 各部门负责科研团队的组建、申报和过程管理；

c) 教科研工作委员会对科研团队的申报书、年度验收书进行评审；

科研团队的过程管理根据《齐齐哈尔工程学院教科研团队管理办法(试行)》组织实施。

5.3 科研经费管理

各部门、机构在科研经费管理中的工作职责如下：

a) 校学术委员会确定科研项目和科研团队的科研经费的资助额度；

b) 各部门对科研经费的使用行使指导、把关职能；

c) 科研处协助财务处对科研经费的使用行使监督、审查职能；

d) 财务处负责科研经费的拨付、审核、报销。

科研经费管理按照《齐齐哈尔工程学院教科研经费使用管理办法(修订)》实施。

5.4 科技成果转化管理

各部门、机构在科技成果转化管理中的工作职责如下：

a) 科研处负责拟订学校有关科技成果转化的政策措施，指导和协调学校各部门开展科技成果转化工作；

b) 科技园负责校内成果信息和社会需求信息的收集、整理等，与相关机构或人士沟通，提供服务，代表学校统一对外处理有关专利事务；

c) 各部门负责科技成果转化；

科技成果转化管理按照《齐齐哈尔工程学院专利管理办法(修订)》《齐齐哈尔工程学院科技成果转化管理办法(修订)》实施。

5.5 学术道德行为规范管理

各部门、机构在学术道德行为规范管理中的工作职责如下：

a) 科研处负责制定学术道德行为规范相关制度，并指导各部门贯彻落实；

b) 党委教师工作部负责受理关于师生学术不端行为的实名举报，须认真调查，给出惩戒建议并将调查报告上报学校师德与学术道德委员会；

c) 学校师德与学术道德委员会下达惩戒决定并执行；

根据《齐齐哈尔工程学院学术规范(修订)》《齐齐哈尔工程学院学术不端行为查处管理办法(修订)》组织实施学术道德行为规范管理。

5.6　科研成果统计、奖励与科研工作考核

科研处和各部门在科研成果统计、奖励与科研工作考核方面的工作如下：

a) 科研处负责制订学校年度科研工作要点，下达科研工作任务，组织科研成果的统计、鉴定、向上推荐申报奖项及奖励；实施科研工作考核和奖惩；

b) 各部门负责制订年度科研工作计划，组织完成科研工作任务，并负责本部门科研成果的统计。

科研成果统计、奖励与科研工作考核根据《齐齐哈尔工程学院教科研工作管理办法(修订)》组织实施。

6　支持性文件

6.1　齐齐哈尔工程学院教科研工作管理办法(修订)

6.2　齐齐哈尔工程学院教科研团队管理办法(试行)

6.3　齐齐哈尔工程学院教科研经费使用管理办法(修订)

6.4　齐齐哈尔工程学院专利管理办法(修订)

6.5　齐齐哈尔工程学院科技成果转化管理办法(修订)

6.6　齐齐哈尔工程学院学术规范(修订)

6.7　齐齐哈尔工程学院学术不端行为查处管理办法(修订)

7　相关记录

7.1　齐齐哈尔工程学院专项科研经费支持项目申请表

7.2　齐齐哈尔工程学院专项科研经费支持项目审核汇总表

7.3　齐齐哈尔工程学院教科研团队申报表

7.4　齐齐哈尔工程学院科研项目立项申报书

7.5　齐齐哈尔工程学院科研项目变更申请

7.6　齐齐哈尔工程学院科研项目结题验收书

7.7　齐齐哈尔工程学院横向课题合同(模板)

7.8　齐齐哈尔工程学院科技成果转化申请登记与审批表

7.9　齐齐哈尔工程学院科研成果统计表

8　工作流程

8.1　科研项目管理工作流程图(见图1)

8.2　教科研团队管理工作流程图(见图2)

8.3　科研经费使用审核流程图(见图3)

8.4　专利申报与管理工作流程图(见图4)

8.5　科技成果转化工作流程图

8.6　学术不端行为查处工作流程图(见图5)

8.7　科研成果奖申报工作流程图(见图6)

8.8　科研考核工作流程图(见图7)

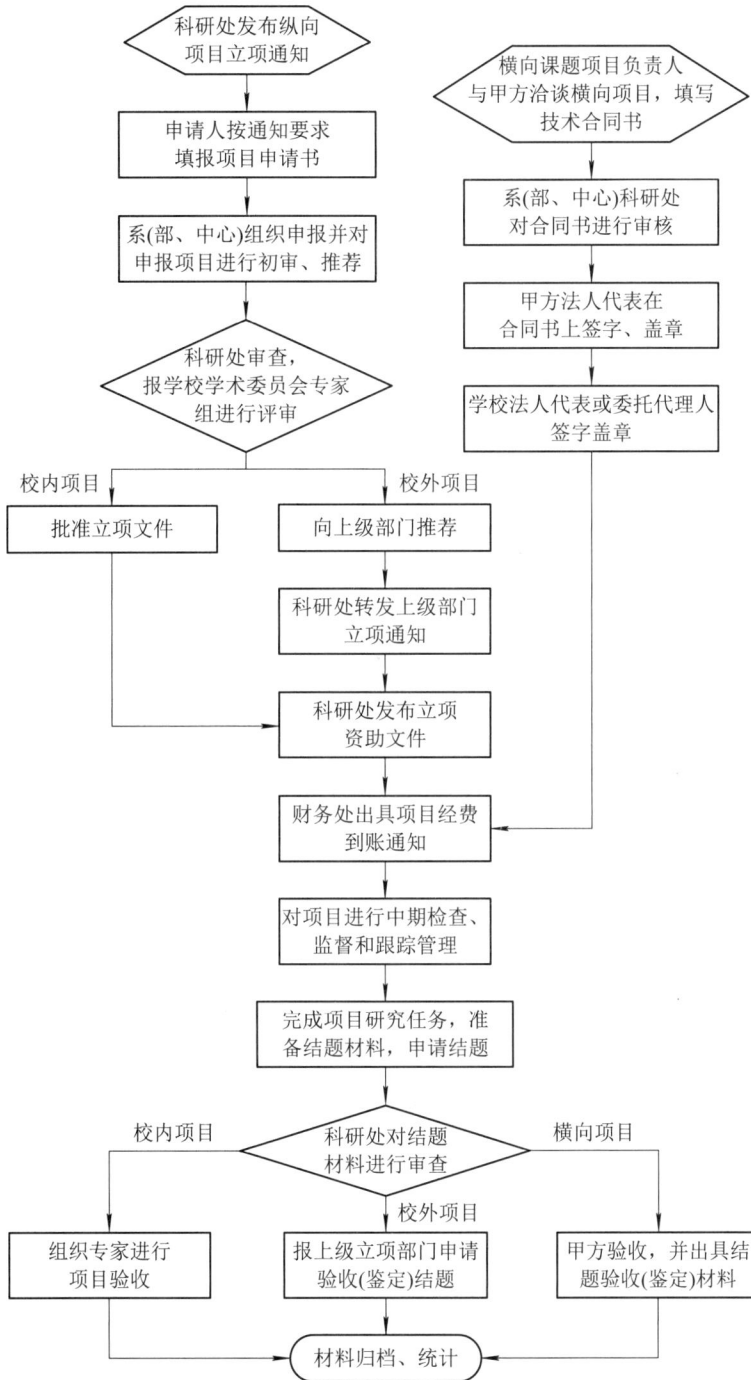

图 1　科研项目管理工作流程图

```
        ┌──────────────────┐
        │  科研处发布校级    │
        │ 教科研团队申报通知 │
        └──────────────────┘
                 │
                 ▼
        ┌──────────────────┐
        │ 系(部、中心)根据通知 │
        │  要求填报申请材料   │
        └──────────────────┘
                 │
                 ▼
   未通过    ╱学校学术╲
 ◄─────────◄ 委员会评审 ╲
            ╲          ╱
             ╲        ╱
 ┌────────┐      │ 通过
 │不予以立项│      ▼
 └────────┘  ┌──────────────┐
             │ 拟立项校级教科研 │
             │    团队公示     │
             └──────────────┘
                    │
                    ▼
             ┌──────────────┐
             │ 学校下达立项建设通知 │
             └──────────────┘
                    │
                    ▼
 ┌──────────────┐  ╱ 系(部、中心) ╲
 │择优推荐上级立项部门│◄─ 组织项目负责人填写 ╲
 └──────────────┘  ╲  建设任务书   ╱
        │            ╲           ╱
        ▼                 │
 ┌──────────────┐         ▼
 │上级部门组织专家评审│  ┌──────────────┐
 └──────────────┘  │ 系(部、中心)对建设项目进行 │
        │          │ 年度考核、监督和跟踪管理  │
        ▼          └──────────────┘
 ┌──────────────┐         │
 │上级部门下达立项通知│         ▼
 └──────────────┘  ┌──────────────┐
        │          │ 学校组织专家组   │
        ▼          │ 对教科研团队考核、验收 │
 ┌──────────────┐  └──────────────┘
 │配合上级部门专家组完成│         │
 │ 教科研团队评审验收 │────►  ▼
 └──────────────┘  ┌──────────────┐
                   │  教科研团队     │
                   │ 验收材料归档    │
                   └──────────────┘
```

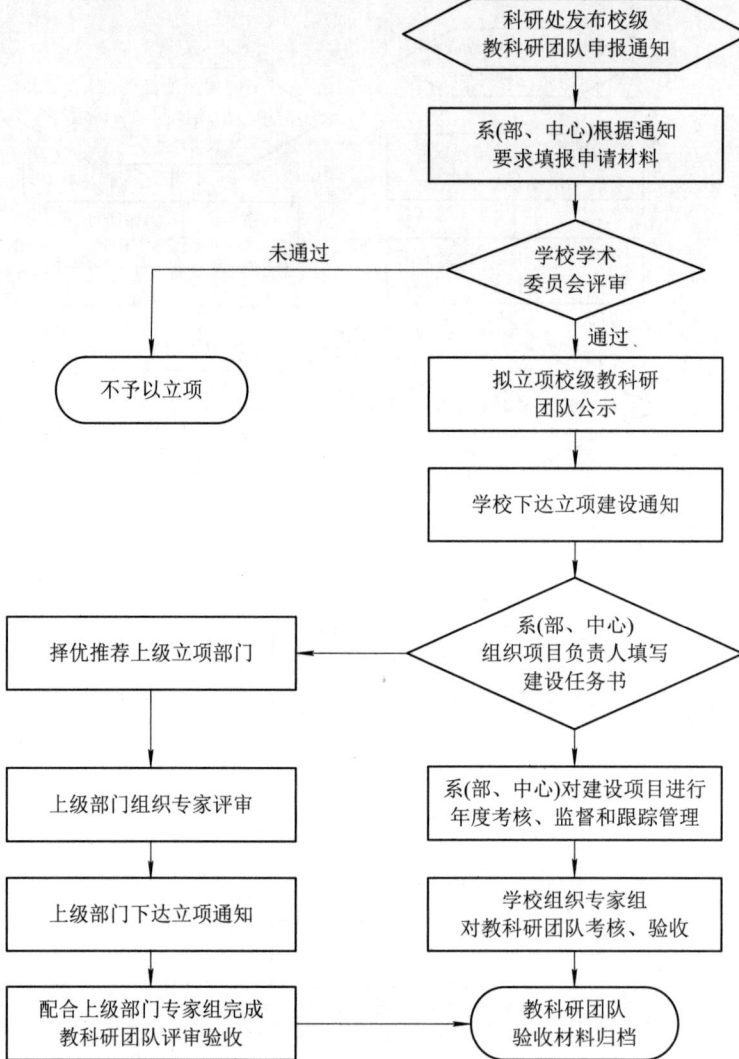

图 2　教科研团队管理工作流程图

```
          ┌─────────────────┐
          │  分类整理、粘贴   │
          │    原始单据      │
          └─────────────────┘
                   │
          ┌─────────────────┐
          │ 财务处主管会计审核票据 │
          └─────────────────┘
                   │
          ┌─────────────────┐
          │ 经办人、课题负责人签字 │
          └─────────────────┘
                   │
          ┌─────────────────┐
          │ 课题负责人所属部门负责人 │
          │     审核、签字    │
          └─────────────────┘
                   │
          ┌─────────────────┐
          │ 科研处处长审核、签字 │
          └─────────────────┘
                   │
          ┌─────────────────┐         是    ┌─────────────────┐
          │    单笔经费      │─────────────→│ 主管科研校领导    │
          │  是否超过一万     │              │   审核、签字     │
          └─────────────────┘              └─────────────────┘
                   │ 否                              │
          ┌─────────────────┐                       │
          │ 财务处进行账务处理 │←──────────────────────┘
          └─────────────────┘
                   │
          ┌─────────────────┐
          │   完成报销业务    │
          └─────────────────┘
```

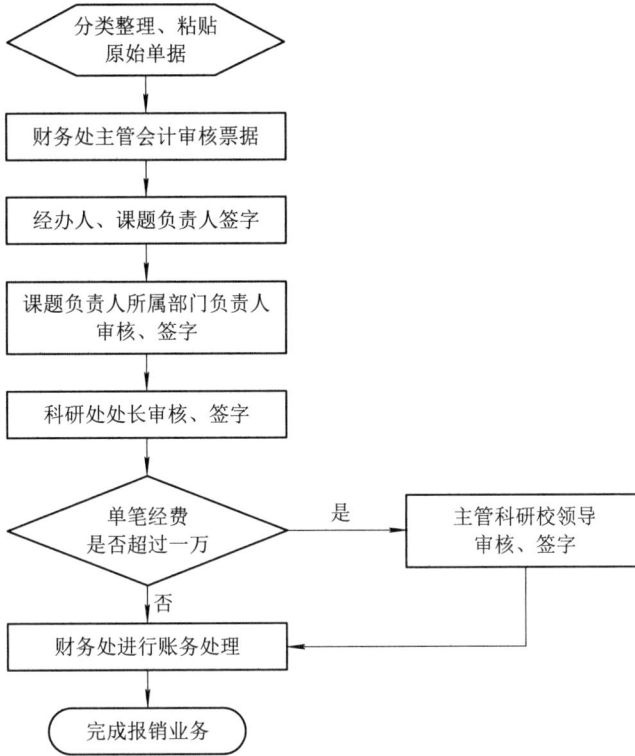

图 3　科研经费使用审核流程图

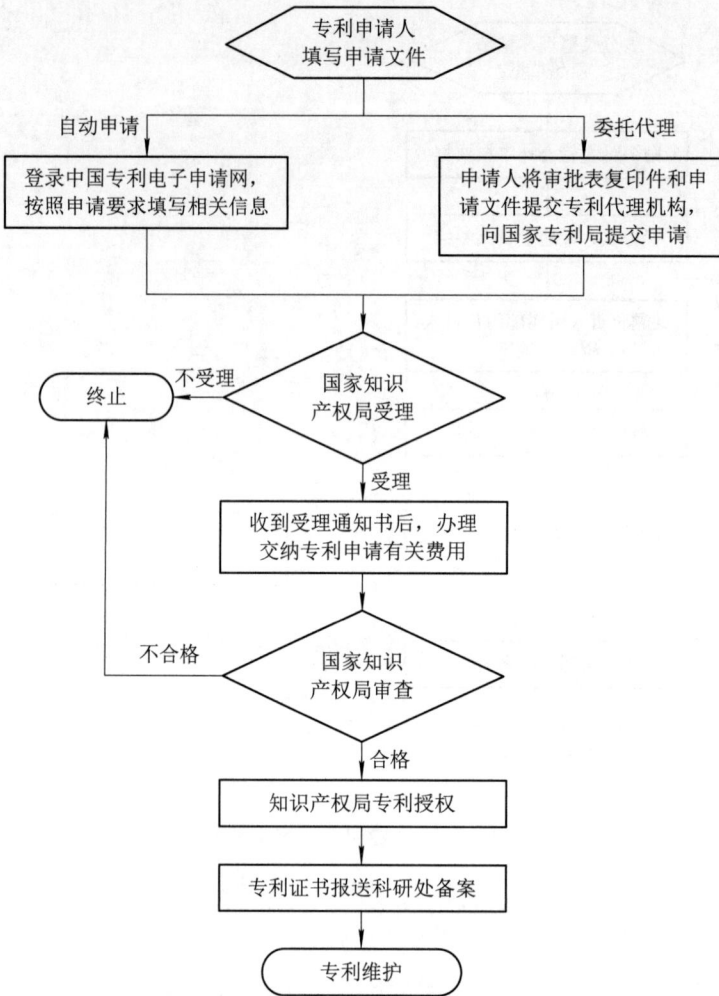

图 4　专利申报与管理工作流程图

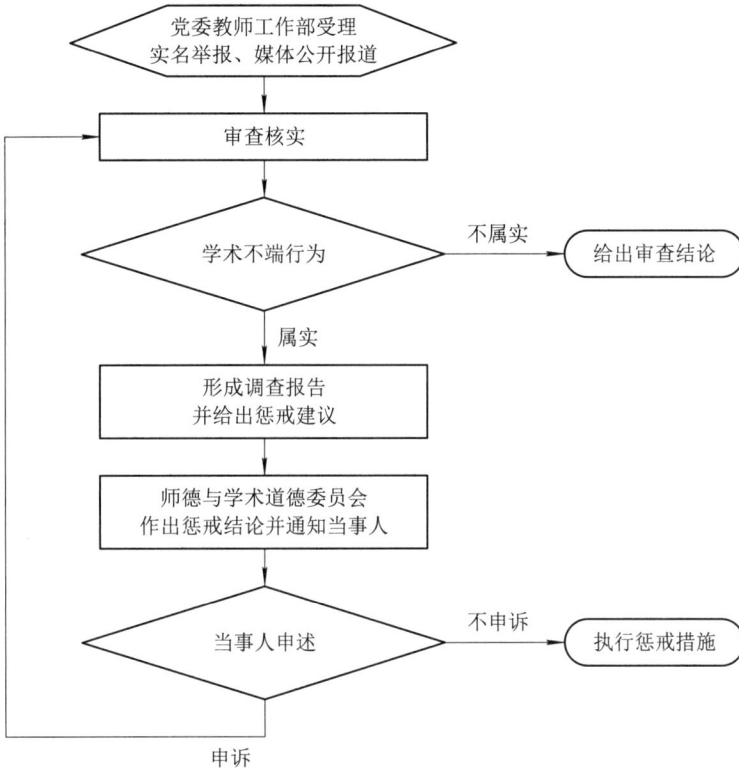	齐齐哈尔工程学院	编号：QIE-QP-KY-XXX
	程序文件	版次：B/0
	科研管理程序	生效日期：xxxx.xx.xx
		第 8 页 共 10 页

```
        ┌──────────────────────────┐
        │  党委教师工作部受理        │
        │  实名举报、媒体公开报道    │
        └────────────┬─────────────┘
                     │
        ┌────────────▼─────────────┐
    ┌──▶│        审查核实          │
    │   └────────────┬─────────────┘
    │                │
    │        ┌───────▼────────┐   不属实   ┌──────────────┐
    │        │  学术不端行为   │─────────▶│  给出审查结论 │
    │        └───────┬────────┘           └──────────────┘
    │                │属实
    │   ┌────────────▼─────────────┐
    │   │     形成调查报告          │
    │   │     并给出惩戒建议        │
    │   └────────────┬─────────────┘
    │   ┌────────────▼─────────────┐
    │   │  师德与学术道德委员会      │
    │   │  作出惩戒结论并通知当事人  │
    │   └────────────┬─────────────┘
    │                │
    │        ┌───────▼────────┐   不申诉   ┌──────────────┐
    │        │   当事人申述    │─────────▶│  执行惩戒措施 │
    │        └───────┬────────┘           └──────────────┘
    │                │
    └────────────────┘
              申诉
```

图 5　学术不端行为查处工作流程图

科研处发布科研成果奖申报通知

申请人按照要求填报成果奖推荐书及相关材料

所属部门对申报材料进行初审、推荐

科研处对申请材料进行形式审查　——未通过——→　取消评审资格

通过

学校学术委员会专家组评审　——未通过——→　不予以授奖

通过

校内　确定科研成果奖项和等级

主管科研校领导审批

公示科研成果奖评审结果　——→　向上级评奖部门推荐

校外

上级评奖部门组织专家评审

上级评奖部门下达评奖结果通知

学校公布上级部门授奖结果

学校按照相关规定给予奖励　←——

获奖材料归档

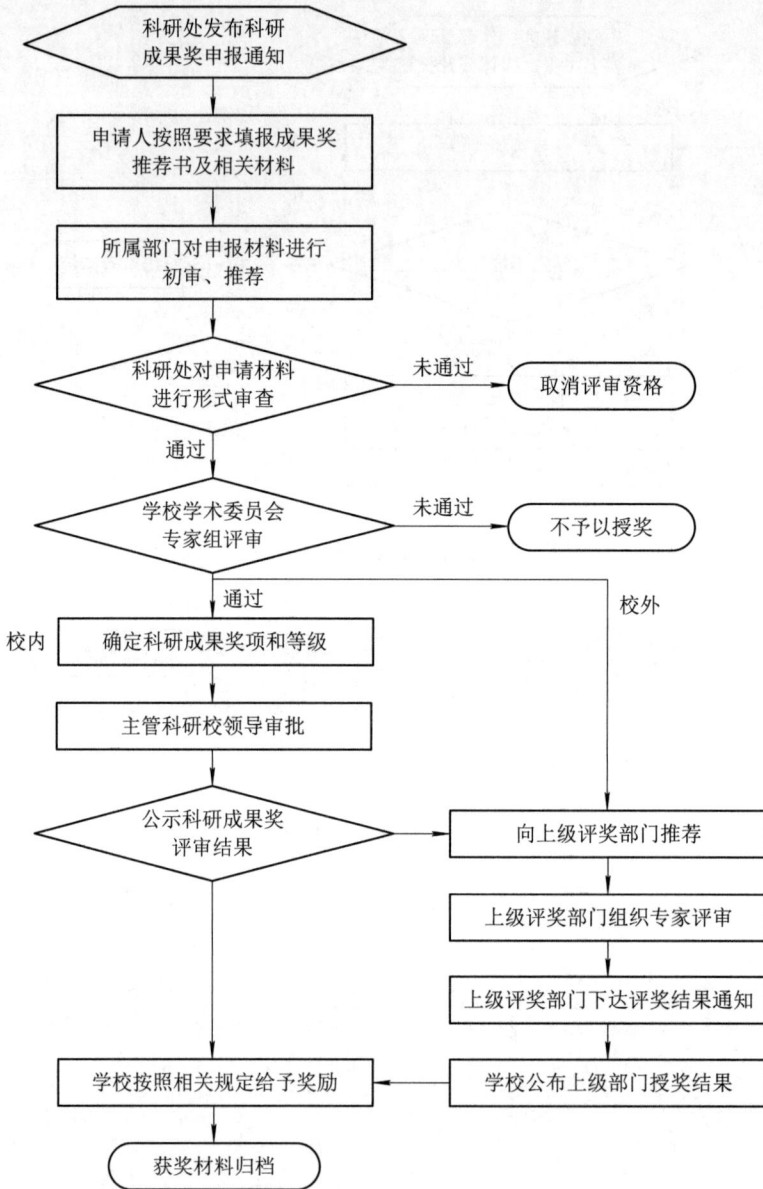

图 6　科研成果奖申报工作流程图

```
            ┌─────────────────────┐
            │      科研处发布       │
            │    科研成果统计通知     │
            └─────────────────────┘
                        │
                        ▼
            ┌─────────────────────┐
    ┌──────▶│    教工按要求填写      │
    │       │《科研成果统计表》并提供佐证│
    │       └─────────────────────┘
    │                   │
    │                   ▼
    │       ┌─────────────────────┐
    │       │   所属部门对材料进行初审  │
    │       └─────────────────────┘
    │                   │
    │  有误              ▼
    └──────◇ 科研处对材料进行审核 ◇◀──────┐
            └─────────────────────┘     │
                        │               │
                     无误 │          有异议 │
                        ▼               │
            ┌─────────────────────┐     │
            │   科研处发布科研奖励及   │─────┘
            │《奖惩统计表》并公示一周   │
            └─────────────────────┘
                        │
                    无异议 │
                        ▼
            ┌─────────────────────┐
            │   科研处出台奖惩文件    │
            └─────────────────────┘
                        │
                        ▼
            ┌─────────────────────┐
            │    财务处协助奖、罚     │
            └─────────────────────┘
                        │
                        ▼
            (      材料归档      )
```

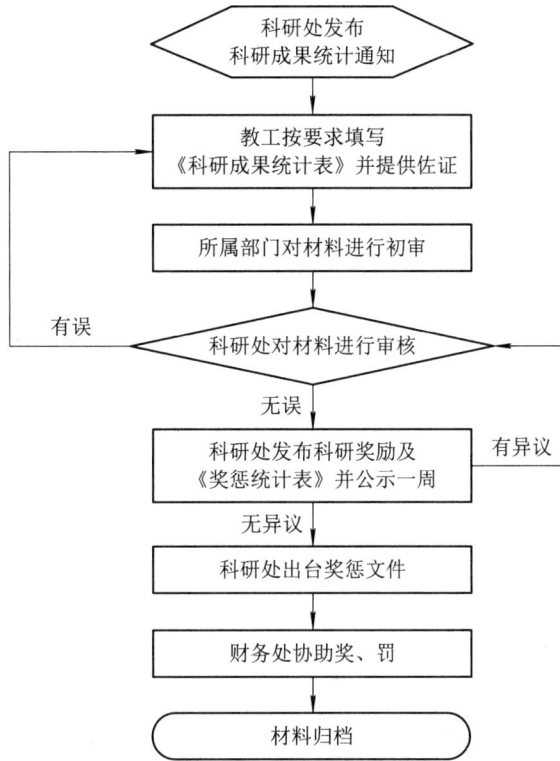

图 7　科研考核工作流程图

1 目的

规范学校对内、对外沟通程序，确保管理体系的内部、外部信息交流的畅通有效，明确各沟通主体的职责，使沟通反馈问题得到有效解决。

2 范围

适用于学校各部门之间、本部门内部以及学校相关部门与校外相关方的沟通。

3 定义

无。

4 职责
4.1 学校办公室

学校办公室负责统筹安排全校沟通工作，负责发布对外公开信息，负责统筹学校内部信息交流，负责接收处理内、外部投诉。

4.2 教务处

负责全校教学工作的计划、运行、检查方面的内部交流。

4.3 学生工作处

学生工作处负责学生在校学习、生活等方面的内部交流。

4.4 学生发展中心

学生发展中心负责在校学生的心理辅导、职业指导、毕业生跟踪调查、校友会筹备等方面的内、外部交流。

4.5 人事处

人事处负责全校人力资源沟通方面的工作。

4.6　全面质量管理办公室

全面质量管理办公室负责学校质量信息、体系运行管理、管理评审等方面的内、外部审核和交流。

4.7　资产管理处

资产管理处负责学校与供应商、发包方、承包方之间的信息交流。

4.8　其他部门

完成本部门的对内常规性沟通和对外临时性沟通。

5　工作程序
5.1　沟通方式

a) 文件：体系文件、通知、通报、报告等；
b) 会议：院长办公会、部门例会、评审会、表彰会、总结会等；
c) 活动：比赛、观摩、竞赛、评比、辩论会等；
d) 口头：电话、访谈、面谈、协商等；
e) 调研：调研报告、现场访谈等；
f) 纸质媒介：书信、邀请函、请假条、留言条等；
g) 网络媒介：办公平台、电子邮件、传真、聊天软件、会议软件等。

5.2　沟通原则
5.2.1　主动原则

沟通负责部门及沟通主体方在沟通中应遵循主动原则，积极获取相关信息。学校各部门及员工有主动配合沟通主体方工作的义务。

5.2.2　互动原则

沟通中遵循互动原则，特别是在跨部门、多部门、对外沟通、流程接口的沟通中，要加强沟通双方的互动。

5.2.3　事前沟通原则

事前沟通以预防为主，若向上级请示，应预留足够时间待领导解决；若向下级布置任务，应事前沟通，避免事后推诿，责权不清。

5.2.4　涉密保密原则

沟通双方对沟通过程、沟通记录、不同沟通方式产生的过程性材料负有保密责任，不得以抄录、拷贝、口传等方式进行传播。

5.2.5　有效沟通原则

沟通主体方运用合适的沟通方式，准确、恰当地表达沟通内容，及时获取沟通对象的反馈，确保沟通内容被有效获知；沟通对象应对沟通内容有明确的认识，并积极反馈，避免无效沟通、反复沟通。

5.3　沟通实施

各沟通主体部门对沟通信息进行统计、分析和评审，落实资源，制定相关措施并由相关部门具体实施。负责部门应对实施的有效性进行验证、评价，并对沟通记录及后续整改记录予以保存。

5.4　沟通反馈

沟通产生的各类信息，如办理进展、投诉、异常信息、合理化建议等，按照反馈内容对应的学校制度进行处理。

5.5　记录保存

沟通主体单位要完整地保存沟通所取得的结果或沟通活动完成及反馈的证据文件，并根据具体内容报送负责部门。

6　支持性文件
6.1　教学管理相关制度
6.2　学生管理相关制度

6.3　行政管理相关制度

6.4　党群管理相关制度

7　相关记录

7.1　会议记录

7.2　活动方案及活动总结

7.3　调研报告

7.4　访谈记录

7.5　书信、邀请函、请假条、留言条

7.6　办公平台沟通记录

7.7　电子邮件、传真

7.8　即时沟通软件截图等

7.9　齐齐哈尔工程学院归档材料移交目录

8　工作流程

　　略。

1 目的

为规范学校采购行为，保证采购项目符合使用需求，明确各部门职责，保障采购工作的有效实施，特编制本程序。

2 范围

适用于货物、工程、服务项目招标采购全过程的组织实施和监督工作。

3 定义
3.1 货物

A 类：教学设备、实验耗材、图书、电子设备、办公家具、学生寝室床等；

B 类：教材、学生服装、学生被褥等；

C 类：一般耗材、办公用品、防疫物资、粮油、劳保用品等。

3.2 工程

A 类：新建项目，包括策划、勘察、设计、监理、施工、装饰装修、附属设备设施等；

B 类：改扩建项目，包括建筑物和构筑物墙体、地面、消防、电气、管网、供暖等；

C 类：维修项目，包括建筑物和构筑物拆除和修缮、道路、绿化等。

3.3 服务

A 类：教学外包，包括录课服务、慕课平台服务等；管理外包，包括校内场地租赁、校办企业管理外包等；

B 类：保险服务，包括学生保险、公务车保险；

C 类：后勤服务，包括校内食堂、超市、保洁、垃圾清运等。

4 职责
4.1 评标委员会

临时组建的采购项目机构，由校务工作委员会、请购部门、监察室(民管委)人员组成，完成项目开标、评标、定标工作，并实施监督，随项目结束撤销。

4.2　资产管理处

a) 制订年度采购计划，发布年度采购需求；

b) 完成采购工作的组织实施、统筹协调和宏观监控；

c) 完成采购合同审查；

d) 完成常规采购项目的复核验收，组织完成联合采购项目，完成重大项目验收；

e) 完成采购项目跟踪反馈；

f) 完成供应商储备和评价；

g) 组织集中管理采购项目：公务车保险、办公用品、耗材等的采购；

h) 组织联合招标采购项目：电子设备、办公家具的采购及其他需联合招标采购项目。

4.3　财务处

a) 完成采购资金来源审批；

b) 完成采购项目投标(履约)，完成保证金的收取、返还；

c) 验收合格项目，支付款项。

d) 请购部门完成项目论证、预算申请、请购申请后，财务处监督项目实施、项目验收、项目付款的组织实施工作。

4.4　基本建设办公室

a) 完成新建工程、改扩建工程的组织实施；

b) 完成工程施工过程监管；

c) 完成工程项目验收。

4.5　总务处

a) 完成后勤保障服务和维修工程项目的组织实施；

b) 完成工程施工过程监督；

c) 完成工程项目验收。

4.6　图文信息中心

a) 完成学校信息化和网络安全建设的组织实施；

b) 完成图文信息中心图书的组织实施；

c) 完成学校电子设备技术参数的论证、制定。

4.7　保卫处

a) 完成校园、楼宇公共区域监控工程的组织实施；
b) 完成校园安全、消防安全工作相关设备、设施的管理维护。

4.8　监察室、民管委

完成采购全过程监督。

5　工作程序

5.1　设备论证审核

a) 每年 12 月至次年 1 月，资产管理处审核各部门《设备购置论证报告》，确定《年度采购预算清单》；
b) 审核重点为现有该资产的可共享度、效益分析等。

5.2　采购计划编制、发布

每年 2～3 月，资产管理处依据学校年度购置预算编制、发布年度采购计划。

5.3　采购申请

a) 年度采购计划内的项目：请购部门提交请购单和加盖公章密封的标底；
b) 预算外的项目：须额外提供《设备购置论证报告》，工程项目除外；
c) 资产管理处审核请购材料，审核合格后立项执行，具体见采购方式划分表 1。

表 1　采购方式划分表

序号	预算金额/万元	采购方式
1	预算≤0.5	自行采购
2	0.5＜预算＜5	询价采购
3	预算≥5 或单价≥1	公开招标
4	特殊情况	单一来源采购
		追加采购

5.4 采购流程

预算≥5 万或单价≥1 万的项目，采用公开招标或竞争性谈判/磋商的方式。经批示，特殊情况可采用询价采购方式。

5.4.1 招标

资产管理处组织招标工作流程：

a) 编制招标公告和文件；

b) 公告公示时间不少于 7 个工作日，不足须院长批示；

c) 通知至少 20 家潜在有效投标人，发布有效招标文件，特殊情况除外；

d) 组建项目评标委员会(建立在线沟通群)，公示采购项目信息，委员会成员包括请购部门、技术人员、监察室、民管委等。

5.4.2 投标

投标人、请购部门在投标环节中的工作：

a) 投标人：在投标截止前递交投标文件和投标保证金；

b) 现场勘查：请购部门负责；

c) 内容澄清：在开标前 3 个工作日，请购部门针对项目内容不清的情况，向资产管理处提出澄清申请，资产管理处将请购部门的澄清申请发给潜在投标人；

d) 内容变更：在开标前 3 个工作日，请购部门因项目内容变更，向资产管理处提交经院长签字批准的变更申请，资产管理处将其发送给潜在投标人。

5.4.3 开标

开标相关工作如下：

a) 资产管理处审核投标人的资质和信用；

b) 资产管理处审核投标资格文件、投标保证金递交情况，利用网络购物平台询价至少 3 家；投标企业数少于 3 家的，项目重新组织；

c)经评委会主任、主管院长、院长签批后，可进行竞争性谈判或议标。

5.4.4 评标

评标工作流程：

a) 评委参加开标会，审核投标文件，提出问题并解答投标人(企业)的提问，根据项目评标方法进行评标；

b) 投标人参加开标会，针对项目中提出的问题，解答评委提问，现场报价；

c) 投标人现场报价均超出标底，项目重新组织；

d) 投标人报价明显低于市场价或成本价，评标委员会有权要求投标人解释或提供佐证，如果投标人的解释或佐证不能支撑或证明其报价合理性，评标委员会有权选择其他中标人。

5.4.5 中标

中标工作流程如下：

a) 评标委员会根据现场报价、投标文件审核结果确定中标人；

b) 评标委员会签署《中标会签单》；

c) 资产管理处公示中标结果，公示期为 3 个工作日；

d) 若中标公示期内收到项目质疑或投诉，资产管理处将质疑或投诉反馈给项目评标委员会进行评议，项目评标委员会将答复反馈给投诉人；

e) 中标人签订《中标通知书》；

f) 资产管理处通知中标人《中标后的 5 个事项》，包括与请购单位对接信息、递交履约保证金、签订合同、明确供货周期、指定验收时间。

5.4.6 弃标

中标人因自身原因弃标，扣除其投标保证金或履约保证金，按供应商管理程序列入黑名单，并予以公示。

5.4.7 签订合同

签订合同相关的工作如下：

a) 请购部门与中标人签订合同，监督中标人履行合同；

b) 中标人在签订中标通知书后，缴纳项目中标总价的 10%，作为履约保证金；

c) 请购部门在中标公示期结束 5 天内与中标人签订合同，并将合同送至资产管理处备案；

d) 资产管理处复核已签订合同。

5.4.8 项目变更、暂停或终止

项目变更、暂停或终止发生的条件如下：

a) 请购部门以函件形式上报评标委员会评议，报院级主管领导审批后执行；

b) 中标人出现不履行合同的行为，限期整改，若存在不合格项目，按合同执行处罚；

c) 中标人因不可抗力或其他客观因素无法履约的，要向学校提出书面变更申请，经评标委员会评议后执行。

5.4.9 验收

由请购部门和资产管理处负责的验收项目如下：

a) 中标人在安装调试完毕后，请购部门自行组织验收，其中校外企业施工工程由基本建设办公室组织验收，将合格的验收材料交至资产管理处；

b) 对于货物和服务类项目，资产管理处负责项目的审核验收；对于校办企业的工程类项目，资产管理处负责项目的复核验收；资产管理处审核验收合格后，请购部门办理入库手续。

5.4.10 付款

请购部门持发票、验收单、入库单办理付款，在验收合格的 5 天内完成付款。

5.4.11 项目跟踪

各部门、机构关于项目跟踪的具体工作：

a) 学校实行集中采购的同时，应建立有效的跟踪和监督机制，增加采购行为过程的透明度和廉洁度。

b) 请购部门执行项目履约、验收、使用过程跟踪；

c) 资产管理处执行采购项目执行情况跟踪、监督项目推进。

5.4.12 项目监督

内、外部项目监督工作如下：

a) 内部监督：监察室及民管委履行采购全过程的监督职责。

b) 外部监督：学校采购项目接受校内部门、供应商、社会法人组织及个人等的监督。

5.5 其他采购方式
5.5.1 询价采购

至少 3 人组成询价小组，到 3 家及以上企业询价，询价材料到资产管理处备案。询价采购分为联合询价采购和自行询价采购。执行联合询价的情况，包括公开招标无法满足项目使用时间、无法提前制订详细实施方案等其他特殊情况，须经请购部门和资产管理处主管院级领导批准后执行。

5.5.2 单一来源采购

单一来源采购的工作流程如下：

a) 请购部门向资产管理处提交经院长签批的单一来源执行材料明细；

b) 资产管理处编制单一来源执行材料明细情况文件并发送供应商；

c) 资产管理处组建评标委员会；

d) 供应商提供投标文件；

e) 资产管理处组织谈判，评标委员会确定中标人，超出预算重新论证或取消招标。

5.5.3　追加采购

追加采购的条件：订立合同后的 6 个月内，采购市场价格上下浮动不超过 10%(请购部门论证)，追加总金额不超过项目订立合同总金额的 50%(特殊情况须经院长审批)；追加采购时，请购部门填写追加单，经财务处、资产管理处、供应商签批后，作为中标、供货依据。

5.5.4　签订合同要求

预算 1 万元及以上项目须签订合同。

5.6　定点采购

办公用品、五金日杂、打印机耗材等需要定点采购的项目，根据采购额度，参照公开招标、其他采购方式执行。

6　支持性文件
6.1　齐齐哈尔工程学院招标(采购)管理办法
6.2　供应商管理程序
6.3　齐齐哈尔工程学院合同审批管理办法(修订)
6.4　齐齐哈尔工程学院资产验收管理办法(修订)
6.5　齐齐哈尔工程学院招投标档案管理办法
7　相关记录
7.1　设备购置论证报告
7.2　请购单
7.3　招投标文件

包括招标公告、招标文件、投标文件等。

7.4　开标、评标、中标材料

包括审核记录、报价单、相关变更记录、《中标会签单》《中标通知书》等。

7.5　采购合同
7.6　验收手续材料

包括验收单、入库单、相关记录等。

7.7 项目跟踪记录表

7.8 项目执行反馈表

7.9 年度采购预算清单

8 工作流程

采购管理流程图(见图1)。

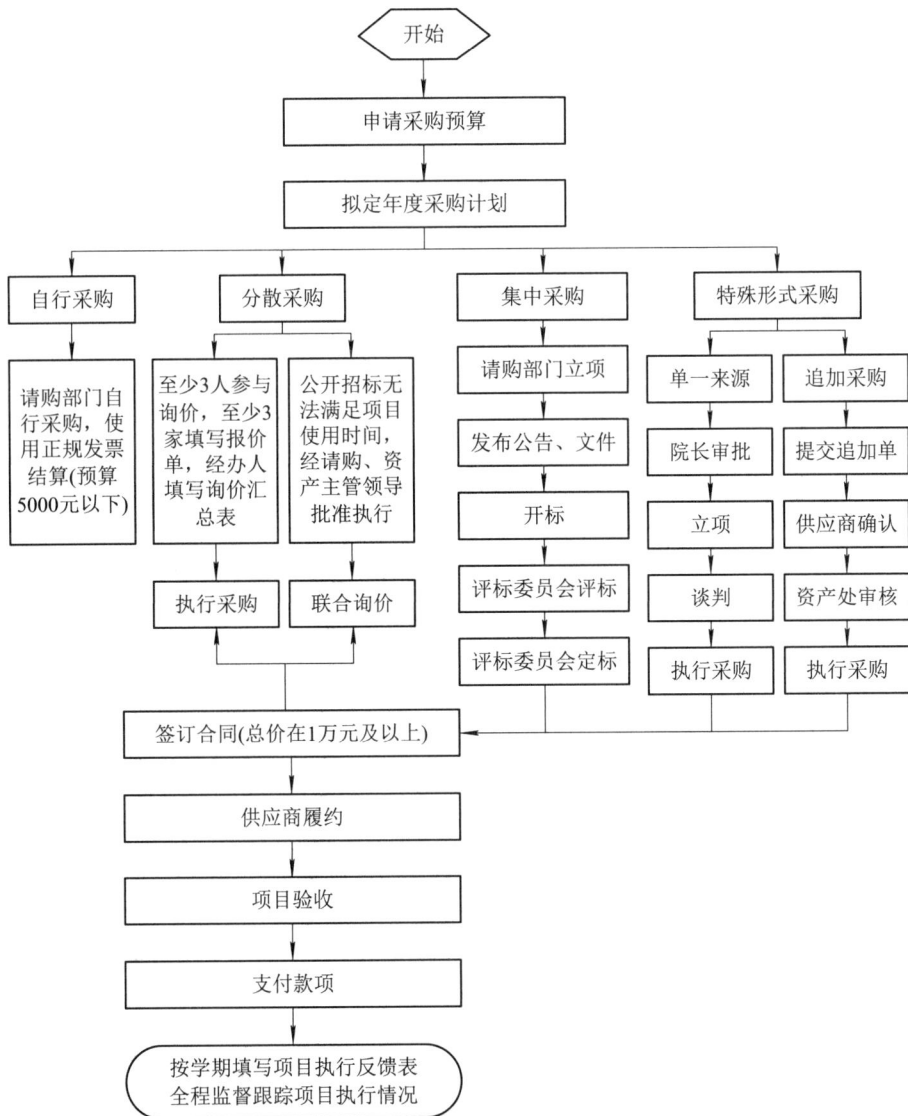

图1 采购管理流程图

1 目的

为规范学校采购业务的供应商管理流程，维护学校的合法权益，实现对供应商的全程监督管理，保证采购质量，提高采购效益，特编制本程序。

2 范围

适用于供应商的开发准入、过程监督、考核评价的全面管理。

3 定义
3.1 供应商

指能向学校提供货物类、工程类和服务类项目的自然人、法人单位或其他组织。供应商分为潜在供应商和合作供应商。

3.1.1 潜在供应商

指符合潜在供应商审核要求的货物类、工程类和服务类项目的自然人、法人单位或其他组织。

3.2.2 合作供应商

指获得采购中标资格的货物类、工程类和服务类项目的自然人、法人单位或其他组织。

3.2 采购部门

指负责组织实施请购、参与评标、执行项目验收、执行项目跟踪等过程的部门。

4 职责
4.1 资产管理处

a) 完成供应商开发准入、出入库管理、考核评价、投诉质疑受理等管理工作；
b) 制止、纠正、查处供应商在招标采购活动中的违法违规和不良行为；
c) 供应商库的建设与考核评价管理。

4.2　采购部门

完成开发潜在供应商、考察供应商、跟踪供应商履约情况和对供应商进行评价反馈等工作。

4.3　监察室

完成供应商质疑或投诉受理，完成评议及答复的全过程监督和检查工作。

5　工作程序
5.1　供应商开发准入
5.1.1　开发渠道

资产管理处与采购部门通过展会、市场、期刊/杂志/广告等渠道，利用网络搜索、网上发布求购信息、主动联络供应商等方式开发供应商。

5.1.2　准入申请

潜在供应商填写《供应商基本资料表》，提供资质相关材料。

5.1.3　准入审核

资产管理处负责了解潜在供应商的基本情况、经营状态、主营业务等信息；资产管理处审核《供应商基本资料表》及提供的资质相关材料，为符合准入条件的潜在供应商建立档案，编入《齐齐哈尔工程学院供应商信息库》。

5.2　供应商过程监督
5.2.1　考察管理

评标委员会主任根据项目采购要求决定是否考察潜在供应商，考察程序如下：

a) 资产管理处负责组织考察潜在供应商，包括但不限于对供应商厂址、生产加工能力、设备设施等的考察；

b) 采购部门及监察室参与潜在供应商考察的全过程；

c) 采购部门填写《供应商考察表》，上报评标委员会，作为评标、定标的参考标准。

5.2.2 投标管理

投标管理工作流程如下：

a) 资产管理处负责审核供应商资格文件，决定其是否具有投标资格；

b) 评标委员审核供应商投标文件和报价，评审确定合作供应商。

5.2.3 履约管理

采购部门负责跟踪合作供应商的履约情况，包括但不限于对供货期、质量、安装调试、使用培训、售后服务等的跟踪；以及负责合作供应商的项目验收工作，将合格验收手续上报资产管理处。

5.2.4 监督管理

各监察部门负责的监督管理工作如下：

a) 资产管理处负责监督合作供应商履约执行情况，协调履约过程中出现的问题，如供货期延迟、安装调试、使用培训等；以及负责合作供应商标的物复核验收工作。

b) 监察室全程监督潜在供应商参与投标、竞价的行为是否符合投标、开标、竞价、定标流程。

5.3 供应商考核评价
5.3.1 考核管理

考核管理工作中各部门的工作内容如下：

a) 采购部门以项目为单位，在项目验收结束后，填写《齐齐哈尔工程学院货物类供应商履约评价表》《齐齐哈尔工程学院工程类供应商履约评价表》《齐齐哈尔工程学院服务类供应商履约评价表》，将货物类、工程类或服务类供应商履约评价报送资产管理处；

b) 资产管理处将采购部门反馈的供应商履约评价按项目类别汇总记录；

c) 资产管理处以项目为单位，对合作供应商从价格、交付、质量、服务等方面进行考核，一年后使用绩效考核；

d) 考核完成后，采购部门应及时处理合作供应商在售后服务等方面出现的响应不及时或其他不良情形，并将相关情况反映至资产管理处并记录在案。

5.3.2 各类别供应商评价管理

资产管理处将供应商考核结果记录在《齐齐哈尔工程学院供应商信息库》，根据得分将供应商按等级分类管理：

　　a) 优秀供应商：考核 90 分及以上的供应商为优秀供应商，连续三次评价为优秀的供应商，在同等价格前提下优先选定为合作供应商。

　　b) 良好供应商：考核 75～90 分的供应商为良好供应商，连续三次评价为良好的供应商，列入合格供应商名单。

　　c) 合格供应商：考核 60～75 分的供应商为合格供应商；若考核后出现售后服务不及时、服务态度差等问题且拒不整改，则列入不合格供应商名单。

　　d) 不合格供应商：考核 60 分以下或出现重大违规行为的供应商为不合格供应商，1 至 3 年内禁止其参与学校同类采购项目或终身禁止参加学校采购，并列入《齐齐哈尔工程学院供应商信息库》中的黑名单。

6　支持性文件

6.1　采购管理程序

6.2　齐齐哈尔工程学院供应商管理办法(试行)

6.3　供应商基本资料表

6.4　供应商评审表

6.5　供应商考察表

6.6　齐齐哈尔工程学院货物类供应商履约评价表

6.7　齐齐哈尔工程学院工程类供应商履约评价表

6.8　齐齐哈尔工程学院服务类供应商履约评价表

7　相关记录

7.1　供应商基本资料表

7.2　供应商评审表

7.3　供应商考察表

7.4　供应商履约评价表

7.5　齐齐哈尔工程学院供应商信息库

8　工作流程

　　供应商管理工作流程图(见图 1)。

多渠道、多种方式
开发供应商

准入申请：潜在供应商填写《供应商基本资料表》并提供资质相关材料

准入审核：资产管理处负责了解潜在供
应商信息、审核《供应商基本资料表》
及资质相关材料

不通过

通过

资产管理处：建立供应商档案，编入《齐齐哈尔工程学院供应商信息库》

考察管理：评标委员会主任将供应商纳入考察名单，资产管理处组织考察潜在供应商

投标管理：资产管理处审核供应商资格，评标委员会评标、定标

履约管理：采购部门负责跟踪合作供应商履约、验收工作

监督管理：资产管理处监督合作供应商履约情况和实施验收工作；监察室监督招标流程

考核管理：采购部门完成合作供应商履约评价；资产管理处完成合作供应商考核

评价管理：资产管理处将合作供应商按等级分类管理

供应商等级评定

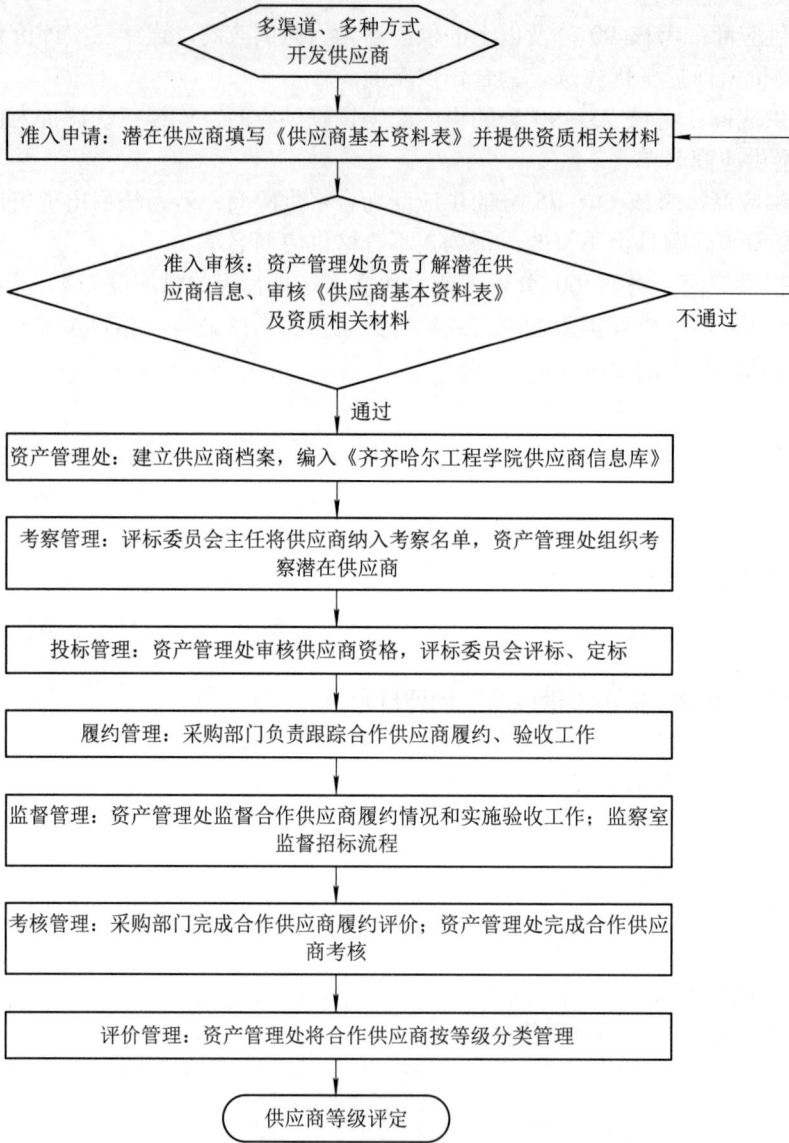

图 1　供应商管理工作流程图

1 目的

为创建平安和谐校园，保障校内师生的人身及财产安全，确保各类教育教学工作的有序开展，特制定本程序。

2 范围

本程序适用于学校治安、保卫、消防以及活动场所的安全管理、服务和监控。

3 定义

三同时：建设项目的安全设施，必须与主体工程同时设计、同时施工、同时投入生产和使用。

4 职责
4.1 安全工作领导小组

a) 负责督促各部门执行并贯彻落实国家、学校各项安全管理制度；

b) 负责组织建立、健全本校安全管理的保障体系和监督体系，并督促其发挥作用；

c) 组织确定学校年度安全工作目标，审定有关安全的重要活动和重大措施，按安全工作责任状，层层落实责任，实行分级管控，确保安全工作所需资金的足额投入，确保年度安全目标的实现；

d) 听取安全管理部门的工作汇报，督促安全管理部门履行安全管理职责。

4.2 保卫处

a) 负责本程序的编制、修订和监督实施；

b) 负责拟订学校年度安全工作计划、技术防范设施的规划、年度经费预算、安全管理制度等，并报学校分管领导审核和院长批准后实施；

c) 负责组织做好学校日常安全管理工作，监督指导责任部门做好所属责任区的安全工作；

d) 负责拟定学校安全责任制，监督检查校内各部门安全责任制的落实情况；

e) 负责组织学校安全检查，督促安全隐患整改及复查工作，实施安全工作评价；

f) 负责组织学校全体师生的安全教育工作；

g) 负责建立健全学校安全工作档案；

h) 负责做好校园 110 指挥中心、突发事件应急预备队的建设工作；

i) 负责拟定各类突发安全事故应急处置预案，指导各部门开展应急预案的演练；

j) 负责联系公安部门，落实校园周边综合治理工作；

k) 负责调查或协助公安机关、应急管理部门等调查学校安全事故，并做好事故的处理和善后工作。

4.3 学生工作处

a) 负责做好学生的入学、军训等的安全教育工作；

b) 负责做好学生公寓的安全监管工作；

c) 负责指导学校学生会、社团及各级团组织进行安全管理与宣传教育工作；

d) 配合保卫处指导学生参与校园的安全管理。

4.4 人事处

a) 负责制订新入职教师教育培训计划，其中必须列入安全教育内容；

b) 把安全工作纳入工作绩效考评和干部晋级奖励考核体系内容。

4.5 教务处

a) 负责指导教师做好课堂安全管理工作；

b) 负责督促各系部做好教室、实验室的安全管理工作。

4.6 基建办

a) 负责对校内施工工程进行监督管理，并对施工人员进行安全教育；

b) 负责对校内新建、扩建、改建及装饰装修工程实施"三同时"管理。

4.7 各系

a) 负责本系学生的安全教育、安全管理等工作；

b) 对本系教学场所、实验室等进行安全管理；

c) 配合保卫处，指导学生参与校园的安全管理。

4.8 各部门

a) 负责落实安全法规和学校的安全管理制度、文件；

b) 负责对本部门业务内的人员开展安全教育和管理；

c) 负责对本部门业务开展安全检查和安全隐患整改；

d) 学校规定的其他安全职责。

5　工作程序

5.1　落实安全责任

保卫处关于落实安全责任的工作内容：

a) 保卫处每年年初制订年度安全工作计划和年度安全工作经费预算，并报学校分管领导审核和院长批准后实施；

b) 每年3月份，保卫处组织各部门签订安全工作责任状；

c) 每年重要节点，保卫处组织学校安全工作领导小组成员召开相关安全工作会议，传达上级要求、指示，部署相关安全工作。

5.2　维护校园稳定

组织值班人员落实值班工作，及时掌握各类校园安全隐患和不稳定因素，并将有关信息报送校领导和相关部门进行处理，结合实际制订各类突发事件应急预案。若发生突发事件，立即启动突发事件应急预案，各部门按照预案分工各司其职。

5.3　开展安全教育

全面落实教育教学过程中的安全宣传教育工作，加强对重点岗位人员的岗位安全培训，提升师生及各岗位从业人员的安全意识。

5.4　安全检查和安全隐患整改

具体、全面地对教育教学全过程的安全问题进行监控，根据工作需要，协调、调度各部门对本部门所负责的工作内容进行全面的自检，对实施、运行效果进行评估性检查，并督促整改到位。对产生负面结果或影响的事件按照学校相关制度处理。

6　支持性文件

6.1　齐齐哈尔工程学院消防安全管理办法

6.2　齐齐哈尔工程学院要害部位安全保卫规定

6.3　齐齐哈尔工程学院值班/值宿工作规则

6.4　齐齐哈尔工程学院校园秩序管理办法

6.5　齐齐哈尔工程学院活动报备制度

6.6　齐齐哈尔工程学院室内停车场暂行管理办法

6.7　齐齐哈尔工程学院安全隐患排查整改制度

6.8　齐齐哈尔工程学院党政领导干部安全工作责任制实施细则

6.9　齐齐哈尔工程学院实验室安全管理制度

6.10　齐齐哈尔工程学院突发事件应急预案

6.11 齐齐哈尔工程学院食物中毒应急预案

6.12 齐齐哈尔工程学院大型活动事故应急处置预案

6.13 齐齐哈尔工程学院政治性突发事件应急预案

6.14 齐齐哈尔工程学院防治传染病疫情应急预案

6.15 齐齐哈尔工程学院带班领导处理各类突发事件程序

6.16 齐齐哈尔工程学院反恐防暴应急处置工作预案

6.17 齐齐哈尔工程学院防汛抗灾减灾工作应急预案

6.18 防范和处置非法宗教、邪教组织应急处置预案

6.19 中共齐齐哈尔工程学院委员会网络舆情应急预案

6.20 齐齐哈尔工程学院实验室安全应急预案

7 相关记录

7.1 年度安全工作计划

7.2 年度安全综治工作责任状

7.3 安全工作会议记录

7.4 值班安排表

7.5 值班人员串替班申请表

7.6 带班领导值班记录

7.7 值班干部值班记录

7.8 保卫处各岗值班记录

7.9 交接班记录

7.10 巡查记录

7.11 消防控制室值班记录

7.12 安全检查记录

7.13 安全风险管控登记台账

7.14 校园安全隐患排查治理台账

7.15 岗位安全风险告知卡

7.16 重大风险点登记册

7.17 隐患整改通知书

7.18 违反安全行为处理文件

7.19 安全培训教育记录

7.20 应急演练记录

7.21 校外人员出入登记表

7.22 各类活动(培训)报备表

7.23 调阅监控录像申请表

7.24 消防设施维保合同

7.25 消防设施运行质量检测报告

8 工作流程

校园安全工作管理流程图(见图 1)。

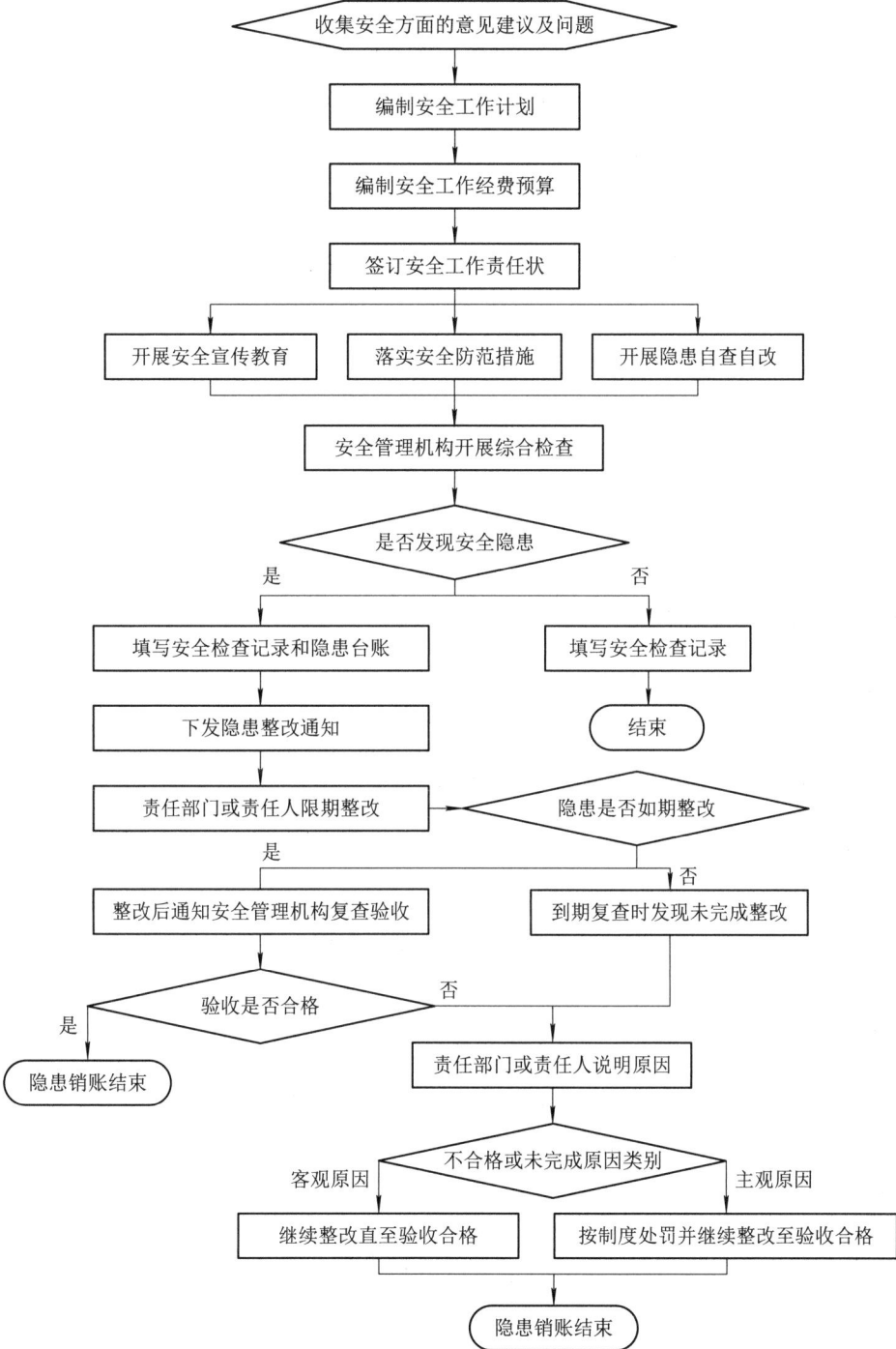

图 1　校园安全工作管理流程图

1 目的

管理学校运行过程中的各类质量缺陷。

2 范围

适用于对学校运行过程中的各类质量缺陷或所有不合格的监控与管理。

3 定义

无。

4 职责
4.1 学校办公室

负责对学校品牌形象受损事件及重大危机事件的处理。

4.2 教务处

负责对与教学整体运行相关不合格的处理。

4.3 学生工作处

负责对学生管理、毕业就业相关不合格的跟踪和处理。

4.4 招生办

负责对招生过程进行管控，负责招生过程中不合格的处理。

4.5 资产管理处

负责对采购过程、供应商管理过程中不合格的处理。

4.6 各系(部、中心)

根据学校的相关管理程序及要求，确认本学校的不合格现象，并进行跟踪处理。

4.7　全面质量管理办公室

负责编写本文件，负责对全校不合格管理流程的跟进，督促各部门不断减少质量缺陷。

5　工作程序
5.1　检查确认

全面质量管理办公室负责整理学校各项不合格的检查结果；对于在自检、抽检中发现的不合格，必要时开出《严重不符合处理单》，报相关部门确认。

各部门根据自身的工作流程，严格按照相关的制度执行，对出现的不合格现象，按照本规定处理。

5.2　标识和登记

各个程序中的不合格处理参考文件和处理手段如下：

a) 全面质量管理办公室根据检查的结果，作相应的标识和登记，标识包括合格、不合格、整改；

b) 在招生过程中的不合格，在入学后的检查中发现，由学生工作处根据《招生管理程序》中的入学注册后续相关规定执行，并由全面质量管理办公室作好登记；

c) 在教学基本建设与改革过程中的不合格，按照《教学基本建设程序》中的相关规定进行检查，对其中的不合格作好相应的标识和登记；

d) 在教学运行过程中的不合格，按照《教学运行管理程序》中的相关规定进行检查，对不合格作好相应的标识和登记；

e) 在教学效果监测过程中的不合格，按照《教学效果监测程序》中的相关规定进行检查，对不合格作好相应的标识和登记；

f) 在采购、供应商管控过程中的不合格，按照《采购管理程序》《供应商管理程序》执行，并对不合格作好标识和登记；

g) 在学生教育管理过程中的不合格，按照《学生教育和服务管理程序》执行，并对不合格作好标识和登记。

5.3　信息反馈

全面质量管理办公室负责对措施的跟踪和验证。全面质量管理办公室根据自身工作安排进行定期或不定期抽查，对抽查出的不合格项开出《不符合处理单》，交予各部门；由各部门进行跟踪确认，并于5～10个工作日内给予回复，各部门对不合格的原因进行分析，制定纠正和改善措施。若超出10个工作日各部门未及时回复，各部门负责人须直接对管理者代表作出书面解释，涉及供应商的，资产管理处反馈给供应商处理。

5.4 各程序不合格情况的评审部门
5.4.1 招生

对于招生不合格进行评审的部门为：全面质量管理办公室、招生办公室、学生工作处、各系(部、中心)。

5.4.2 教学过程

对于教学过程不合格进行评审的部门为：全面质量管理办公室、教务处、学生工作处、各系(部、中心)。

5.4.3 教学资源

对于教学资源不合格进行评审的部门为：全面质量管理办公室、资产管理处、教务处、人事处、学校办公室、各系(部、中心)。

5.4.4 学生教育管理

对学生教育管理不合格进行评审的部门为：全面质量管理办公室、学校办公室、学生工作处、各系(部、中心)。

5.4.5 教学效果

对于教学效果不合格进行评审的部门为：全面质量管理办公室、教务处、学生工作处、各系(部、中心)、用人单位。

评审结论为合格、整改、不合格。各部门的不合格按照相关制度给予评审结论和处置。

5.5 不合格的处置时效

针对各项不合格按照相关文件执行。

5.6 保持以上过程的记录
6 支持性文件
6.1 招生管理程序
6.2 教学基本建设管理程序

6.3　教学运行管理程序

6.4　教学效果监测程序

6.5　采购管理程序

6.6　供应商管理程序

6.7　学生教育和服务管理程序

7　相关记录

7.1　严重不符合处理单

7.2　不符合处理单

7.3　供方质量反馈单

8　流程图

　　无。

第6章

学校操作文件范例

学校操作文件明确规定了完成各项工作的方法和技术细节，包含了与教育教学服务有关的标准要求、行业标准及相关方提供的技术文件等。

本章列举了齐齐哈尔工程学院操作文件，包括《专业法人制度"实施办法》《应用型课程建设指南(试行)》以及《人事处部门工作手册》。

1 总则

a) 为探索中国特色职业技术教育发展之路，贯彻落实"学校品牌靠专业，办学经费靠产业"的发展理念和"三级办学，系为主体，做实专业"的质量保障体系，实现学校"应用性职业型的创业者"的培养目标，特制定本办法。

b) 专业与专业经济实体的结合体称为专业法人组织(简称专业法人，也称专业团队，主要包括专业法定代表人(专业负责人)、教师、辅导员、生涯导师和学生)。各专业法人是符合社会需要、具有法人资格的相对独立的办学基本单元。

c) 学校要求各系落实"开一个专业，办一个实体，搭一个平台，创一个品牌"的专业建设原则，鼓励并支持各系创办新的专业法人。

d) 学校要求各专业法人贯彻落实"一条主线，双基双技，立足双情，实践第一"的教育原则；充分发挥"学长制"的作用；落实创新创业教育要求，培养学生创新创业能力，促进专业特色发展。

e) 学校各相关职能部门，依据本办法及其相关制度管理各专业法人。

f) 凡认同学校文化的教师和社会贤达，为满足经济和社会发展的需要，按照国家的相关法律法规、政策规定，均可提交设立新专业的调研论证报告，由学校按相关程序组织论证和报批。

g) 学校要求并支持各专业利用其专业资源、专业优势独立创办或与其他专业联合创办与专业教学相关的经济实体，暂不具备条件开办本专业经济实体的专业，可加入校内其他专业经济实体，参与教育和经营活动。

2 专业法人

专业法人的工作基本原则和目标如下：

a) 各专业法人要坚持"以学生为中心"的工作原则，以学生职业生涯发展为主线，开展教育教学工作，培养应用性职业型的创业者。育人过程要从学制内延伸到招生、报到及毕业后 5 年左右，各系之外的其他部门教职工应参与其中，其绩效与所在专业的报到及就业情况挂钩。

b) 各专业法人要以服务社会经济发展为宗旨，实行"学历教育"与"培训教育"并举、"学龄教育"与"继续教育"并举、"全日制教育"与"多形式教育"并举。

c) 各专业法人要不断解放思想、与时俱进，探索学历教育与经济实体协调发展的职业教育模式。

d) 各专业法人要通过组建或参与学术性、产业性的中介机构或社团组织整合社会资源，打造"政校企合作，产学研融合"平台，提升学科专业的建设水平和层次。

e) 各专业法人要充分发挥专业经济实体产学研的桥梁和纽带作用，既要与名校名企合作，更要注重服务中小微企业，为地方经济社会发展提供人才和智力支持。

3　专业法定代表人

专业法定代表人的相关知识：

a) 经教育行政部门批准开设的专业，由专业所在系聘任专业法定代表人组织实施教育教学工作。聘期一般为一个学制周期。如有未被续聘或专业停办的，专业法定代表人身份自行终止。

b) 专业法定代表人，依本办法承担该组织的教育责任，行使教育权利，获取相应利益。

c) 专业法定代表人依本办法对专业法人实施自主管理，遵循全面质量管理的思想，按ISO 9001：2015 质量管理标准，按"人、机、料、法、环、测"六要素构建本专业的质量管理体系。

d) 专业法定代表人可称为专业负责人，属干部身份，享受相应的工资待遇。

4　专业经济实体

专业经济实体的相关知识：

a) 股份制为各专业经济实体的基本组织形式。专业经济实体可由学校独资举办或出资参股合办，也可由专业法定代表人在本校教职工中募集股金成立股份制经济实体。

b) 各专业经济实体须是在国家市场行政管理部门注册的法人组织，按"自主经营、自负盈亏、自我完善、自我发展"的原则运营。

c) 专业经济实体的主要职能是为师生创设真实的职业环境，在完成教育教学任务的同时，面向社会开展与专业相关的经营活动，以今天的校园文化影响明天的社会风气。

5　管理与考核

专业法定代表人工作的管理与考核规定如下：

a) 各系对所辖各专业法定代表人履行综合、协调、指导、考核的职责。各系依据学校《专业负责人津贴分档实施意见》《本科专业评估管理办法(试行)》，每年对各专业法定代表人进行一次综合考核，考核结果由人事处会同相关部门进行审核，考核结论与专业法定代表人相关利益挂钩。

b) 教务处对专业法定代表人的相关业务履行培训职责，对各专业进行教学业务指导。

前　言

课程是人才培养的核心要素，课程质量直接决定人才培养质量。为进一步规范课程建设，提高人才培养质量，依据国务院、教育部相关文件和 ISO 9001：2015 标准，基于齐齐哈尔工程学院 30 多年的课程建设实践经验，以及应用型课程建设联盟自 2015 年开展的课程建设交流与推广效果的反馈情况，学校研制了《应用型课程建设指南(试行)》(以下简称《指南》)。

本《指南》确定了应用型课程建设模式——"四真三化(FT)"课程建设模式。"四真"(Four Principles)源自教育部等六部委在《现代职业教育体系建设规划(2014—2020 年)》中提出的"按照真实环境真学真做掌握真本领的要求开展教学活动"，即真实环境、真学、真做，掌握真本领；"三化"(Three Methods)是根据《关于印发国家职业教育改革实施方案的通知》(国发〔2019〕4 号)中提出的"产教融合、校企双元育人"的要求，在姜大源研究员提出的"工作过程系统化"课程开发理论和曹勇安教授课程团队应用型课程建设实践的基础上，总结出"工作任务课程化、教学任务工作化、工作过程系统化"的应用型课程开发方法。

课程建设具有基础性、全局性、先导性，包含课程开发和课程管理两部分。课程开发是以课程的基本单位——课点为基础，或侧重于学科体系，或侧重于行动体系的课程结构的开发，主要培养教师能开发课程、会开发课程的能力。在课程开发中，基于课点的概念，提出"技以载道"的课程思政实施方法，解决专业教育和思政教育"两张皮"的问题，实现如盐入水、润物无声的效果。而课程管理重在科学合理地使用人、财、物等有形资源以及激励政策等无形资源，激发教师想开发课程、愿开发课程的积极性、主动性和创造性。"四真三化(FT)"课程建设模式坚持"以终为始"开发课程，"从始至终"保障质量，是内部质量监控和外部质量鉴定的有机统一。

本《指南》旨在与同仁们交流课程建设的理论和经验，携手共同探索和创建"扎根中国，融通中外"的具有中国特色的应用型课程建设之路。

第一部分　课　程　开　发

1　范围

课程开发指南依据国务院《关于印发国家职业教育改革实施方案的通知》(国发〔2019〕4 号)和教育部等六部委《现代职业教育体系建设规划(2014—2020 年)》提出的"按照真实环境真学真做掌握真本领的要求开展教学活动"的指导思想，以及应用型课程建设联盟的实践探索，编制了应用型课程开发的术语和定义、总则、流程和评价标准等规范，对课程开发流程作出了一般性指导。本《指南》适用但不限于应用型本科教育的课程开发。

2　术语和定义

2.1　课程

课程是由态度、知识、技能三个维度构成的学习内容，是通过具有互涵关系的数量、质量、序量构成的学习体系(人才培养方案)或课程单元(门课)。

2.1.1　课程"三元素"

课程的基本单位是"课点"，课点是知识点、技能点、态度点的单体或组合体。课程的最小单元是"三元素"，"三元素"是态度点、知识点、技能点的统称。

态度是个体对特定对象(人、观念、情感或事件等)所持有的稳定的心理倾向，指的是人的核心素养所对应的公民标准。态度点是人对事物的评价和行为倾向，通过道德、情感、哲思、审美、批判性思维等核心素养予以表现与评价。

知识是人们在实践中认识客观世界的成果，是人们对物质世界以及精神世界探索的结果总和，包含基本概念和基础理论，体现出再现标准。知识点是相对独立的知识的最小单元，解决"是什么""为什么"的问题。

技能是个体运用已有的知识经验,通过练习而形成的一定的动作方式或智力活动方式，包含通用技能和专业技能，体现出表现标准。技能点是相对独立的技能的最小单元，解决"怎么做"和"怎么做得更好"的问题。

2.1.2　课程的数量、质量与序量

课程的数量、质量与序量决定课程的功能与结构。数量是指门课的多少、项目(或章目)的多少，也可指课点的多少；质量是指门课的难度、项目(或章目)的难度，也可指课点的难度；序量是指门课的排序、项目(或章目)的排序，也可指课点的排序。

2.1.3　课程时空观

"时"是课程的序量，"空"是课程的数量和质量。课程是由若干横断面(空)和流程(时)所组成的一组信息。

门课"时空"支撑专业人才培养目标的达成；项目"时空"支撑门课教学目标的达成；课点"时空"支撑项目(或章目)任务目标的达成。

2.2　课程开发

课程开发是依据"社情、学情"选择横断面和流程的重构过程。具体而言，是通过需

求分析确定课程目标，再根据这一目标选择某一个学科(或多个学科)的教学内容和相关教学活动并对其进行计划、组织、实施、评价、持续改进，以最终达到课程目标的整个工作过程。

"三元素"的普遍性与"三个量"的特殊性的统一，贯穿于课程开发的始终。"三个量"的特殊性揭示了课程开发的普遍性，彰显出课程开发中创造精神的普遍性。

2.3 课程开发四要素

课程开发四要素是指课程定位、课程设计、课程实施和课程评价四个方面，这四个方面互为基础和前提，构成体系。课程开发应遵循这个完整的闭合环。课程开发四要素的功能如表 6-2-1 所示。

表 6-2-1 课程开发四要素的功能

课程要素	课程类别	
	课程体系	门 课
课程定位	确定本专业服务领域、职业特征、职业能力和人才培养类型	本门课如何服务于所属专业培养目标
课程设计	按双元育人要求，构建应用型课程体系	按知识、技能、态度目标要求设计内容、流程
课程实施	按"四真"要求，体现产教融合、双元育人标准	依据学情，选择有效的教学路径、方法
课程评价	能力为主的评价，测量应可视化、可量化	多元达标式考核，课程效果具有统计性

2.4 培养目标

培养目标是指学生在毕业后 5 年左右能够达到的职业和专业成就的总体描述。

2.5 毕业要求

毕业要求是指学生毕业时应具备的知识、技能、态度的具体描述，是学生完成学业时应取得的学习成果。

2.6 毕业要求指标点

毕业要求指标点是指经过选择的、能反映毕业要求内涵且易于衡量的考查点。

2.7 课程体系

课程体系是学科专业教学内容和进程安排的总和，是育人活动的总体规划，是培养目标的载体和依托。

2.8 教学目标

教学目标包括显性教学目标和隐性教学目标。显性教学目标一般指知识目标和技能目标；隐性教学目标一般指态度目标。但在不同性质的课程中这两种目标是相互转化的，例如态度目标在思政课程中是显性教学目标，而在课程思政中则是隐性教学目标。

显性教学目标承载着隐性教学目标，隐性教学目标随显性教学目标走心入脑，以实现"润物细无声"的教学效果。

2.9 门课

组成课程体系的自成系统的且不可再分的独立课程叫门课，也称课程单元。

2.10 项目/章目

由两个或两个以上相互关联的独立的信息单元所组成的支撑门课的聚合体叫项目(或章目)。

2.11 课点

课点是由态度点、知识点、技能点"三元素"中的单个或多个通过具有互涵关系的数量、质量、序量构成的课程的基本单位。课点具有独立性和不确定性。

2.11.1 课点的时空观

课点在时间上，体现为课点的序量；在空间上，体现为具有互涵关系的数量、质量的组合。

2.11.1.1 课点的数量

课点的数量是体量问题，是指选取的态度点、知识点、技能点的"多少"。

2.11.1.2　课点的质量

课点的质量影响课程内容的难易，也可以理解为知识点和技能点内容的深度、态度点影响认知的程度，是指课点满足个体、社会需求和学科性的程度。对于个体，表现为该课点可否满足学生终身发展的问题；对于社会，表现为该课点可否满足需求的问题。课点应保证不同层次的学历教育对于学科性的要求。课点是个体、社会、学科三者之间动态平衡的结果。

2.11.1.3　课点的序量

课点的序量属于时序范畴，是指态度点、知识点、技能点依据学情科学有效地组合排序。其中，"时"是指每个课点所需的教学时长，"序"是指课点间的逻辑顺序，以及基于课点数量和质量，在课前、课中以及课后对课点的合理排序。

2.11.2　课点的组合形式

形式 1：∑知识点
形式 2：∑技能点
形式 3：∑态度点(仅适用于思政类课程)
形式 4：∑知识点 +∑技能点
形式 5：∑知识点 +∑态度点
形式 6：∑技能点 +∑态度点
形式 7：∑知识点 +∑技能点 +∑态度点

2.11.3　课程三元素的目标与表现

可根据布鲁姆教学目标分类法对课程三元素的学习与教学效果进行评价，具体从课程三元素的层次目标、特征和表现方面介绍，如表 6-2-2 所示。

表 6-2-2　课程三元素的层次目标、特征与表现

类别	层次目标	特　征	表现(外显行为动词举例)
知识点	创造	产生新的/原创性作品	开发、建立、制定、解决、设计、规划
	评价	评价立场或评价决定	评价、检查、判断、批判、鉴赏、协调
	分析	在不同思想间建立联系	分析、辨别、解构、重构、整合、选择
	应用	把已知信息用到新的情境	应用、执行、实施、开展、推动、操作
	理解	解释思想和概念	理解、掌握、比较、推论、解释、预测
	记忆	回忆与复述事实和概念	了解、认识、界定、复述、重复、描述

续表

类别	层次目标	特　征	表现(外显行为动词举例)
技能点	迁移	习得的经验在新任务、新活动中的应用	创新、灵活运用、举一反三、触类旁通
	操作	独立按照一定程序和技术要求进行活动或工作	完成、制订、解决、安装、测量、绘制
	模仿	有目的地重复他人行为	模拟、重复、再现、扩展、例证
态度点	行为	自觉控制自己的行为，形成个人的世界观	修正、改变、判断、拒绝、接受、解决、贯彻、认为
	意志	把不同价值标准组成一个体系，形成个人价值观体系	组织、讨论、建立、比较、系统阐述、决定
	相信	接受或偏爱某种价值标准和为某种价值标准作出奉献	接受、认可、欣赏、关注、摒弃、辩论、评价
	情感	主动参与、积极反应，表现出较高的兴趣，强调对特定活动的选择与满足	回答、陈述、记录、完成、遵守、选择、列举
	知道	愿意注意某特定的现象或刺激	知道、注意

2.11.4　课点的两面性

课点在不同类别的课程中可分别呈现为显性课点或隐性课点。

2.11.4.1　显性课点

显性课点是学生在参与学习的过程中，由教师直接传授的知识点、技能点和态度点。一般来说，知识点和技能点属于显性课点；但在思政类课程中，态度点为显性课点。

2.11.4.2　隐性课点

隐性课点是学生在参与学习的过程中，体会到的不断渗透的知识点、技能点和态度点。在非思政类课程中态度点属于隐性课点；在思政类课程中态度点属于显性课点，知识点和技能点则为隐性课点，通过思政课程实践教学体现。

2.12　课程矩阵
2.12.1　一级矩阵

一级矩阵，即课程体系矩阵，表示毕业要求与门课之间的关系，是门课对毕业要求的支撑，确保专业所设定的毕业要求都有相应教学活动来支撑。

2.12.2　二级矩阵

二级矩阵，即门课矩阵，表示教学目标与项目(或章目)之间的关系，对教学内容进行重构，设计出项目(或章目)，明确其对门课教学目标的支撑。

2.12.3　三级矩阵

三级矩阵，即项目矩阵，表示项目(或章目)、教学目标与课点之间的关系，是课点对项目(或章目)、教学目标的支撑，用以判定项目(或章目)选择的合理性。

2.13　学习产出

学习产出，即学生在学校教育活动中获得的实际学习成果，是学生经过一段时间的学习之后获得的可测量、可证实的成果。

2.14　开课说明

开课说明以课程教学大纲为依据，是以学习者为中心编制的更易操作、考核、追溯的教学文件；是教与学的契约、师与生的合同；是明确教学过程中师生各自的角色、责任和义务的互动式课程计划。

3　总则
3.1　工作目标

应用型课程建设的工作目标是：从课程的相关概念入手，阐述如何依据教育部不同学历层次的教学质量国家标准(含各类评估、认证标准，以下简称"教育标准")，按照人力资源和社会保障部的职业标准，结合行业、地方经济社会发展需求和学校办学特色，依据社情和学情，开发出符合应用型人才培养目标要求的课程体系和门课。

3.2 开发原则
3.2.1 学生中心

课程开发突出以学生学习为中心、以学生学习效果为中心、以学生发展为中心，而非传统的以课堂教学为中心、课堂教学以教师为中心、教师以课本为中心。用"新三中心"取代"旧三中心"。

3.2.2 双元育人

课程开发坚持教育与产业、学校与企业、理论与实践的深度融合，创设真实的职业环境，引入真实的工作任务，建立"跨界课堂"，实现"做中学、学中做、学会做、学做合一"的教学境界。

3.2.3 持续改进

持续改进就是以满足利益相关方的需求为目标，以测量的学生学习产出的结果与效果为依据，以教学目标为导向，不断调整课程三元素的内容与组合的过程。

4 流程
4.1 课程体系开发流程
4.1.1 确定培养目标

为使学生更好地适应未来社会的发展,联合国教科文组织提出了 21 世纪"教育四大支柱"的育人共识，即学会求知、学会做事、学会共处、学会做人。立足"四学"育人共识，落实国家人才培养方针，依据国家教育标准、职业标准、社会需求和学校办学特色，确定专业人才培养目标，并按照基本素质、服务领域、职业特征、人才定位和职业能力的结构进行表述。

4.1.1.1 查找教育标准

各层次、各类型院校确定培养目标时，可依据相应教学标准、评估指标或认证标准，查阅专业类或本专业的培养目标来表述。比如，本科依据《普通高等学校本科专业类教学质量国家标准》及相应的评估认证标准；高职依据《高等职业学校专业教学标准》及相应的评估认证标准；中职依据《中等职业学校专业教学标准》及相应的评估认证标准；等等。

4.1.1.2　查找职业标准

查找《中华人民共和国职业分类大典》以及国家职业技能标准，确定本专业毕业生所从事的职业群(本科层次)、岗位群(高职层次)或岗位(中职层次)的主要工作任务或工作内容以及技能标准。

4.1.1.3　调研社会需求

查询本专业所属学科的发展趋势，查询行业(企业)的人才需求缺口以及在态度、知识和技能方面的用人标准或需求，可通过参与企业实地调研、举办专家访谈会、利用信息技术进行数据搜集与分析、查阅行业协会(学会)中的相关标准以及政策法规、查阅政府工作报告等途径获得。

4.1.1.4　凝练办学特色

办学特色是指学校确定和落实办学理念的过程中形成的校园文化，具有强制性、沉浸性、稳定性。办学特色通过学校精神文化、物质文化、制度文化和行为文化来承载，以干部作风、教师教风、学生学风来展现。

4.1.2　制定毕业要求

毕业要求应能支撑培养目标的达成。围绕专业人才培养目标，参照各类专业认证标准，制定毕业要求。毕业要求应完全覆盖专业认证通用标准，在内容的深度和广度上不低于认证标准的要求。

4.1.3　细化毕业要求指标点

毕业要求指标点应当准确描述本专业的毕业要求，并通过分解该指标点来明晰毕业要求的内涵。毕业要求指标点的达成与衡量是基于门课实现的。以工科专业为例，从可衡量的角度看，技术类专业的毕业要求指标点的分解应依据能力培养由浅入深的教学规律，按照能力形成逻辑"纵向"分解，逐渐加深，并与学校现行的"基础/专业基础/专业"课程分类方式对接；非技术类专业的毕业要求指标点的分解应依据能力和素养要素形成维度并列列出，即"横向"分解。

4.1.4　确定门课的数量、质量和序量
4.1.4.1　确定门课数量

依据毕业要求指标点所需的态度、知识、技能确定门课的数量。每门课程强支撑 1～2 个毕业要求指标点，强、弱共同支撑的毕业要求指标点的数量一般不超过 5 个；每个毕业要求指标点由 2～3 门课程强支撑，强、弱共同支撑的门课总数一般不超过 5 门。

4.1.4.2　确定门课质量

以门课所支撑的毕业要求为依据，以学生学习效果为中心，以满足社会需求为参照，确定门课内容的质和量。

4.1.4.3　确定门课序量

以达成培养目标和毕业要求为原则，从学生的认知基础和接受能力出发，对课程体系中的各门课程进行科学有效的排序。

4.1.5　生成一级矩阵

生成一级矩阵，就是确定专业各门课与毕业要求指标点的支撑关系，明确门课在专业中的地位与作用。研究门课的数量、质量和序量，并用一级矩阵呈现，体现为课程体系的时空观。

以"机动车驾驶员培训(考试)方案(C1)拟定过程"为例，依据《中华人民共和国道路交通安全法》《中华人民共和国道路运输条例》《机动车驾驶员培训管理规定》《机动车驾驶证申领和使用规定》《机动车驾驶培训教学与考试大纲》确定机动车驾驶员培养目标、析出结业/毕业要求。驾考课程体系矩阵(一级矩阵)如表 6-4-1 所示。

表 6-4-1　驾考课程体系矩阵(一级矩阵)

指标点		结业要求 1		结业要求 2		结业要求 3		结业要求 4	
		1-1	1-2	2-1	2-2	3-1	3-2	4-1	4-2
科目/门课	理论知识	★	★	☆					
	场地驾驶			★	★			☆	
	道路驾驶				☆	★	★		☆
	安全文明驾驶		☆					★	★

注：其中★为强支撑，☆为弱支撑

结业要求 1：熟知道路安全法规和交通安全常识。

指标点 1-1：了解机动车基本知识；

指标点 1-2：掌握道路交通安全法律法规及道路交通信号规定。

结业要求 2：熟练驾驶车辆，规范启动、行驶、停车。

指标点 2-1：掌握基础的驾驶操作要领，具备对车辆的基本控制能力；

指标点 2-2：熟练掌握场地内和道路驾驶的基本方法，具备合理使用车辆操纵机件、正确控制车辆运动空间位置的能力，能够准确地控制车辆的行驶位置、速度和路线。

结业要求 3：熟练驾驶车辆完成不同场地、不同道路状况下的驾驶操作，遵守交通安全法规。

指标点 3-1：具备车辆综合控制能力；了解行人、非机动车的动态特点及险情预测和分析方法；

指标点 3-2：熟练掌握一般道路驾驶和夜间驾驶的方法，能够根据不同的道路交通状况安全驾驶，形成自觉遵守交通法规、有效处置随机交通状况、凭肌肉记忆合理操纵车辆的能力。

结业要求 4：掌握安全文明驾驶知识。

指标点 4-1：掌握安全文明驾驶操作要求，掌握恶劣天气和复杂道路条件下的安全驾驶知识；

指标点 4-2：掌握爆胎等紧急情况下的处置方法以及发生交通事故后的处置知识等。

4.2 门课开发流程
4.2.1 生成二级矩阵

依据门课所支撑的毕业要求指标点，分解门课教学目标，重塑实现门课教学目标所需的项目(或章目)，选取和序化各项目(或章目)课点的数量、质量和序量。以科目2：场地驾驶矩阵为例，如表6-4-2所示。

表6-4-2 科目2：场地驾驶矩阵(二级矩阵)

科目/门课	结业要求 2-1		结业要求 2-2	结业要求 4-1
	教学目标 1：掌握基础的驾驶操作要领，具备控制车辆的基本能力	教学目标 2：按照交通标志、标线，操控车辆正确行驶，养成遵章守法意识	教学目标 3：具备正确控制车辆运动空间位置的能力，具有较强的交通安全意识	教学目标 4：能够准确地控制车辆的行驶位置、速度和路线
项目 1：倒车入库	☆课点 1：基础驾驶的要领	★课点 2：操控车辆	★课点 3：从两侧倒入车库	
项目 2：坡道定点停车与起步		★课点 4：控制车身与交通标线距离	★课点 5：加速踏板、驻车制动器及离合器协调运用技巧	★课点 6：判断停车位置，选择档位，平稳起步
项目 3：直角转弯	☆课点 7：转向灯使用方法	☆课点 8：控制车辆与直角弯标线距离	★课点 9：转向装置操纵方法	★课点 10：转向、档位与安全速度控制
项目 4：曲线行驶	★课点 11：安全平稳起步、停车	☆课点 9 ★课点 12：控制车辆低档低速行驶		
项目 5：侧方停车	★课点 13：后视镜的调节及观察方法	★课点 14：控制车辆与车道边线、库位边线距离	★课点 15：操纵车辆停入道路右侧车位(库)	

注：其中★为强支撑，☆为弱支撑。

4.2.2 生成三级矩阵

分解项目(或章目)的教学目标、研究课点的具体构成内容，实现课点重组，分析学法、教法，确定学习产出及测量标准。以项目 1：倒车入库矩阵为例，如表 6-4-3 所示。

表 6-4-3　项目 1：倒车入库矩阵(三级矩阵)

项目/章目	教学目标 1：遵守法规规范驾驶	教学目标 2：熟练倒库位置准确	教学目标 3：安全文明驾驶车辆	学法	教法	学习产出及测量标准(以课点为单位进行考核)
课点 1：基础驾驶操作规范	★K1：了解交通标志、道路标线含义；★K2：掌握场地驾驶要领		☆K2：场地驾驶知识；★A1：珍爱生命，文明驾驶，安全行车	自学实践操作	现场指导	未在空档启动扣100分；不系安全带扣100分；熄火一次扣10分
课点 2：操控车辆	★S1：合理使用车辆操纵装置	★S2：能够准确控制车速；★S3：能够准确控制方向、路线		自学实践操作	现场指导	车身出线；倒库不入；倒车前，前轮触地点均超过控制线扣100分
课点 3：从两侧正确倒入车库	☆S1	☆S2 ☆S3 ★S4：能够准确把握空间位置	☆S2	自学实践操作	现场指导	完成时间超过210 s扣100分 中途停车超过 2 s 每次扣5分

注：(1) K-knowledge 知识点；S-skill 技能点；A-attitude 态度点；
　　(2) 学习产出及测量标准纵向上以教学目标为单位进行考核，或横向上以课点为单位进行考核

5　评价
5.1　课程体系评价标准

课程体系开发可依据相关文件要求，从课程定位、课程设计、课程实施、课程评价四要素出发，对照"适应度""紧密度""对接度""匹配度"的标准进行评价。课程体系评价标准如表 6-5-1 所示。

表 6-5-1　课程体系评价标准

六部委标准	评价项目	评价标准		测量点
		一级指标	二级指标	
与产业对接	课程定位	培养目标与社会需求的适应度	培养目标符合"四方"需求、落实立德树人	专业负责人依据国家教育标准、职业标准、社会需求、办学特色，确定本专业培养目标，并
			培养目标契合人才培养定位，体现办学特色	
			毕业要求及指标点具体化、可测量、可评价	
真实环境	课程设计	专业与行业企业合作的紧密度	课程体系突出"以学生为中心"理念	
			依据"行动逻辑"构建专业课程体系	
			课程配置体现数量、质量、序量的互涵关系	

续表

六部委标准	评价项目	评价标准			测量点
		一级指标	二级指标		
真学真做	课程实施	培养过程与生产实践的对接度	体现产教融合、校企"双元"育人要求		建立支撑培养目标达成的毕业要求指标点
			基于工作过程的系统化方法做课程化处理		
			实现工作任务课程化、教学任务工作化		
掌握真本领	课程评价	培养质量与行业需求的匹配度	运用三级矩阵，能够测量人才培养质量		
			评价主体多元化，培养效果具有统计性		
			"创新精神，创业能力"可视化、可量化		

5.2 门课评价标准

课程开发可依据相关文件要求，从课程定位、课程设计、课程实施、课程评价四要素出发，对照"契合度""融合度""密切度""表现度"的标准进行评价。门课评价标准如表6-5-2所示。

表 6-5-2 门课评价标准

六部委标准	评价项目	评价标准			测量点
		一级指标	二级指标		
与工作对接	课程定位	1. 服务专业与培养目标的契合度	1.1 课程定位体现课程对毕业要求指标点的支撑作用		任课教师可依据学校办学特色、专业培养目标，从毕业要求、学情特征等要素出发，确定所任教门课课点、项目(或章目)，并提供课点测量的手段和方法
			1.2 课程教学目标满足人才培养相关标准的要求		
			1.3 态度、知识、技能目标明确，达成措施合理		
真实环境	课程设计	2. "双基双技"与实践的融合度	2.1 能依据学科特点、遵循行动逻辑设计教学内容		
			2.2 确定课点数量、明确课点质量、选择课点序量		
			2.3 以知识、技能为载体，科学融入思政教育元素		
真学真做	课程实施	3. "教、学、做"合一的密切度	3.1 以课程内容为依托，培养学生的核心素养		
			3.2 以工作任务为载体，教学过程体现理实融合		
			3.3 能够开发本课程开课说明并据以实施教学		
掌握真本领	课程评价	4.应用能力在实践中的表现度	4.1 学生学习产出有明确设定、能有效测量		
			4.2 知识、技能多元，评价学习成果是否达标		
			4.3 课程实施效果注重合格性、具有可追溯性		

6 国际工程教育专业认证
6.1 三类国际工程教育专业认证的比较分析

国际工程专业认证理念来自 OBE(Outcome Based Education，成果导向教育)教育理念。2016 年我国正式成为工程教育《华盛顿协议》第 18 个成员单位。这标志着我国工程教育和人才培养质量与其他成员国实施等效和相互认可，工程教育国际化迈出重要步伐。结合三类国际工程教育专业认证在态度、知识、技能上的差异，可作如下比较分析，如表 6-6-1 所示。

表 6-6-1　国际工程教育专业认证的比较分析

高等工程教育		华盛顿协议	悉尼协议	都柏林协议
学习周期		4～5 年，取决于学情	3～4 年，取决于学情	4～5 年，取决于学情
态度	职业道德	恪守伦理准则，理解和遵守工程实践中的职业道德、责任及规范		
知识	理论体系	学科下系统化的、基于理论的	子学科下系统化的、基于理论的	工程子学科下描述的、基于公式的
技能	通用技能	在多样性和多学科团队中作为个体、成员或负责人有效地发挥作用		
	专业技能	以新奇的方式创造性地运用工程原理和研究性知识	以非标准化的方式运用新材料、技术或者流程	用改良过或新的方式运用已有的材料、技术或流程

6.2　FT 与 OBE 的异同

FT(四真三化课程建设模式，"四真"即真实环境、真学、真做，掌握真本领；"三化"即工作任务课程化、教学任务工作化、工作过程系统化)与 OBE 具有同向同行的同一性，都体现了学生中心和持续改进的理念，但在评价方法、适用范围等方面存在明显的差异，如表 6-6-2 所示。

表 6-6-2　FT 与 OBE 的比较分析

比较内容		FT	OBE
比较维度	教育理念	学生中心	学生中心
		持续改进	持续改进
		双元育人	成果导向
	评价方法	测量课点，评价精准	测量模块，评价粗略
	适用范围	具有普适性	具有类别性
	开发视角	从三维时空出发创建课程	—
	课程管理	人、机、料、法、环、测六个要素	—

第二部分　课　程　管　理

1　范围

伴随着高等教育普及化的进程，人才培养质量要从"两个根本转变"上走出困境。一是由政府"背书"、学校自己认可转变为市场和用户认可；二是由"考古发现"式地寻找影响人才培养质量转变为重视人才培养过程中的工作质量。即：从重视工作结果质量转变为重视工作过程质量。

学校内涵建设的核心和关键在于课程建设，课程管理是课程建设的基础和保障。20 世纪 60 年代，全面质量管理(TQM)理论在企业界广泛应用并迅速发展，通过建立质量控制小组(QC 小组)、应用 PDCA 循环、围绕"人、机、料、法、环、测"工作过程的质量管理系统六要素实施全员、全过程、全方位管理，以保障课程质量，将资源与工作过程结合，用过程管理的方法进行系统管理。

教育界已逐步接受来自企业界的全面质量管理的理念和 ISO 9001：2015 标准的原则、路径和方法。2021 年 1 月，教育部印发《普通高等学校本科教育教学审核评估实施方案(2021—2025 年)》，再次强调了加强对学校办学方向、育人过程、学生发展、质量保障体系等方面的审核，引导高校构建"三全育人"格局。据此，全面质量管理的"三全"理念与学校人才培养的基本工作原则实现了无缝对接。本《指南》适用但不限于应用型本科教育的课程管理。

2　术语和定义

2.1　课程管理

课程管理，即课程全面质量管理，是课程管理者通过实施计划、组织、领导和控制职能，带领课程组织成员有效果、有效率地实现课程预期目标的过程。可采用 PDCA 循环方法，对影响课程质量的六要素实施全方位、全过程管理，让学生及家长满意、社会受益，进而实现课程管理目标。

2.2　课程质量管理六要素

课程质量管理的六要素是人、机、料、法、环、测。

"人"指质量责任主体，主要包括职员、事务员、辅导员、教师，以及参与课程建设活动的学生。

"机"指教学条件，主要包括教学设施、实践基地、教学经费等。

"料"指教学资源，主要包括社情、学情、信息资源等。

"法"指教学标准，主要包括制度、规范、课程标准等。

"环"指学校文化，主要包括精神文化、物质文化、制度文化和行为文化等。

"测"指监视和测量方法，主要包括专项评估、督导检查、跟踪反馈等。

2.3 课程管理者

课程管理者是课程管理行为的主体，由拥有课程管理权力和责任，并具备一定课程管理能力的个人或组织构成。一般而言，课程管理者可分为正式组织和非正式组织。

2.3.1 课程管理的正式组织

课程管理的正式组织应具有明确的目标和组织架构，包括行政管理部门、业务部门、各类委员会等。

2.3.2 课程质量控制小组

课程质量控制小组是就某一特定问题临时组建的工作小组，具体是指在专业建设、教学管理、学生管理等工作岗位上从事各种教育教学活动的教师，以及学生通过自主组合，围绕专业人才培养目标、课程教学目标或教学中存在的问题，以改进教学质量、改善教学环境、提高专业团队的综合素质为目的，运用质量管理理论和方法开展活动的团队。各团队成员之间没有明显的领导与支配关系，属于非正式组织。

3 总则
3.1 管理目标

课程管理的目标主要体现在不断提高课程管理效率和效果两个方面，即依据全面质量管理的原则与方法，建立持续改进的育人机制，促进管理过程的标准化、规范化，保证课程管理效率的不断提升；建立并完善各项保障措施，充分调动人的积极性、主动性、创造性，促进课程开发预期效果的不断提升，提高人才培养目标的达成度。

3.2 管理原则
3.2.1 学生中心

学校应让学生积极地参与自己的学习过程，同时要考虑社会需求、学校的愿景和使命以及课程的目标和成果，满足学生和其他受益者的要求，并超越他们的期望。

3.2.2 领导作用

课程所在专业的负责人要履行课程建设的领导职责，带领专业师生制订并实施专业人才培养方案，并创造全员积极参与、利于目标实现的条件。

3.2.3 全员参与

课程管理组织内各级能胜任、经授权参与的人员，都应积极地参与专业建设、课程建设，通过承认、赋予权力和提高能力，实现专业目标。

3.2.4 过程方法

质量管理体系是由相互关联的过程组成的。将相互关联的过程作为一个体系加以理解和管理，有助于课程管理组织有效和高效地实现其预期结果。过程方法用于按照组织的质量方针和战略方向，对各过程及其相互作用进行系统的规定和管理，从而实现预期结果。

3.2.5 持续改进

课程管理组织依据 PDCA 循环理论，持续地对课程、过程方法和质量管理体系进行调整、完善。

3.2.6 循证决策

循证决策的目标是使课程建设的决策更具理性，使决策建立在经过严格检验而确立的客观证据之上，进而提高决策质量，确保决策实施获得最佳效果。

3.2.7 关系管理

为了持续成功，课程管理组织需要管理其与利益相关方(如用人单位、就业单位等)的关系。

4 流程
4.1 课程管理的计划

课程管理的计划，是指为了保证课程开发中专业人才培养目标的实现，对质量管理六要素进行现状分析，确定影响目标实现的因素，分析原因，制订课程管理规划。

4.1.1 目标确认

依据国家教育标准、职业标准、社会需求和学校办学特色，确定课程质量管理六要素这一工作目标，突出课程管理的目的性，重视未来研究和目标体系的设置。

4.1.2 现状调研

通过调研、实地考察等，了解专业建设中质量管理各要素的现状，找出专业人才培养过程中存在的问题。

4.1.3 要因分析

从质量管理六要素出发，找出影响课程管理质量提高的主要原因。

4.1.4 措施制定

根据质量管理六要素的改进目标，制订相应的课程管理计划。课程管理计划的要素和步骤如表 6-4-1 所示。

表 6-4-1 课程管理计划的要素和步骤

要素	目标确认	现状调研	要因分析	措施制定
人	专业团队的数量和结构符合各类标准和学校办学特色	1. 数量与结构； 2. 学科背景 …	1. 教师团队数量、结构、素质、课改执行程度、教师数量、课程分配合理性、师生比率等是否达标 …	1. 招聘和培养； 2. 强化培训与考核 …
机	专业教学设施、实践基地、教学经费等符合标准	1. 实习基地建设情况 …	1. 实习基地是否对口？容量是否满足需求？经费是否发挥作用 …	1. 优化办学条件 …
料	社情、学情、信息资源等适用于专业人才培养	1. 社情、学情分析情况 …	1. 社情学情是否与需求联系 …	1. 行业发展和用人需求调研、人才培养方案调研 …
法	教学标准齐全，符合要求	1. 四真三化教学方法应用情况 …	1. 四真三化教学方法是否被真正落实 …	1. 落实学院(系)工作管理条例 …
环	专业文化体现专业特点	1. 制度文化打造情况 …	1. 专业文化建设路径是否有效 …	1. 专业特色文化 …
测	监控方法科学可行，符合要求	1. 考核方法可行性情况 …	1. 考核是否与人才培养密切关联 …	1. 专项检查方案 …

注：依据国家教育标准、职业标准、社会需求和学校办学特色制定课程管理六要素的目标

4.2　课程管理的实施

课程管理的实施，是指按照既定的课程管理计划，综合、协调质量管理六要素，保障课程有序运行。课程管理实施的要素和步骤如表 6-4-2 所示。

表 6-4-2　课程管理实施的要素和步骤

要素	课程(教学运行)管理步骤
人	1. 集体备课与教研会； 2. 生涯导师培训与工作汇报 …
机	1. 实验实训课程与实验开放计划的执行与监督管理； 2. 实践教学环节执行与监督管理 …
料	1. 广泛的行业/企业需求调研工作； 2. 政校企座谈会议 …
法	1. 运用课程开发方法； 2. 教学模式创新 …
环	1. 制度文化建设； 2. 专业文化建设 …
测	1. 专业教学督导工作开展； 2. 专项检查 …

注：校-二级院(系)-专业-门课运行管理，分层分级抓落实

4.3　课程管理的检查

课程管理的检查，是根据课程管理计划的要求，检查、验证质量管理六要素实际执行的效果，发现问题、查找原因、制定措施、及时改进。从分析现状到发现问题，从分析问题到查找原因，进而制定出整改措施，达到认识上的飞跃。

检查必须制定判断课程管理的优点和价值的标准，应该说明信息的用处、决策者、评估的具体对象或目标以及获取这些信息的人。常用的是以校内第三方评价为主要手段的过程性检查和以主要教学环节专项检查(如专业专项、课程专项、课堂专项、实验室检查专项、课程考核专项、实习专项、毕业设计(论文)、课程设计质量专项等)为主要途径的结果

性检查。课程管理检查的要素和专项如表 6-4-3 所示。

表 6-4-3　课程管理检查的要素和专项

要素	过程检查专项	主要教学环节检查专项
人	1. 巡课、听课 …	1. 各级职称教师指标完成情况 …
机	1. 资产清查 …	1. 预算执行情况 …
料	1. 学情、社情动态监测 …	1. 实习基地数量、稳定性 …
法	1. 考勤检查 …	1. 程序性文件齐备性 …
环	1. 校园文化 …	1. 师德失范行为 …
测	1. 期初、期中、期末检查 …	1. 跟踪反馈 …

注：各级课程管理组织依据工作实际，抓住考核重点，做好过程性监控和成果导向考核

4.4　课程管理结果的处理

课程管理结果的处理，是指专业负责人组织专业团队，依据质量管理六要素检查课程管理结果，对实施中得到验证的成功经验加以肯定，并予以标准化、制度化。从落实整改措施到充实完善课程管理标准，进而使课程管理制度化，达到实践上的飞跃。

总结失败教训，再次优化目标，制定新的改进措施，再在实践中验证。如此循环往复地"实践-认识-再实践-再认识"，可使课程管理水平不断地提升。

教师利用自评结果来改善教学方案，以应对迅速变化的教育环境。管理人员要起到监督和促进的作用，强调内部流程和内部控制。

4.4.1　实施激励机制

"人"是课程管理的核心要素。由检查结果分析出计划目标是否达成，如达标，则实施正激励；否则，实施负激励，课程管理要素的处理如表 6-4-4 所示。

4.4.2　总结经验，修订目标描述

根据检查结果，分析质量管理各要素达标情况，固化计划、实施、检查阶段的经验，总

结不足，对于出现的目标偏差，提出整改措施，并修订目标描述。

表 6-4-4　课程管理要素的处理

要素	正激励和负激励	总结反馈
人	1. 正激励：教育质量奖、评优等； 2. 负激励：职称晋升条件不达标，工资降档 …	1. 各类评估反馈； 2. 督导简报反馈 …
机		
料		
法		
环		
测		

注：课程管理组织依据工作实际，在严把考核关的同时，用好正激励和负激励，及时作好总结和反馈，以指导下一轮工作

4.5　课程管理工作路径示例

以"健康服务与管理专业"的"毕业论文(设计)与综合训练"的实践教学环节为例，依据《普通高等学校本科专业类教学质量国家标准》《普通高等学校本科教育教学审核评估指标体系(试行)》确定工作标准，查找与分析专业培养中的问题及要因，制定改进措施，并检查与处理课程管理结果。课程管理工作路径示例如表 6-4-5 所示。

表6-4-5 课程管理工作路径示例

国家教学标准（教学质量国家标准①）				评估标准（本科审核评估指标体系②）（对照标准②）	培养目标				建设目标（取①和②的并集）	不具备条件	要因分析	责任主体与分工			检查	处理
一级指标	二级指标	三级指标	四级指标		办学特色	社会需求	国家标准	职业标准				学院（系）层面	系（专业）层面	教师/辅导员/事务员层面		
5 课程体系	5.3 课程设置	5.3.2 实践教学环节	**5.3.2.4 毕业论文（设计）与综合训练** 毕业论文（设计）与综合训练要求：符合公共管理类学科研究方向，能有行业背景、选题应加强实践性要求。毕业论文内容应用所学理论和专业知识，满足基础毕业综合训练要求。内容应包括选题的背景、意义、研究重要文献、相关设计、实证材料、数据、讨论、对策、案例设计、分析、建议、结论、局限和未来研究等	2 培养过程 2.3 实践教学 B2 毕业论文（设计）选题来自行业企业一线需要，实行"校企"双导师制以及完成质量及其毕业论文（设计）比例≥50%	1. "三五"人才培养特色；2. "三级办学"教学质量保障特色	1. 政府需求：健康龙江行动（2019—2030年）提出的主要任务包括干预健康影响因素、维护重点人群健康、减轻重大疾病损害；2. 行业需求：未来5~10年中国需要800多万名健康管理师，医院转型、社区、健康管理型机构、养生会所需要健康管理师；3. 企业需求：在岗位职责需求中，健康风险评估的需求度最高，健康管理类企业最需要责任心、沟通能力和管理能力	《普通高等学校本科专业类教学质量国家标准（2018）》中的"公共管理类教学质量国家标准"	《国家职业大典》第四大类 生产和生活服务人员 4-14-02 社会服务人员，包括下列职业：4-14-02-01 公共营养师；4-14-02-02 健康管理师	1. 以实习和社会调查等实践性工作为基础中毕业人数（设计）比例≥50%；2. 毕业论文（设计）内容满足公共管理类专业教学标准；3. 满足建设标准（3个月）；4. 审核评估（2年建设期）	毕业论文指导教师指导能力不足；对于公共管理类毕业论文（设计）的研究论文结构掌握不足	1. 人：师资队伍的研究领域相关性的偏差；2. 机：实践教学基地的开发不足；3. 料：毕业论文（设计）指导文件和毕业论文（设计）指导制度不完善；4. 法：实习基地型管理制度范围不纯；5. 环：构建组织系型内部检查制度不够完善；6. 测：毕业论文内部检查制度	1. 统筹协调实训资源，制定专业教师挂职锻炼的保障措施，提高教师的教学业务能力；2. 聘请校内外专家、出台专家指导委员会工作细则；3. 为教师提供相关培训机会，与兄弟院校建立合作关系	1. 安排教学团队挂职锻炼、落实教研团队的工作，初级及中级教师的指导良好，少于8周；2. 制定考核措施，每个阶段每季度考核1次，形成性考核教师的业务能力，将其作为教师业务评价的主要参考依据，少于6周	1. 加强自身业务学习、订短期和中长期学习计划；2. 与学习基地保持良好互动，在过程中强对学生的指导和信息搜集，每月小组沟通2次以上，留存佐证。与实习专业（企业）指导教师同行开展沟通、监督、加强管理类科的集体备课，每月不少于2次	包括检查过程组织和成果考核、过程阶段性自查，根据建设的完成情况考核	将完成得很好的管理工作制度化、规范化，对于成果建设不好的管理工作，再次完成优化目标
...	...	...	...	...	...	...	...	...	...	...	...	...	...	...	...	...

242

1 部门职责

人事处是人事管理部门，承担师资引进、录用、聘任，人事管理、调配、培养、职务晋升、考核、工资、社保、奖惩，干部教育等多项职能。

2 组织机构

人事处组织机构图详见图1。

图1 人事处组织机构图

3 岗位设置

岗位设置内容详见表1。

表 1 岗位设置一览表

序号	岗位类别	岗位名称	本岗位人数	备 注
1	职员岗	处长	1	
2	职员岗	副处长	1	
3	事务员岗	薪酬管理专员	1	
4	事务员岗	劳动关系管理专员	1	
5	事务员岗	人才交流服务专员	1	

4 工作目标

工作目标一览表详见附表1。

5 工作职责

工作职责一览表详见附表2。

6　工作文件

6.1　上级有关文件

6.1.1　中华人民共和国劳动法

6.1.2　中华人民共和国劳动合同法

6.1.3　中华人民共和国社会保险法

6.1.4　黑龙江省人口与计划生育条例

6.1.5　中华人民共和国教师法

6.1.6　教师资格条例

6.1.7　事业单位人事管理条例

6.1.8　事业单位工资福利业务培训教材

6.1.9　黑龙江省事业单位公开招聘工作人员实施细则

6.1.10　国务院关于机关事业单位工作人员养老保险制度改革的决定

6.1.11　关于深化高等学校教师职称制度改革的指导意见

6.1.12　黑龙江省深化高等学校教师职称制度改革实施方案

6.1.13　普通高等学校本科教育教学审核评估实施方案(2021—2025 年)

6.2　学校有关文件

6.2.1　齐齐哈尔工程学院招聘管理办法

6.2.2　齐齐哈尔工程学院人员调动管理办法

6.2.3　齐齐哈尔工程学院培训服务期规定

6.2.4　齐齐哈尔工程学院教职工在职攻读博士学位的规定

6.2.5　齐齐哈尔工程学院考勤管理办法

6.2.6　齐齐哈尔工程学院薪酬管理办法

6.2.7　齐齐哈尔工程学院全日制硕士、博士研究生安家费发放方案

6.2.8　齐齐哈尔工程学院本科、专科学历人员安家费发放方案

6.2.9　齐齐哈尔工程学院教职工年度考核办法

6.2.10　齐齐哈尔工程学院新聘教职工培训期考核办法

6.2.11　齐齐哈尔工程学院事务员考核与晋升管理办法

6.2.12　齐齐哈尔工程学院教师专业技术职务聘任办法

6.2.13　齐齐哈尔工程学院人事档案管理办法

6.3　部门有关文件

6.3.1　齐齐哈尔工程学院退休返聘人员管理办法

6.3.2　齐齐哈尔工程学院人员录用工作规范

6.3.3　齐齐哈尔工程学院师资队伍建设考核方案

6.3.4　齐齐哈尔工程学院教师业务档案管理办法

7　岗位说明书

详见附表 3、附表 4、附表 5、附表 6、附表 7。

附表 1 工作目标一览表

序号	工 作 目 标	责任人
1	人事管理制度建设工作目标：持续优化奖惩、招聘与配置、薪酬管理、绩效管理、劳动关系管理、人事档案管理等方面的制度，使人事管理所有工作都有制可依、有规可守、有序可循，保证学校人事管理各项政策的顺利执行和各项工作的正常开展，实现人事管理工作"法"制化	处长
2	师资队伍建设总体工作目标： 1）专任教师数量满足师生比要求 (1) 生师比＝折合在校生数/专任教师总数≤18：1； (2) 思政课专任教师与折合在校生比例≥1：350； (3) 专职辅导员与在校生比例≥1：200； (4) 专职从事心理健康教育教师与在校生比例≥1：4000 且至少 2 名； (5) 专职就业指导教师和专职就业工作人员与应届毕业生比例≥1：500。 2）专任教师结构逐步改善 (1) 具有硕士学位、博士学位教师占专任教师比例≥50%； (2) 高级职称教师占专任教师比例≥35%； (3) 主讲本科课程教授占教授总数的比例不低于新建本科院校常模值； (4) 教授主讲的本科课程人均学时数不低于新建本科院校常模值； (5) 专任教师中双师双能型教师的比例不低于新建本科院校常模值。 3）干部整体素质逐步提高 (1) 教学单位干部学科专业背景与所从事的岗位相匹配； (2) 强化干部考核、通过考核发现问题，促进干部不断提升业务能力； (3) 全体干部通过研修、讨论等提高个人素质及岗位胜任力。 4）事务员岗位胜任力逐步提高 (1) 逐步提高事务岗位胜任力，实现一人胜任多岗的目标； (2) 全体事务员落实"全员皆教、人人皆师"，实现全员育人。 5）教师资格认定及职称评审、聘任工作逐步优化 (1) 优化教师资格认定及职称评审、聘任工作流程； (2) 深入研究教师资格、教师职称相关制度法规，以《黑龙江省深化高等学校教师职称制度改革实施方案》为基础，优化学校职称评审、聘任制度	处长/副处长
3	人事管理日常工作目标： 1）人员招聘 (1) 持续优化招聘工作流程； (2) 不断拓展招聘渠道，实现应聘简历数量逐年增加、简历质量逐步提升； (3) 进行招聘效果评估，持续改进招聘工作，降低招聘成本、提高应聘比及录用比。 2）薪酬管理 (1) 持续优化薪酬体系； (2) 持续优化工资制作和工资发放流程； (3) 保证工资每月准时发放； (4) 保证工资发放金额零差错。	副处长

序号	工 作 目 标	责任人
3	3) 绩效考核 (1) 优化教职工年度考核内容及流程； (2) 持续改进各类人员考核细则，提升考核效度； (3) 依据考核结果提出工作改进意见和建议。 4) 劳动关系管理 (1) 严格执行法律法规，风险管理水平不断提升； (2) 细致核对社保各项数据，社保缴纳数据零差错； (3) 合同管理零差错 (4) 优化劳动关系管理各项工作的程序，提高办事效率。 5) 档案管理 (1) 人事纸质档案零差错； (2) 人事系统电子档案零差错。 6) 其他 (1) 各类数据统计及时、准确； (2) 各类数据填报科学、有效； (3) 各类委员会建设及管理高效； (4) 省、市(区)业务主管部门临时工作处理及时、有效； (5) 部门资产管理等事务性工作，学校综合考核成绩应达到良好及以上的考核结果	副处长

说明：工作目标含学校目标在部门的分解和本部门制定的目标

附表 2　工作职责一览表

工作职责	具体化工作	工作归属岗位
制度建设	编制及修订奖惩、招聘与配置、薪酬管理、绩效管理、劳动关系管理、人事档案管理等方面的制度	处长、副处长
师资队伍建设	编制师资队伍建设规划；组织开展人员招聘工作、人员配置工作、校内人员调动工作、师资队伍建设考核工作；组织开展教师资格认定工作、教师职称评审及聘任工作；开展专任教师队伍建设及管理、干部队伍建设及管理、事务员队伍建设及管理等	处长、副处长
人员招聘	编制招聘方案、发布招聘信息、收取招聘简历、进行资格审查、组织笔试面试、审核拟聘用材料、拟聘用人员外调、签订就业协议、人员录用、新录用人员起薪、新录用人员培训期及转正管理	处长、副处长、人才交流服务专员
薪酬管理	薪酬体系优化、工资调整、考勤月度统计及管理、考勤年度统计、工资制作与发放、热费补贴核算及发放、年度工资报表填报、各类迎检工资材料准备、奖惩统计工作	处长、副处长、薪酬管理专员
绩效考核	新聘人员转正考核、干部试聘期考核、事务员考核与晋升、教职工年度考核	处长、副处长、人才交流服务专员
劳动关系管理	社会保险缴费基数和缴费比例调整、社保稽核、社保缴纳和补缴等工作；合同签订、变更、续签、解除等工作；就业缓冲区人员管理；培训服务期统计及管理、各类迎检社保材料准备	处长、副处长、劳动关系管理专员
档案管理	部门档案建设与管理、人事系统人员档案管理、纸质人事档案管理、教师业务档案管理	副处长、人才交流服务专员
其他	各类数据统计及填报、部门预算、各类专项预算、各类委员会建设与管理、劳动关系纠纷案件处理、省、市(区)业务主管部门临时下发函件的处理、资产管理等	所有岗位

说明：在部门工作职责的基础上，厘清各工作职责涉及的具体工作，并确定其归属岗位

附表 3　岗位说明书(表)

1. 基本信息			
岗位名称	处长	所属部门	人事处
岗位类别	职员岗	岗位编号	RSC001

2. 岗位职责	
职责描述	具 体 内 容
组织部门人员开展思想建设及理论学习工作	1) 学习并贯彻党和政府有关高校人事管理工作的政策法规，执行校党委、校务工作委员会的决议； 2) 组织人事处全体工作人员认真学习党的方针、政策、有关文件及学校规章制度； 3) 组织人事处全体工作人员学习人力资源管理方面的知识和技能
负责公文处理及制度建设工作	1) 负责指导、处理各级各类文件、报告、来信，迎接来访、检查； 2) 负责修订人事管理制度并组织实施
负责师资队伍建设工作	1) 依据学校的发展目标，负责组织编制师资队伍建设规划； 2) 负责监督、考核师资队伍建设执行情况
主持部门日常管理工作	1) 组织开展学校岗位设置、编制核定、人才引进、人员配置、薪酬管理、社会保险、考核评价、人事档案管理以及奖惩等工作； 2) 会同有关部门对以上工作提出计划或意见； 3) 根据学校年度工作计划的要求，主持制订人事处的年度工作计划并组织实施，总结汇报计划的执行情况
开展调查研究及提供决策支持工作	1) 负责调查研究人事工作中的具体问题，研究提出学校师资队伍建设、薪酬管理、考核评价等方面的改革思路和工作方案； 2) 负责为校领导在人事工作决策方面提供资料和数据支持
其他	完成领导临时交办的工作任务

3. 工作权限
1) 学校发展战略会议的参与权； 2) 学校人事招聘、人事政策的建议权； 3) 学校人事管理制度制定、实施、监督和考核权； 4) 学校师资队伍建设方案建议、修改权； 5) 人事处人事任免的建议权、人事安排与调整权；各部门、处室人员人事任免的建议权； 6) 教职工考核评价、奖惩等的审批、建议及决定权； 7) 本处室经费预算及其控制权

4. 工作关系		
内部沟通	直接上级	分管人事工作的副院长
	直接下属	人事处副处长
	部门或岗位	教务处、财务处、学校办公室、各教学单位等
外部沟通单位		黑龙江省教育厅、齐齐哈尔市委组织部、齐齐哈尔市委编办、齐齐哈尔市人力资源和社会保障局、其他高校人事处等

5. 任职资格					
专业背景	管理类相关专业	最低学历	大学本科	职称	副高级及以上
年龄/性别	不限	健康状况	良好	其他	无
工作经验	5 年以上管理岗位工作经验				
基本要求	知识	1) 掌握管理学、心理学、经济学、统计学相关理论知识； 2) 掌握人力资源管理、管理沟通相关理论知识			
	技能	1) 具有很强的辩证思维能力、组织协调能力、表达能力、沟通能力； 2) 具有很强的计划和执行能力； 3) 具有一定的管理创新能力； 4) 具备常用办公软件应用的技能； 5) 具备网络应用的基本技能			
	态度	1) 敬畏岗位职责，热情敬业、责任心强； 2) 做事认真细致、公平公正、严谨周密； 3) 保持不断学习心态、经常总结反思			
其他要求	无				

6. 职业发展	
可晋升岗位	副院长领导岗位
可轮换岗位	其他职能部门职员岗、业务部门专业技术岗

7. 岗位考核

1) 《齐齐哈尔工程学院部门综合考核方案》
2) 《齐齐哈尔工程学院中层干部考核实施方案》
3) 《齐齐哈尔工程学院关于建立健全师德建设长效机制实施办法》
4) 《齐齐哈尔工程学院生涯导师考核方案》
5) 《齐齐哈尔工程学院教科研工作管理办法》
6) 《齐齐哈尔工程学院关于行政人员兼课的规定》等

8. 工作文本

1) 《中华人民共和国劳动合同法》《最低工资保障制度》《黑龙江省人口与计划生育条例》《女职工劳动保护特别规定》《中华人民共和国社会保险法》《事业单位工资福利业务培训教材》《国务院关于机关事业单位工作人员养老保险制度改革的决定》《黑龙江省事业单位公开招聘工作人员实施细则》等招聘、合同、薪酬、保险相关的法律法规文件；
2) 《中华人民共和国教师法》《教师资格条例》等教师资格有关的制度文件；
3) 《黑龙江省深化高等学校教师职称制度改革实施方案》等职称改革制度文件；
4) 《事业单位人事管理条例》等事业单位相关制度；
5) 其他人事管理相关的国家、省、市级文件；
6) 学校行政管理制度等

附表 4 岗位说明书(表)

1. 基本信息			
岗位名称	副处长	所属部门	人事处
岗位类别	职员岗	岗位编号	RSC002

2. 岗位职责	
职责描述	具 体 内 容
常规工作指导协调工作	1) 监督人事管理制度，严格执行业务流程，并对人事管理制度的编制、修订完善提出合理化建议； 2) 各级各类人才引进、入职、调动、离职、退休等手续审核； 3) 人员信息及其他信息统计，为处长决策提供真实全面的数据； 4) 教师职称与教师资格申报审核，其他各类人员考核管理； 5) 各级各类评优人选推荐； 6) 劳动关系纠纷案件处理； 7) 退休办日常事务管理； 8) 各类委员会日常管理
协助处长处理省市(区)各级文件	1) 教育事业统计报表填报； 2) 数据采集人才队伍数据填报； 3) 省、市(区)业务主管部门临时下发函件的处理； 4) 密切关注各级各类工作信息群，及时处理相关工作信息
预算申报审批	1) 部门预算的测算； 2) 新教工费用测算； 3) 全校人员保险费用测算
其他	完成领导临时交办的工作任务

3. 工作权限
协助人事处处长进行日常人事管理工作，协调人事处内部工作有序开展。为处长决策提供有关资料和数据，提出意见和建议

4. 工作关系		
内部沟通	直接上级	人事处处长
	直接下属	人事处事务员
	部门或岗位	学校其他部门
外部沟通单位		齐齐哈尔市委编办、齐齐哈尔市人社局、齐齐哈尔市委组织部、龙沙区政府、黑龙江省教育厅，仲裁委及法院，其他高校人事处，等等

5. 任职资格					
专业背景	管理类相关专业	最低学历	大学本科	职称	中级及以上
年龄/性别	无特别要求	健康状况	良好	其他	无
工作经验	3 年以上管理工作经验				

基本要求	知识	1）熟知相关国家、省市的法律法规、政策文件； 2）掌握人力资源管理的相关理论知识
	技能	1）良好的沟通表达和组织协调能力； 2）熟悉各项业务办理基本流程； 3）掌握人力资源管理各项工作基本技能
	态度	1）做事认真细致，服务意识较强； 2）做事坚守原则，公平公正
其他要求		无

6. 职业发展

可晋升岗位	处长
可轮换岗位	其他职能部门职员岗、专业技术岗

7. 岗位考核

1）《齐齐哈尔工程学院部门综合考核方案》
2）《齐齐哈尔工程学院中层干部考核实施方案》
3）《齐齐哈尔工程学院关于建立健全师德建设长效机制实施办法》
4）《齐齐哈尔工程学院生涯导师考核方案》
5）《齐齐哈尔工程学院教科研工作管理办法》
6）《齐齐哈尔工程学院关于行政人员兼课的规定》等

8. 工作文本

1）《中华人民共和国劳动合同法》《最低工资保障制度》《黑龙江省人口与计划生育条例》《女职工劳动保护特别规定》《中华人民共和国社会保险法》《事业单位工资福利业务培训教材》《国务院关于机关事业单位工作人员养老保险制度改革的决定》《黑龙江省事业单位公开招聘工作人员实施细则》等招聘、合同、薪酬、保险相关的法律法规文件；
2）《中华人民共和国教师法》《教师资格条例》等教师资格有关的制度文件；
3）《黑龙江省深化高等学校教师职称制度改革实施方案》等职称改革制度文件；
4）《事业单位人事管理条例》等事业单位相关制度；
5）其他人事管理相关的国家、省、市级文件；
6）学校行政管理制度

附表5 岗位说明书(表)

1. 基本信息			
岗位名称	薪酬管理专员	所属部门	人事处
岗位类别	事务员	岗位编号	RSC003

2. 岗位职责	
职责描述	具 体 内 容
负责考勤管理	1) 全校教职工病事假备案及归档; 2) 外出人员备案管理; 3) 考勤系统维护,考勤抽查
负责工资管理	1) 月工资制作及发放; 2) 工资报表制作、审核、报盘; 3) 税金扣缴统计、汇总; 4) 工资台账及工资系统维护,每月更新; 5) 工资档案归档; 6) 工会费、党费及其他费用测算; 7) 事业编档案工资调整、申报、存档; 8) 事业编退休人员工资调整; 9) 各类工资相关数据统计与审核
负责年度工资报表填报	1) 事业单位年度工资系统填报; 2) 季度用工情况报表及工资相关报表
其他	完成领导临时交办的工作任务

3. 工作权限
1) 工资变动信息处理权; 2) 优化薪酬管理工作流程的建议权; 3) 工资相关制度修订的建议权

4. 工作关系		
内部沟通	直接上级	人事处副处长
	直接下属	无
	部门或岗位	财务处、人事处劳动关系管理专员、人事处人才交流服务专员等
外部沟通单位		齐齐哈尔人力资源和社会保障局工资福利处

5. 任职资格					
专业背景	工商管理类专业优先	最低学历	大学本科	职称	无特殊要求
年龄/性别	无特殊要求	健康状况	良好	其他	良好的服务意识
工作经验	有工作经验者优先				

基本要求	知识	1) 掌握薪酬管理、财务管理基本理论知识； 2) 掌握统计学基本理论知识
	技能	1) 熟练操作计算机，掌握办公软件应用技能； 2) 熟练应用事业单位工资福利制度； 3) 熟练运用统计软件
	态度	1) 良好的服务意识和职业道德； 2) 做事细致认真，坚持原则
其他要求		勤奋好学、积极乐观；较强的沟通和语言表达能力

6. 职业发展	
可晋升岗位	人事处副处长
可轮换岗位	人事处其他事务员岗

7. 岗位考核

1) 《齐齐哈尔工程学院事务员考核与晋升管理办法》
2) 《齐齐哈尔工程学院关于建立健全师德建设长效机制实施办法》
3) 《齐齐哈尔工程学院生涯导师考核方案》
4) 《齐齐哈尔工程学院教科研工作管理办法》
5) 《齐齐哈尔工程学院关于行政人员兼课的规定》
6) 其他相关文件

8. 工作文本

1) 《事业单位工资福利业务培训教材》
2) 《黑龙江省人口与计划生育条例》
3) 《最低工资保障制度》
4) 《女职工劳动保护特别规定》
5) 其他薪酬管理相关的国家、省、市级文件
6) 学校行政管理制度

附表 6 岗位说明书(表)

1. 基本信息			
岗位名称	劳动关系管理专员	所属部门	人事处
岗位类别	事务员	岗位编号	RSC004

2. 岗位职责	
职责描述	具 体 内 容
负责社会保险工作	1) 各类保险缴费基数核定：企业养老保险和失业保险、事业养老保险和失业保险、住房公积金、医疗保险的基数核定； 2) 各类保险缴费； 3) 各类保险台账制作，每月更新； 4) 各类保险增减变动； 5) 保险其他业务：保险业务计划、汇总、总结，退休办理、社保稽核、组织慢性病申报、配合财务年审等； 6) 各类保险异动材料归档
负责合同管理工作	1) 合同台账管理：劳动合同、聘用合同。 2) 签订劳动合同书； 3) 解除(终止)劳动关系； 4) 协助领导处理劳动纠纷； 5) 外聘专任教师、退伍军人及其他与学校签订合同聘用人员的管理； 6) 劳动合同变动材料归档
其他	1) 就业见习补贴申请相关材料申报； 2) 部门资产管理； 3) 完成领导临时交办的工作任务

3. 工作权限
1) 协助人事处领导修改、完善劳动关系方面的工作流程、规章与制度； 2) 办理各项保险业务

4. 工作关系			
内部沟通	直接上级	人事处副处长	
	直接下属	无	
	部门或岗位	财务处、人事处薪酬管理专员、人事处人才交流服务专员、资产管理处	
外部沟通单位		齐齐哈尔市社保局、医保局、劳动局、住房公积金经办中心、生育科、税务局、龙沙区政务服务中心、齐齐哈尔市劳动就业局等	

5. 任职资格					
专业背景	管理类相关专业	最低学历	大学本科	职称	无特殊要求
年龄/性别	无特殊要求	健康状况	良好	其他	良好的服务意识
工作经验	有工作经验者优先				

基本要求	知识	熟悉国家劳动合同及社会保障等相关法律法规
	技能	熟悉各项业务的办理流程，熟练操作计算机，掌握办公软件应用技巧；掌握公文写作技巧，具有文字处理能力
	态度	工作认真负责、细心；作好工作计划、按时完成工作；遵守学校的规章制度
其他要求		勤奋好学、积极乐观；较强的沟通和语言表达能力

6. 职业发展

可晋升岗位	人事处副处长
可轮换岗位	人事处其他事务员岗

7. 岗位考核

1) 《齐齐哈尔工程学院事务员考核与晋升管理办法》
2) 《齐齐哈尔工程学院关于建立健全师德建设长效机制实施办法》
3) 《齐齐哈尔工程学院生涯导师考核方案》
4) 《齐齐哈尔工程学院教科研工作管理办法》
5) 《齐齐哈尔工程学院关于行政人员兼课的规定》
6) 其他相关文件

8. 工作文本

1) 《中华人民共和国劳动合同法》
2) 《中华人民共和国社会保险法》
3) 《国务院关于机关事业单位工作人员养老保险制度改革的决定》
4) 其他劳动关系管理相关的国家、省、市级文件
5) 学校行政管理制度

附表 7　岗位说明书(表)

1. 基本信息				
岗位名称	人才交流服务专员		所属部门	人事处
岗位类别	事务员		岗位编号	RSC005

2. 岗位职责	
职责描述	具 体 内 容
负责人才流动管理工作	1) 人员招聘渠道拓展及宣传； 2) 人员招聘外调手续办理； 3) 人员招聘入职手续办理； 4) 人员校内调动与人员配置手续办理； 5) 职称评定、教师资格证认定的组织与实施； 6) 教职工培训服务期统计及办理； 7) 人事档案存档、借档、调档等手续办理
负责数据统计工作	1) 人才流动信息维护与管理； 2) 人事系统信息维护与管理； 3) 其他人事信息数据报表
负责综合服务工作	1) 编写、下发人事处通知及函件； 2) 事务员考核、事业编制年度考核资料的整理与归档； 3) 部门档案管理； 4) 事务性综合服务工作
其他	完成领导临时交办的工作任务

3. 工作权限
1) 人事系统信息审核权； 2) 人才流动业务办理权； 3) 人才招聘工作建议权

4. 工作关系		
内部沟通	直接上级	人事处副处长
	直接下属	无
	部门或岗位	校内各部门
外部沟通单位		齐齐哈尔市人社局、黑龙江省教育厅教师工作处、齐齐哈尔市邮政机要局等

5. 任职资格					
专业背景	管理类专业	最低学历	大学本科	职称	不限
年龄/性别	无特殊要求	健康状况	良好	其他	良好的服务意识
工作经验	有工作经验者优先				

基本要求	知识	1）熟悉国家劳动合同等相关法律法规； 2）熟悉高等院校招聘会及社会招聘会相关知识； 3）档案管理相关法律法规
	技能	1）熟练操作计算机，掌握办公软件应用； 2）良好的人际关系协调能力、语言表达及文字处理能力
	态度	1）良好的服务意识； 2）严谨、认真的工作作风； 3）坚守工作原则
其他要求		勤奋好学、积极乐观；较强的沟通和语言表达能力

6. 职业发展	
可晋升岗位	人事处副处长
可轮换岗位	人事处其他事务员岗

7. 岗位考核

1）《齐齐哈尔工程学院事务员考核与晋升管理办法》
2）《齐齐哈尔工程学院关于建立健全师德建设长效机制实施办法》
3）《齐齐哈尔工程学院生涯导师考核方案》
4）《齐齐哈尔工程学院教科研工作管理办法》
5）《齐齐哈尔工程学院关于行政人员兼课的规定》
6）其他相关文件

8. 工作文本

1）《中华人民共和国教师法》《教师资格条例》
2）《黑龙江省事业单位公开招聘工作人员实施细则》
3）《黑龙江省深化高等学校教师职称制度改革实施方案》
4）学校行政管理制度

参 考 文 献

[1] 国家标准技术评审中心. Educational Organizations—Management Systems for Educational Organizations—Requirements with Guidance for Use: ISO 21001：2018[S]. 北京：中国标准出版社，2018.

[2] 质量管理体系 要求 GB/T 19001—2016/ISO 9001：2015[S]. 北京：中国标准出版社，2017.

[3] 中国国家标准化管理委员会，中华人民共和国国家质量监督检验检疫总局. 质量管理体系 基础和术语 GB/T 19000—2016/ISO 9000：2015[S]. 北京：中国标准出版社，2017.

[4] 高晓红，吕多加，汤万金，等. 风险管理原则与实施指南[M]. 北京：高等教育出版社，2009.

[5] 中国质量协会，李晓飞，段一泓. GB/T 19001—2016 质量管理体系标准实用教程[M]. 北京：中国质检出版社/中国标准出版社，2017.

[6] 龙辉，方敬丰，陶仕飞. 2015 版 ISO 9001 质量管理体系文件编写指南[M]. 北京：中国标准出版社，2022.

[7] 上海质量管理科学研究院，上海质量教育培训中心. GB/T 19001—2016 质量管理体系内审员教程[M]. 北京：中国标准出版社，2017.

[8] 赵成杰. GB/T 19001—2016/ISO 9001：2005 体系文件实战手册[M]. 北京：企业管理出版社，2017.

[9] 曹勇安. ISO 9000 在学校管理中的应用[M]. 哈尔滨：黑龙江人民出版社，2002.

[10] 华通咨询. 质量管理操作手册[M]. 广东：广东经济出版社有限公司，2013.

[11] 张崇澧. 质量管理体系基础考试宝典[M]. 北京：机械工业出版社，2022.

[12] 赵鹏飞，顾静，胡赛阳，等. 高职院校实施 ISO 9000 族标准应用指南[M]. 北京：清华大学出版社，2012.

[13] 全国质量管理和质量保证标准化技术委员会，中国合格评定国家认可委员会，中国认证认可协会. 2016 版质量管理体系国家标准理解与实施[M]. 北京：中国质检出版社/中国标准出版社，2017.

[14] 曹勇安，任志新. 应用型课程建设的原则方法与评价[J]. 职教论坛，2020(12): 67-73.

[15] 曹勇安，高玉贵，李国文. 高职院校引入 ISO 9000 族标准的可行性辨析[J]. 齐齐哈尔职业学院学报，2005(20): 95-99.

[16] 刘晓艳，张会清，袁斯浪，等. 科学构建企业管理体系[J]. 国企管理，2018(06): 15-20.

[17] 余军，陈丽君，王有军. 浅析 ISO 9000 族标准在高校管理中的运用[J]. 科技广场，2010(2): 57-59.